KB079339

남해
유배지 답사기

조선의 ⊙ 귀양터를 ⊙ 찾아서

남해 유배지 답사기

박진욱 지음

《남해문견록》이라는 책을 손에 넣게 되었다。이 책은 이백여 년 전 류의양이 지은 기행문이다。류의양이 남해도에 귀양갔다가 보고 겪은 일을 기록한 유배 기행문이다。유배、남해섬 유배라。컴퓨터와 자동차에 찌든 나는 어느 무더운 여름에 《남해문견록》을 따라 삼삼일 동안 걷고、자전거를 타고서 남해를 한 바퀴 돌았다。

알마

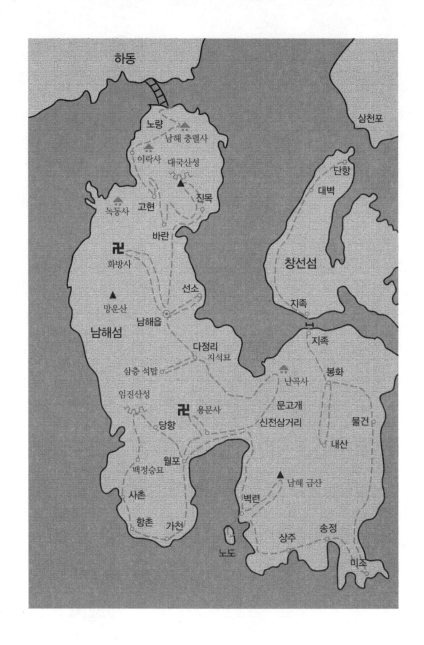

엄마가 무릎에 아기를 안고 있는 모습을 닮은 남해섬. 해안선이 길고 변화가 많다.

남해 절경 속의 유배지를 찾아서

《남해문견록》이라는 책을 손에 넣게 되었다. 이 책은 200여 년 전 류의양(柳義養, 1718[숙종 44]~?)이 지은 기행문이다. 류의양이 남해도에 귀양 갔다가 보고 겪은 일을 기록한 유배 기행문이다.

유배, 남해섬 유배라. 컴퓨터와 자동차에 찌든 나는 어느 무더운 여름에 《남해문견록》을 따라 13일 동안 걷고, 자전거를 타고서 남해를 한 바퀴 돌았다.

오늘날 한국 경제 성장에 1등 공을 세운 단어를 꼽으라면, '빠름'과 '경쟁'
이 아닐까? 앨빈 토플러가 '빠름'이 미래의 충격이 될 것이라고 예언했지만,
한국에 있어 빠름은 일상이자 체질이 되었다. 경쟁 또한 그러한데, 이 말에는
늘 수식어가 따라다닌다. 글로벌 경쟁, 무한 경쟁, 선의의 경쟁, 아름다운 경
쟁…. 이렇듯 빠름과 경쟁은 한국의 미덕이 되었다.

그러나 빠름과 경쟁은 매우 폭력적이고 파괴적인 것이다. 이 두 말의 현실
에는 항상 승자와 패자가 생기게 된다. 소수의 승자는 다수의 전리품과 우월
감을 갖게 되고, 다수의 패자는 빈곤과 좌절감을 갖게 된다. 한탕주의, 대박
주의는 빠름과 경쟁에서 몰락한 자들의 마지막 승부수이며 높은 범죄율, 높
은 교통사고율, 매우 높은 자살율, 그리고 매우 낮은 출산율은 빠름과 경쟁
의 비극적 결말이다.

요즘 걷기, 자전거 여행이 유행하고 있다. 곳곳에 걷기길, 자전거길이 생
기고 있다. 아마도 빠름과 경쟁이라는 혹독한 두통에 대한 21세기 한국인이
내린 처방이 아닐까? 이럴 때 옛사람들은 어떻게 했을까?

느리게 살았던 옛사람들도 치열하게 살았단 말인가? 그렇다. 치열하게 살
았다. 당쟁이 그 단적인 예다. 옛사람들의 약방문은 '유배'였다. 형벌 같지 않

은 형벌, 유배는 '물러나고 돌아감'을 가르쳤다. 또한 '멈춤'을 가르쳤다.

'유배기'를 왜 다시 출판하느냐는 물음에 대한 우회적인 답이기도 하다.

올 여름 사진 촬영을 위해 다시 남해를 여행했다. 전처럼 유배객들의 자취를 따라다녔다. 그동안 남해의 여로가 다소 바뀌었다. 일부 유적이 복원되었고, 남해유배문학관과 이순신장군영상관이 생겼고, 해변을 따라 바래길도 생겼다. 세상의 변화와 더불어 새로운 여행 거리가 더해진 것이다. 그러나 남해의 산수, 미각을 돋우는 해산물, 왜란의 유적, 그리고 선배 유배객이 전하는 이야기는 변함없는 남해의 여행 거리였다.

초판 사진을 버리고 새 사진을 넣었다. 사진작가 김준수 선생이 함께 다니면서 찍어주었다. 그동안 책을 구할 수 없느냐고 묻는 분들이 더러 있었다. '다음에'라는 말로 대답을 대신했다. '다음'이라는 말은 실행되기 어려운 약속을 할 때 쓰는 말이다. 알마출판사를 통해 '다음'의 약속을 지키게 되었다. 깊이 감사드린다.

다시 책을 내는 과정에서 남해문화해설사 여러 분께서 도움을 주셨다. 어떻게 감사를 드려야 할지 모르겠다.

밀양 얼음골에서,

박진욱

차례

들어가는 말 _006

노량 바다 건너기 _013
처음 만들어진 충무공 사당, 충렬사 _027
김구의 〈화전별곡〉 _035

몸을 잘 숨긴 사람들 _047
충렬사의 영검 _057
별이 떨어진 자리, 이락사 _063

한낮의 축제 _071
탑동마을의 정지석탑 _079
남해 유림이 재를 올리던 녹동정사 _085
사람을 끌어당기는 관음포 _093

슬픈 역사를 간직한 가칭이_107

비란산성 가는 길_113

청 장군이 하룻밤에 쌓은 대국산성_123

역사 속의 귀양처 남해섬_133

망운산의 산닥나무_143

장량상의 동정 마애비_151

정언신과 정철_159

봉천사 묘정비_167

정치 9단 숙종_183

남해 향교_201

다정리 고인돌_209

백이정 난곡사_223

용문사 벽장 속에 잠든 삼혈포_237

왜구 침탈의 역사를 말해주는 임진산성_249

백 정승의 묘_259

가천 암수바위_277

차 대신 배가 한 척씩 있는 벽작개_293

'노자묵고 할배'의 섬, 노도_299

권문세가 김만중 집안_309

김만중과 윤선도_313

김만중의 목적소설 〈사씨남정기〉_323

유배지에서 어머니를 위해 지은 〈구운몽〉_329

벽작개의 바위그림_337

양아리 고대문자_341

단군성전과 조선태조기단_351

단군성전을 모신 금산_357

미륵이 돕는 마을, 미조항_367

최영 장군의 넋을 위로한 무민사_377

물건 방조어부림_385

산골 봉화_395

군자식 고기잡이, 죽방렴_405

500살 왕후박나무_417

노량 바다 건너기

8월 땡볕, 자동차 매연, 에어컨 열풍으로 도시가 아지랑이 속에서 흔들거린다. 아파트, 사무실 안에 하얀 얼굴의 유인원들이 거미줄에 걸린 잠자리마냥 인터넷의 그물에 걸려 손가락만 까딱거린다.

나는 착 달라붙은 쥐새끼를 손에서 털어내고 벌떡 일어섰다. 책과 지도를 속옷과 함께 뚤뚤 말아 괴나리봇짐에 넣고 신발을 챙겼다. 구두, 등산화, 운동화, 슬리퍼… 신발이 참 많기도 하다. 그러나 유배 가는 사람이 신을 수 있는 신발은 없다. 헐레벌떡 소답시장으로 내달았다.

"주인장, 짚신 한 켤레 주시오!"

류의양이 '순한 나루'라고 했던 노량. 화가 나면 몹시 사납다.

"옛소!" 주인은 한물 지난 샌들 한 켤레 던져주고는 5,000원을 낚아채 갔다.

밀짚모자, 반바지에 샌들이라…. 날라리처럼 보이지 않을까? 툭툭, 호주 머니를 쳐보고는 집을 나섰다. 어릴 때 듣기로 땡전 한 푼 없이 돌아다니는 무전여행이라는 것이 있었다. 보리타작 해주고 한 끼 얻어먹고, 못줄 잡아주 고 하룻밤 얻어자고, 그렇게 김삿갓처럼 팔도를 돌아다녔다고 하지만 이제 는 모두 옛말일 것이다. 철마를 타고 진주로 훌쩍 넘어갔다. 진주라 남강, 촉 석루를 오르내리다 중앙시장으로 들어가 시래기국밥 한 그릇 말아먹고 남해 가는 완행버스에 몸을 실었다.

8월 3일 오후, 노량나루에 섰다. 가랑비가 부슬부슬 내렸다. 나루 아래로 검푸른 바닷물이 빠르게 흐른다. 마치 장마철 강물이 흐르는 듯하다. 어이하 여 옛사람은 이 나루를 '순한 나루'라고 하였던가?

200여 년 전, 한 나그네가 노량나루에 서서 흘러가는 바닷물을 하염없이 바라보았다. 나그네는 한양을 떠나, 남해섬으로 귀양 가는 류의양이었다. 노 량나루에서 느꼈던 것을 《남해문견록》에 적었다.

신묘 영조 47년(1771) 2월 26일 오전에 노량 나룻가에 달하여 배 오기를 기다리다. 물 너비는 한강의 서너 배 되는 물이 그리 멀지 아니하고 바람이 없어 물결이 잔잔 하여 사람들이 이르기를 '이 나루는 순진順津이라' 한다. 또 내가 바닷배 건너기 처 음이로되 구태여 무섭지는 아니하나 북으로 바라보니 운산이 첩첩하고 가국家國이

천리 밖에 있는지라. 뭍의 길에 올 적보다 마음이 다르더라.

'뭍의 길에 올 적보다 마음이 다르더라.' 노량 바다를 보고 마음이 처량하였을 것이다. 노량을 건넘으로써 비로소 귀양살이가 시작될 것이고, 이제 가면 언제 다시 이 물을 건너오랴? 기약 없는 뱃길이었다.

다시 200년을 더 거슬러 올라간다. 몇몇 사람이 노량나루에 서서 흘러가는 바닷물을 참담하게 바라보고 있었다. 흰 옷을 입은 이순신 장군과 그를 따르는 부하들이었다. 이때의 일을 《난중일기》에 적었다.

정유년 7월 21일(1597년 9월 2일)

맑다. 곤양군에 이르니 어떤 백성들은 이른 곡식을 수확하기도 하고, 어떤 백성들은 보리밭을 갈기도 하였다. 오후에 노량에 이르니 거제 현령 안위, 영등포 만호 조계종 등 여남 사람이 와서 통곡하고, 피난 나온 군사와 백성들이 울부짖지 않는 이가 없었다.

이순신 장군은 정유년 4월 1일 옥문을 나와 6월 8일 합천 초계의 권율 장군에게로 가서 백의종군했다. 7월 18일 원균이 거제도 칠천량해전에서 참패하고 왜적에게 잡혀 죽었다는 말을 듣는다. 권율 장군이 대책을 세우지 못하자 이에 '내가 직접 바닷가로 가서 보고 듣는 것이 좋겠습니다' 하고는 7월 21일 남해 노량에 이르렀던 것이다. 그로부터 1년 뒤 이곳에서 노량해전이 벌어졌다.

노량의 물은 건너는 사람에 따라 달라 보인다. 얌전하게 보이기도 하고 험악하게 보이기도 한다. 사람의 마음에 따라 달라 보인다.

류의양은 죄인의 몸으로 천리 길을 걸어 노량에 닿았다. 나루에서 바다를 보자 마음이 착잡해졌다. 그리하여 노량을 '순한 나루'라 했다. 모든 것을 포기하고 떠나는 사람에게 순하지 않은 것이 있겠는가.

이순신 장군은 감옥에서 풀려 나와 전선 시찰을 위해 노량에 왔다. 장수들은 도망치고 백성들은 울며 피난을 나온다. 억장이 무너졌다. 그리하여 노량나루는 '격한 나루'가 되었을 것이다. 마음이 격한 사람에게 격하게 보이지 않을 것이 있겠는가. 1년 뒤 노량 바다는 불바다가 된다.

비가 잦아졌다. 자, 이제 물을 건너자. 옛사람을 따라 물을 건너자. 사공을 기다리랴, 사공을 부르랴. 허나 사공은 간데없고 허공에 긴 줄다리 하나가 걸렸다. 시끄러운 물건들이 붕붕 소리를 내며 줄다리 위로 기어가고 기어온다. 옛사람이 보면 얼마나 놀라울까?

"아주머니, 배 좀 빌릴 데가 없을까요?"

빗방울에 쫓기는 아주머니를 막아놓고 길을 물었다.

"이 날씨에 배 놓을 사람이 있겠는기요."

아주머니는 말을 끝내기도 전에 걸음을 옮겼다.

뱃머리에 섰다. 작은 배들이 떠내려갈세라 줄에 꽁꽁 묶여 있다. 바닷물이 홍수난 강물처럼 흘러간다. 배는 있으되 사공이 없다. 이따금 바람이 불어 비옷이 날렸다. 금방 무슨 수가 날 듯하면서 수가 나지 않았다.

빗속을 걸었다. 파출소를 지나고 구멍가게를 지나고 새로 지은 횟집을 지나 동네를 한 바퀴 휭 돌았다. 궁리가 떠올랐다. '대한 노인회'라는 간판이 걸린 집으로 들어갔다. 구노량 경로당이었다.

자욱한 담배 연기 속에서 울긋불긋 그림들이 어지럽게 날아다녔다. 침침한 눈에 그림이 잘 보이시려나. 나는 윗목에서 반절을 올렸다. 힐끗힐끗 보는 시선들이 나를 가늠해본다.

"옛날에 남해로 귀양 가는 사람들이 이 노량나루를 거쳐 갔다고 하던데, 전해지는 이야기가 있습니까?"

"몰라, 이 동네에 그런 사람 없어."

물음을 바꾸었다.

"옛날 나루가 어딥니까?"

"바로 여기지. 여기가 구노량이오. 이전부터 쭉 배를 댔던 데라."

"저기 다리 밑에 당산나무가 있던데 언제부터 있던 나뭅니까?"

"당산나무?"

"예."

"그건 당산나무가 아이라. 당산나무는 산비탈에 딱 한 그루 있제. 잘생겼어."

손에서 패를 뽑아 바닥에 내리꽂던 노인이 거든다.

"참말로 잘생겼어. 한번 올라가 봐."

경로당을 나와 노인들이 가르쳐준 그 잘생긴 나무를 찾아 나섰다. 마치 화분에 담긴 분재처럼 생긴 당산나무가 노량나루를 굽어보고 있다. 해마다 동제를 받아먹는다고 하니 나루에 서 있는 느티나무나 팽나무에 비해 한참 어른이다. 지나는 길손들은 모두 이 그늘에서 쉬어갔을 것이다. 추적추적 비를 맞으며 나루의 고목나무 언덕을 걸었다. 문득 오래 전에도 나는 이렇게 비를 맞으며 이곳을 걸었던 것 같은 느낌이 든다.

가게에 들러 맥주를 두어 병 사들고 다시 노인당에 들어섰다.

"그래 우떻던고?"

"예, 잘생긴 당산나무였습니다."

맥주를 한 잔씩 따라 올린 후 부탁을 넣었다.

"어르신, 배 좀 빌릴 수 있겠습니까?"

"배라? 배는 뭐할라고?"

"남해 노량으로 건너갈 겁니다."

"건너갈꺼라?"

저기 저 줄다리로 가면 될 텐데, 하는 표정이다.

"예, 다리 사진 좀 찍으려고 합니다."

"아, 다리 사진 찍을라꼬."

그렇게 해야 배를 내줄 것 같았다. '헤엄을 쳐서 건너려고 하는데 배가 필요합니다' 이렇게 말했다가는 젊은 녀석이 어른을 놀린다고 꾸지람을 내리실 것이 틀림없다. 물론 배도 내주지 않을 것이고. 광을 팔고 쉬고 있던 노인이 아무개야 하고 불렀다.

"니가 갔다 오라미."

이름을 불린 노인은 나이가 조금 딸리는지, 아니면 주머니 사정이 좋지 못한 탓인지 판에서 목을 빼고 훈수만 하고 있던 노인이었다.

"남해 노량으로 건너갈 끼라!"

혼잣말을 하며 노인이 어기적어기적 일어섰다. 노인은 나를 부두에 세워 두고 갑바(비옷)를 가지러 간다며 집으로 갔다.

"여기가 바로 옛날부터 배를 대던 곳입니까?"

"그렇제."

거친 물살 탓인지 노량 선착장은 으레 있어야 할 삼판이 없다. 낭떠러지 아래로 배가 매여 있다. 노인은 중간에 손을 한 번 짚었다가는 훌쩍 배에 뛰어내렸다. 제비같이 날렵한 동작이었다. 나는 석축 틈에 손발을 끼워 넣으며 발발 기어 내려갔다. 노인이 기름을 재며 발동 걸 준비를 한다.

"어르신, 노를 좀 저어 주이소."

"웅? 기계를 돌리면 금방 갈 낀데."

"제가 지금 헤엄을 쳐서 건널 겁니다."

"앙?"

오늘 역사적인 노량 바다에서 헤엄을 친다. 비가 부슬부슬 내렸다. 비장한 마음으로 비옷을 벗었다. 웃옷도 벗었다.

"시방 뭐하는고…?"

눈을 끔뻑이며 물어본다.

"헤엄을 칠 겁니다."

"허!"

'아니 이놈이 미친놈이야? 걸친놈이야?' 노인의 표정이 그렇게 말하고 있었다. 퉤퉤, 노인이 손에 침을 뱉고는 거칠게 노를 집어들었다. 놈의 대갈통을

남해 노량에서 본 하동 쪽의 노량. 유배객은 늘 남해 노량에서 하동 노량으로 건너갈 날을 학수고대했다.

갈겨 정신을 차리게 하려는가, 다행히 노는 내 머리로 날아오지 않고 물속으로 철벅 들어갔다. 노인이 코를 핑 풀고 말했다.

"쪼매마 기다리소, 저 위로 올라가야 돼요."

"왜 위로 올라갑니까?"

"지금 여기서 배를 띄웠다가는 낭패 보는 기라."

"무슨 낭패를 봅니까?"

"지금 물살이 세서 관음포로 가삐리."

"..."

노인은 노를 저어 상류로 물살을 거슬러 오르기 시작했다. 그러는 동안 나는 바지까지 벗었다. 10여 분을 거슬러 오른 뒤, 노인은 뱃머리를 꺾어서 물살 안으로 배를 밀어넣었다.

물살이 갑자기 빨라지고 배가 흔들렸다. 노인이 배를 젓는 것이 아니라 배가 물살을 따라 흘러갔다. 남해대교가 거제대교와는 달리 줄다리가 된 것은 이 험악한 물살 때문이다. 소용돌이가 일고 파도가 높아간다. 온몸에 소름이 끼치고 다리가 후들거렸다.

"어르신, 물살이 요새는 왜 이리 쎕니까?"

"늘 이렇지, 요새라고 해서 쎌 게 있는감."

노인은 덤덤한 사람이었다. 말릴 생각이 전혀 없다. 마침 빗줄기가 세어지기 시작했다.

"야, 이거 비가 많이 와서 안 되겠는데."

나는 배낭에서 옷을 꺼내어 주섬주섬 입기 시작했다. '거 참 실없는 놈이

'네', 노인은 험험 헛기침을 하고는 노를 걷어 올렸다.

"어르신, 노를 저어서 가셔야 됩니다."

"와? 발동기를 돌리면 금방이야."

"아닙니다. 제가 천천히 사진을 찍어야 합니다."

노인은 다시 퉤퉤 손에 침을 바르고는 노를 젓기 시작했다. '헤엄을 못 쳐서 못내 아쉬운데 노까지 접을 수는 없습니다, 어르신.'

가운데로 갈수록 배가 더욱 빨라진다. 노인은 끙끙거리며 방향을 틀었다. 이즈음에서 노는 노가 아니라 방향을 돌리는 키에 지나지 않았다. 배가 아래로 꺼질 때는 물이 배보다 더 높이 올라갔다. 카메라를 집어넣고 가운데로 들어가 쪼그려 앉았다. 파도가 뱃전을 때리며 안으로 날려들었다. 속이 울렁거리고 머리가 어질어질했다. 헤엄이 문제가 아니라 생사가 오락가락했다. 지금이야말로 웃통을 벗을 때였다.

20여 분 지나자 요동이 가라앉는다. 이 물에 헤엄을 친다고? 호랑이 앞에서 웃통 벗기지. 저 어른이 오늘 내가 하는 꼬락서니를 보고 속으로 많이 웃었겠다. 방파제가 보이고 물살이 약해졌다. 노인은 허리를 한번 쭉 폈다가 슬슬 몰아 나아갔다.

"어르신, 노를 안 젓고 배를 그대로 놓아두면 배가 어디로 간다고 했습니까?"

"관음포로 가."

"관음포? 이순신 장군이 전사한 곳 말입니까?"

"…"

노인은 팔을 재게 놀려 노를 까딱까딱 저었다. 배가 방파제에 갑자기 닿지 않도록 하기 위해서다. 이쪽에도 배를 댈 수 있는 삼판이 없다. 역시 강한 물살 때문일 것이다. 볼볼 기어서 방파제에 올랐다. 여기가 바로 남해 노량이다.

처음 만들어진 충무공 사당, 충렬사

이윽고 남쪽 가에 배를 대니 비로소 남해 땅을 디디는지라. 물가 언덕에 대나무 숲이 많이 있고 그 죽림 속에 누각 같은 집이 있어 촌인더러 물으니, '이 충무공의 서원이라' 하더라.

류의양이 배에서 내리면서 본 남해 노량이다. '언덕에 대나무 숲이 많이 있고'라는 말처럼 언덕에 대숲이 보인다. 10년이면 강산도 변한다고 하지만 100년이 지나도 변하지 않는 것은 변하지 않는다. 아름드리 고목들이 우거지고, 그 속에 검은 누각들이 보일 듯 말 듯하다.

내 길이 죄명으로 바삐 가는지라… 점심을 재촉하여 먹고 읍내로 바삐 행하니, 노량에서 읍내는 30리더라.

류의양은 귀양 가는 죄인이라 하여 누각에도 들르지 못하고 바삐 읍내 30리 길을 내달았다. 나 또한 귀양 가는 사람이나 바삐 갈 일이 없으니 오늘은 누각에 들르고, 내일 중으로 그 30리 길을 걸으리.

계단을 따라 숲 속 누각으로 올라갔다. 팽나무, 느티나무 숲이었다. 숲 오른쪽이 청해루, 왼쪽이 외삼문이다. 외삼문을 지나 내삼문을 들어서니 집채만 한 비석이 우뚝 서 있다. 이 비석의 빗글을 두고 류의양이 《남해문견록》에 몇 자 적었다.

그 비문에 우암 송 문정공이 지으시고, 동춘당 송 문정공이 글씨를 썼다고 하더라.

흐릿해진 비석의 글자를 더듬어 내려가니 과연 두 송 씨의 이름이 보였다. 글을 지은 송 씨는 송시열이고, 글씨를 쓴 송 씨는 송준길이다. 류의양이 비석을 보지도 않고 어떻게 두 송 문정공이 글을 짓고 쓴 줄을 알았을까?

산을 박차고, 바닷물을 내뿜고, 성난 바람이 구름을 휘몰아가는 기개로 항상 대마도를 짓밟고 왜국을 쳐부수었던 충무공, 이곳은 공의 넋을 가장 먼저 모신 곳이도다.

빗글 가운데 나오는 글이다. 충무공의 기개를 높이 기리고 충무공 사당이 이곳 노량에 가장 먼저 세워졌음을 밝혀 적은 글이다. 이곳 노량은 충무공의 시신이 잠시 묻혔던 곳이다. 그런 까닭으로 이곳에 가장 먼저 충무공의 사당이 섰던 것이다.

예학의 대가이자 산림 정치의 영수인 송시열, 송준길이 한 수군 장수를 위하여 나란히 글을 짓고 쓴 것이 놀랍다. 두 송 씨는 효종, 현종, 숙종 때 서인의 우두머리였다. 임진왜란 때 서인들이 죽이고자 했던 한 무인을 두고 서인의 우두머리들이 추모의 비석을 지었으니 놀라운 일이다.

이순신 장군은 동인 류성룡의 천거로 전라좌수사가 된 사람이다. 무인은 당파가 없지만 굳이 당색을 말하자면 동인에 속하는 사람이다. 그런 탓으로 임진왜란 때 서인들에게 걸려 목이 달아날 뻔했다. 전쟁 중에 서인의 우두머리 윤두수, 이산해 등이 이순신 장군을 불충죄로 걸어 목을 자르자고 했던 것이다. 정탁의 상소로 겨우 목숨을 건지기는 했지만, 이순신 장군으로서는 통탄스런 일이었을 것이다.

이순신 장군은 노량해전에서 스스로 죽기로 마음을 먹었다는 말이 전해진다. '도망갈 곳을 틔워주고 적을 쫓아라'는 것이 병법이다. 그런데 이순신 장군은 그런 병법을 무시하고 사생결단으로 왜적을 잡아 족쳤다. 아예 관음포에 몰아넣고 몰죽음을 시키기로 작정을 한 것이었다. 그날 전투에서 이순신 장군은 갑옷을 입지 않았다는 말도 있다. 전투에 나서는 장수가 갑옷을 입지 않다니, 죽기로 마음을 먹지 않고서야 어찌 그럴 수 있겠는가.

이충무공이 처음 묻혔던 남해 충렬사. 선조 사후에 남해 백성들이 세웠다.

조선에서 처음으로 충무공의 위패를 모신 곳. 이곳에서 정성껏 빌면 소원이 이루어진다고 한다.

이순신 장군은 이미 알고 있었다. 적은 바다에만 있는 것이 아니라 조정에도 있다는 것을. 무능하고 옹졸한 선조, 전쟁 통에도 당쟁을 일삼는 부패 조정이 그를 가만두지 않을 것이라는 사실을. 불과 두 해 전 의병장 곽재우가 역모죄로 곤욕을 치렀고, 의병장 김덕령 장군이 역모죄로 이미 목이 달아났던 사실을 이순신은 냉철히 기억하고 있었다. 전쟁이 끝나면 영웅이 아니라 역적이 되는 것이다. 전쟁 중에 죽으려고 했던 사람들이 전쟁이 끝난 뒤에 무엇을 바라고 살려주겠는가. 장군은 차라리 전쟁터에서 죽기로 마음을 먹었다. 이순신 장군이 노량해전에서 스스로 목숨을 끊었다는 가설이 그리 터무니없는 이야기는 아닐 듯싶다.

"졸리니까 내일 비변사에서 알아서 하라."

노량해전에서 대승을 거두고 이순신이 죽었다는 보고를 들은 선조가 한 말이었다. 다음 날 신하들의 상소로 선조는 이순신을 우의정에 임명했다. 이덕형이 이순신을 위해서 사당을 세우자고 했지만, 선조는 거절했다. 34년이 지난 후 이곳 백성들이 돈을 모아 충렬사를 세웠다.

외삼문을 나와 샘물을 마시고 청해루 대청에 앉았다. 마당을 쓸던 사람이 청해루로 들어온다. 관리하는 사람 같다. 다시 비가 부슬부슬 내린다.

"여기는 왜 입장료를 받지 않습니까?"

"입장료 받을 정도의 규모가 안 되지요."

지킴이는 별생각 없이 대답했다.

"더 작은 데도 받는데…."

"한 사람이라도 더 구경하는 게 좋지 않겠습니까?"

수수한 말씨와 서글서글한 눈이 사람을 편안케 했다. 다시 물었다.

"이 청해루는 뭐하는 곳입니까?"

"노량서원입니다."

"여기에 서원이 있었다는 말입니까?"

"대원군 서원 철폐령 때 뜯겼다가 새로 지은 겁니다."

나는 충렬사와 노량서원이 잘 연결되지 않아 묻고 물었다. 그러자 지킴이
는 방으로 들어가 벽장에서 아예 책을 한 권 꺼내왔다. 《남해충렬사지》였다.

단기 3991년(서기 1658년) 사당을 지었다. 단기 3993년(서기 1660년) 송시열이 글
을 짓고 송준길이 글을 쓴 비석을 세웠다. 단기 4055년(서기 1722년) 무당이 드나
들고 잡스러운 사람들이 함부로 드나들게 되자 '노량서원'을 지어 사당을 관리하게
했다.

충무공의 5세손 봉상(삼도수군통제사)이 재물을 내어 서원을 늘렸으며, 5세손 언
상(삼도수군통제사)이 재물을 내어 지킴이를 두게 하였으며, 5세손 태상(삼도수군
통제사)이 청해루를 지었으며, 5세손 명상(병마절도사)이 전답을 사 넣었으며, 6세
손 한웅(삼도수군통제사, 금위대장)이 단청을 하였고….

노량서원 청해루는 뒷전이고, 충무공의 후손들 가운데서 그렇게 많은 수
군통제사가 나왔다는 사실에 나는 벌린 입을 다물지 못했다. 나는 무릎을 쳤
다. 오호라, 이 모두 충무공의 음덕이로구나.

지킴이가 넌지시 말했다.

"이태상의 비가 저 아래 자암 김구 비석 옆에 있습니다."

이태상의 공덕을 기려 세운 비석이라 했다. 이태상은 충무공의 5세손으로 이 청해루를 세운 사람이며, 영조 임금 때에 삼도수군통제사로 이 남해 바다를 지킨 장수다. 충무공의 집안과 남해 바다와의 인연이 예사로운 것이 아니로구나.

뒷날 나는 이순신 장군의 대동보를 조사해보았다. 덕수 이 씨 공진파 순신계가 이순신 장군의 계보였다. 순신계 아래로 이름마다 줄줄이 벼슬이 붙었다. 8세손 이항권이 삼도수군통제사요, 10세손 이규안이 삼도수군통제사, 그 밖에 병마절도사, 수군절도사가 구름처럼 일어났다. 정3품 당상관 이상의 벼슬을 지낸 사람이 무려 55명이나 되었다. 우연이 아닐 것이다. 특이한 사실은 벼슬한 사람들이 한결같이 호반이었다. 단 한 사람의 문반도 없었다. 이는 윗대 어른을 통해서 뼈저리게 깨친 교훈이었으리라.

'붕당에 관여하지 말라!'

호반은 붕당의 무풍지대였다.

김구의 〈화전별곡〉

"죽림서원의 흔적이 있습니까?"

"비석밖에 없습니다."

나의 물음에 충렬사 지킴이가 말했다. 죽림서원은 자암 김구가 귀양살이하던 집이었다. 대나무가 우거졌다고 해서 죽림서원이라 이름 지었을 것이다. 그때 우거졌던 대나무 밭의 흔적이 지금도 남아 있다 그리고 언덕 위에 '꽃밭등'이라는 곳이 있다고 했다. 꽃밭등을 한자말로 하면 '화전'이다. 김구가 지은 경기체가 〈화전별곡〉의 유래가 되는 곳이다.

내려갔다. 서른 걸음도 채 못 가서 큰 비석 둘을 만났다. 산호수나무가 우거지고 잡초가 무성해 마치 비석이 버려진 듯했다. 하나는 지킴이가 말한 이 태상의 비석이었고, 하나는 내가 찾던 비석이었다. 비에는 "자암 김구 선생 적려 추모비"라고 적혀 있다. 김구가 귀양살이하던 터라는 뜻이다. 죽림서원 은 무너지고 그 자리에 빛바랜 비석이 남아 있다.

> 선생은 일찍이 조정암(조광조), 김충암(김정)과 더불어 인과 의로 요순시절 같은 새 세상을 만들고자 하였으나 시운이 닿지 아니하여 뜻을 이루지 못하고, 기묘사화를 당하여 이 땅으로 귀양을 오시었다.
> 세상의 일이 험악하게 돌아가 사람들이 모두 불안해하고 겁을 내었지만, 선생은 앞날을 걱정하지 아니하고 대밭에 작은 집을 지어 시가와 술을 즐기며 한가로이 지내셨다.

비석에 새겨진 글이다. 남해 현령 김만상이 글을 짓고 사헌부 장령 김만주가 글씨를 썼다. 두 사람은 모두 김구의 6세손이다. 김만상이 남해 현령으로 부임해 왔다가 6대조 할아버지 귀양집 터에 추모비를 세운 것이다. 비를 맞으며 비석을 한 바퀴 돌았다.

연산군 9년, 김구는 열여섯의 나이로 한성시에 장원했다. 남들은 세상을 등지는 연산군 시절에 벼슬살이의 첫발을 내디딘 것이었다. 연산군이 쫓겨난 뒤, 나이 스물에 생원시, 진사시에서 모두 장원했고, 스물여섯 되던 해에 별시문과 을과에서 장원했으며, 스물여덟에 종6품 홍문관 부수찬에 올랐다.

김구가 귀양살이 했던 자리다. 김구는 〈화전별곡〉을 지어 남해 문화에 이바지했다.

'자암 김구 선생 적려유허 추모비'의 빗글에 홍문관 시절의 모습이 적혀 있다.

일찍이 달 밝은 밤 옥당에서 숙직을 하며 독서를 하는데, 중종 임금겨옵서 달빛 따라 거닐다 청아한 소리에 이끌려 발길을 멈추었다. 시자를 시켜 술을 내리며 다시 시를 낭독하게 하여 그 소리에 취하였다. 듣기를 마친 뒤 임금이 담비 가죽을 내리며 융숭히 대접하였으니 실로 고금에 드문 일이었다.

중종의 나이 스물여덟, 김구의 나이 스물여덟. '벗으로 대함이 마땅하니 군신의 예가 무슨 소용이리요' 하고 중종이 김구에게 말했다. 가슴이 벅차오른 김구는 임금의 만수무강을 빌며 노래를 지어 올렸다.

오리 짜른 다리 학의 다리 되도록애
검은 까마귀 해오라비 되도록애
향복무강享福無疆하사 억만세를 누리소서.

김구는 또한 글씨를 잘 썼다. 김구가 서울 인수방에서 살았다고 하여, 세상 사람들은 김구의 글씨를 '인수체'라 불렀다. 일찍이 보기 드문 글씨체로 중원에까지 알려져 중원 사람들이 자암의 서첩을 사가는 바람에 지금 전하는 서첩이 거의 없다고 한다. 중종 14년(1519년)에 종3품 부승지로 벼슬이 오르고, 같은 해 현량과에 뽑히어 정3품 당상관 홍문관 부제학이 되었다. 이때 김구의 나이 서른둘이었다.

김구를 홍문관 부제학에 추천한 이는 조광조였다. 따라서 김구는 조광조를 따르는 사람이었고, 벼슬길 또한 조광조와 같은 운명의 길을 걷게 된다.

조광조는 일찍이 김굉필로부터 학문을 배웠다. 열일곱에 지방 관리인 아버지를 따라 희천에 갔다가, 무오사화로 그곳에 귀양와 있던 김굉필을 우연히 만나게 된 것이다. 김굉필의 높은 인품은 단번에 조광조를 사로잡았고, 조광조는 미친 사람처럼 성리학에 빠져들었다.

그때 세상은 무오사화로 인하여 성리학을 꺼렸다. 세상 사람들은 이런 조광조를 두고 '화를 가지고 다니는 사람(화태禍胎)'이라고 손가락질하며 상대해주지 않았다. 그러나 조광조는 개의치 않고 오로지 학문에만 골몰하여 이치를 크게 깨쳤다. 그리하여 젊은 나이에 사림의 우두머리가 되었다.

당시 임금은 중종이었다. 종종은 외로운 임금이었다. 중종은 박원종, 성희안, 유순정의 반정으로 연산군을 쫓아내고 열아홉에 임금이 되었다. 어린 중종은 공신들의 뜻대로 움직이는 꼭두각시 임금이었다. 중종은 그런 임금 노릇이 싫었지만 어쩔 도리가 없었다. 반정공신들이 눈을 시퍼렇게 뜨고 있으니.

중종 4년, 영의정이던 박원종이 죽으면서 공신의 위세가 한풀 꺾였다. 중종은 기세등등한 반정공신들을 누르고 땅에 떨어진 왕권을 되찾을 기회가 다가왔음을 알았다. 이 무렵 조광조는 사마시에 장원급제하면서 비로소 세상에 나왔다. 나이 스물아홉이었다. 갑자사화로 세상을 떠난 스승 김굉필이 이루지 못한 도학을 세상에 전하기 위해서였다.

5년 뒤 중종은 이조판서 안당의 추천을 받아 서른네 살의 도학군자 조광조를 예조좌랑으로 등용했다. 조광조는 사리판단이 분명했고, 눈치를 살피지 않고 직언을 하는 사람이었다. 임금은 그런 조광조를 높이 샀다.

조광조는 칼자루를 잡자마자 '현량과'라고 하는 새로운 과거제도를 실시했다. 종래의 과거제도로는 참된 인재를 뽑을 수 없다는 것이다. 인재는 시험이 아니라 인품과 덕행으로 뽑아야 한다는 것이 조광조의 주장이었다. 현량과의 실시로 조광조는 스물여덟 명의 인재를 뽑았다. 그들은 대개 조광조를 따르는 무리들이었다. 이로써 조광조는 자신의 기반을 다지고 공신의 힘을 한풀 꺾었다.

현량과로 더욱 힘을 얻게 된 조광조는 개혁의 칼을 궁중에 들이댔다. 궁중의 여악女樂을 제지했으며, 내수사의 고리대금업을 중지시켰고, 푸닥거리를 하는 소격서를 없애버렸다. 조광조는 젊었고 개혁은 눈 깜짝할 사이에 일어났다.

다음은 중종 차례였다. 임금의 정치 행동을 간섭했으며, 임금의 생활이 성리학적 규범에 맞는지 어긋나는지를 따졌다. 드디어 중종은 조광조의 도학정치에 염증을 느끼기 시작했다. 그러나 조광조는 개혁의 고삐를 늦추지 않았다. 갑자기 고삐를 멈추면 말에 탄 사람이 떨어지는 법이니.

"반정에 공이 없는데도 공신이 된 사람이 많습니다. 공신을 줄여야 합니다."

이른바 반정공신들의 '벼슬깎기(위훈삭제僞勳削除)'였다. 이는 공신세력을 조정에서 아예 몰아낼 궁리였다. 그러나 이것은 중종 임금도 바라는 바가 아니었다. 한쪽이 너무 강해지면 다른 한쪽이 약해진다. 균형이 무너지면 결국 임금이 위태로워진다. 중종은 망설였다. 조광조는 그런 임금을 다그쳐서 반정공신의 3/4에 해당하는 76명의 공과 벼슬을 깎아버렸다. 그 개혁이 천둥 같고 바람 같았다. 개혁이란 빠르면 빠를수록 반발도 빠르고, 강하면 강할수록 반발도 강하게 마련이다.

하루는 궁녀가 궁중 뜰에서 벌레 먹은 나뭇잎을 주워서 임금께 갖다 바쳤다. 그 나뭇잎에 '주초위왕走肖爲王'이라는 글자가 새겨져 있었다. '주초走肖'는 조趙를 쪼갠 글자로 조광조를 뜻하는 글자였다. 곧 '조씨가 임금이 되려한다'는 뜻이다. 누군가 나뭇잎에 꿀로 글자를 쓰고 벌레로 하여금 그것을 갉아먹게 한 것이었다. 해괴망측한 일에 지나지 않았지만 이미 마음이 조광조에게서 떠난 중종으로서는 유쾌한 일이 아니었다.

남곤, 심정, 홍경주, 이른바 '곤정주'와 중도파인 이장곤까지 밤중에 몰래 궁궐에 들어가 임금을 배알하였다.

"조광조는 붕당을 만들어 자기를 따르는 자는 이끌어주고 자기와 뜻을 달리하는 자는 배척합니다."

사림의 조광조를 등용한 것은 강한 반정공신을 누르기 위함이었다. 이제는 반정공신이 아니라 사림세력을 누르는 일에 걱정을 해야 할 판이니, 중종은 새로운 결단을 내려할 시기가 왔음을 알았다.

"조광조와 그 무리에게 무거운 벌을 내려라."

중종 14년, 조광조의 나이 서른여덟, 개혁을 시작한 지 4년 만에 끝이 났다. 조광조, 김구 등 젊은 사림파들이 줄줄이 잡혀갔다. '공신들의 벼슬깎기' 사건이 일어난 지 겨우 나흘 만이었다. 조광조는 물론이요, 김구도 목숨이 날아갈 판이었다.

이장곤, 안당이 상소를 올렸다.

"조광조의 무리가 참담하기는 하지만, 절도안치의 벌로써도 그 죄를 뉘우치게 할 수 있습니다."

안당은 사림파에게 벼슬을 열어준 사람이고, 이장곤은 사람 목숨을 중히 여기는 사람이었다. 과거 이장곤은 죽음 일보직전에서 살아난 사람이었다. 연산군에 의해 거제도 귀양살이로 떨어지고 사약이 내려지자, 도망을 쳐서 함경도에서 숨어 지내다가 중종반정으로 살아났던 사람이다. 위훈삭제로 조광조가 반정공신을 싹쓸이하려는 판에는 '곤정주'의 편에 설 수밖에 없었지만, 반대로 '곤정주'가 조광조 일파를 싹쓸이하는 판에서는 다시 중간에 서게 된 것이다. 정적은 내치되 죽여서는 안 된다는 것이 안당의 말이었고, 죄는 주되 목숨은 살리자는 것이 이장곤의 뜻이었다. 이장곤, 안당의 상소로 조광조, 김정은 사약에서 유배로 벌이 깎였다.

다음해 이장곤, 안당은 '곤정주'에 의해 벼슬이 떨어졌다. 조광조를 죽이는 걸림돌이었으니 먼저 제거된 것이었다. 날개가 떨어지자마자 조광조는 귀양지 능주에서 사약을 받았다. 김정, 김식도 유배를 갔다가 스스로 목숨을 끊고 죽었다. 김구는 개령으로 귀양을 갔다가 이듬해 남해섬으로 떨어졌다. 그 밖의 많은 사림들이 귀양을 가거나 벼슬이 떨어졌다. 기묘년에 사림들이 화를 당했다고 해서 역사에서는 이를 기묘사화라 적는다.

조광조와 개혁자들은 이렇게 허무하게 끝이 났다. 일찍 핀 젊은 도학자들의 운명이었다. 이른 봄에 피는 매화가 매섭기는 하지만, 가을 서리에 피는 국화의 끈기를 따를 수 없다. 조광조, 김구는 이른 봄에 핀 매화꽃이었다.

이율곡은 조광조와 신진 사림들을 두고 이렇게 말했다.

"뛰어난 재주를 타고 났지만 너무 일찍 나아갔다. 위로는 왕을 변화시키지 못하였으며, 아래로는 조화를 이루지 못하였다."

빈집을 나와서 언덕을 올랐다. 꽃밭등을 찾아간다. 꽃밭등은 '화전'이고, 화전은 남해의 옛이름이다.

"저 꽃밭등을 따서 화전별곡이라 이름 붙였을까? 화전별곡을 부르고 나서 꽃밭등이 생겨났을까? 말이 먼저이고 글이 뒤이니, 꽃밭등이 화전보다 앞설 것이다."

비 맞은 중처럼 중얼거리며 언덕에 올랐다. 등성이에 섰다. 이곳이 꽃밭등인가? 소나무 아래 해묵은 밭에 칡넝쿨이 무성하다. 옛날에는 이 일대가 모두 대밭이었다고 했다. 청해루 지킴이가 어렸을 때만 해도 꽃밭등에는 유난히 진달래가 많이 피었다고 한다. 꼴 베러 왔다가 배가 고프면 진달래를 무시로 따먹었다고 했다. 이제는 대나무도 진달래도 보이지 않는다.

후두둑 다시 비가 떨어졌다. 노량 바다를 굽어보며 소나무 아래에 섰다. 으이이 으이이 소나무에서 바람이 운다. 그 소리가 정녕 처량했다.

화전별곡

하늘 끝, 땅 끝, 한 점 신선의 섬

天之涯 地之頭 一點仙島

왼쪽은 망운산, 오른쪽은 금산, 파냇물 고냇물 흐르고

左望雲 右錦山 巴川高川

산천이 기묘하게 빼어나 호걸준걸 모여나니, 인물 번성하네.

山川奇秀 鍾生豪俊 人物繁盛

위, 하늘 남쪽 아름다운 경치, 그것이 어떠합니까?

偉, 天南勝地景, 긔 엇더하니잇고

풍류주색 즐기는 한 시절 인걸, 풍류주색 즐기는 한 시절 인걸

風流酒色 一時人傑, 風流酒色 一時人傑

위, 나까지 몇 분입니까?

偉, 날조차 몃분이신고.

-제1장

서울의 번화함이야, 너는 부러우냐?

京洛繁華이야 너는 불오냐

지체 높은 벼슬아치의 붉은 대문, 술과 고기가 너는 좋으냐?

朱門酒肉이야 너는 됴한냐

돌밭에 초가집, 사시사철 풍년이라.

石田茅屋 時和歲豊

향촌의 모임, 나는 좋아하노라!

鄕村會集이야 나눈 됴하ᄒ노라

-제6장

    〈화전별곡〉이 남해의 찬가라고 《남해향토사》에 적혀 있다. 이는 제1장을 두고 하는 말일 것이다. 망운산이 있고 호걸준걸 모인 섬이라고 했으니, 그렇게 말할 만도 하다.

    제2장에서 제5장까지는 선비들이 먹고 노는 모습을 그렸다. '박교수 술에 취해 이리저리 손 휘젓는 버릇(2장)' '몸맵시 잘 빠진 학비, 못생긴 옥지(3장)' '소반도 두드리며 간혹 잔대도 치고(4장)' '녹파주, 소국주, 황금빛 닭고기, 흰문어(5장)' 〈춘향뎐〉의 변학도 생일잔치 뺨치는 놀이판이다. 이 사람이 정말 도학정치를 논하던 기묘 명현이 맞으며, 귀양 온 사람이 맞는가? 이를 두고 남해의 찬가라고 하면 이는 남해 사람들을 욕보이는 일이 아니겠는가.

    제6장에 이르면 탄식으로 흘러간다. 결코 이룰 수 없는 꿈이었단 말인가. 내 나이 갓 서른, 서울을 잊기에는 아직도 젊다. 아직도 기회는 사라지지 않았다. 임금은 나를 잊지 않았을 것이다. 임금겨옵셔 들어주던 옥당의 글 읽는 소리, 임금겨옵셔 내리신 향기로운 술과 따뜻한 담비털의 성총이 아직도 기억에 생생한데… 눈에 어른거리는 당상관의 붉은 대문 집, 그러나 머리를 흔들어버린다. 모든 것이 끝나버렸다. 서울은 멀고 몸은 외로운 섬 남해에 웅크리고 있다. 찬란했던 시절은 사라지고 초라한 귀양살이만 남은 것이다.

〈화전별곡〉은 울분의 노래였다. 꿈과 야망의 좌절에서 오는 울분, 자신을 버렸던 임금에 대한 원통함이 술과 시로 터져 나온 노래였다.

'향촌의 모임, 나는 좋더라'

'나는 서울의 모임보다는 시골의 모임이 더 좋더라'

이는 이룰 수 없는 야망에 대한 자조적인 탄식이었다. 김구는 결코 시골의 모임이 더 좋지도 않았고, 남해가 좋지도 않았다. 언젠가 그 한양 시절로 다시 돌아갈 것을 꿈꾸고 있었다. 그는 꿈을 버리지 못한 야망의 정치가였다.

나는 다시 집터로 내려왔다. 자암 김구는 이곳에 서원을 짓고, 시골의 선비를 가르치며, 때로는 선비와 더불어 시회를 하고, 때로는 기생과 더불어 술과 노래를 즐겼다. 김구는 서른둘에 귀양을 와서 13년이라는 긴 세월을 이곳 남해섬에서 살았다. 마흔다섯에 귀양지가 임피로 옮겨지고, 두 해 뒤 풀려나서 관작을 돌려받고, 고향 예산으로 돌아갔다. 고향에 돌아가자마자 시묘살이를 했다. 날마다 무덤가에서 통곡했는데 눈물방울이 떨어진 곳마다 초목이 말라죽었다고 한다. 어느 날 성묘를 가다가 말에서 떨어져 그 길로 다시 일어나지 못하고 죽었다. 나이 마흔일곱이었다.

사람은 가고 오로지 남은 것은 비석이다. 비석은 무엇을 말하려는가. 한 정치가의 야망을 경계하려는가, 한 불우한 정객을 추모하려는가? 나는 그저 한 인생의 영화와 몰락을 보았다. 비에 젖은 비석을 바라보며 잡초밭을 빠져나왔다.

몸을 잘 숨긴 사람들

나는 청해루를 뜨지 못했다. 비가 사람을 붙들고 놓아주지 않는다.

"이전에 배를 대던 곳이 어딥니까?"

"아까 그 비석 밑에 파출소가 보이지요. 그 밑이 바로 나루터였습니다. 저 밑에 보이는 부두나 가게 식당들이 있는 터는 전부 매립한 땅이지요."

"파출소 아래가 나루 같으면, 김구가 귀양 살던 집 앞이 바로 나루였겠네요?"

"예, 그렇죠."

"그러면 도망치기 쉬웠겠는데요…."

지킴이는 다리를 동개며 말이 없다. '거 말 같잖은 소리를 하고 있구먼, 양반이 어떻게 도망을 친단 말이요' 하는 것 같았다.

그러나 그것은 김구 같은 도학자에게 해당되는 말이고, 사람마다 고분고분 사약 사발을 받은 것은 아니었다. 조광조, 김구를 살려준 이장곤이 바로 그런 사람이다. 홍명희가 쓴 〈임꺽정〉을 보면 이장곤이 도망가는 이야기가 잘 그려져 있다.

이장곤은 연산군 때 사람이다. 하루는 연산군이 이장곤을 불렀다.

"장곤아, 원수가 있으면 갚아야지?"

"지당하옵니다."

연산군이 얼룩진 적삼을 내어놓았다. 연산군의 친어머니 윤 씨가 사약을 마시며 피를 토했던 적삼이었다. 이장곤은 말을 바꾸었다.

"임금의 원수 갚기는 필부와 다를 것입니다."

이튿날 이장곤은 금부도사에게 잡혀 거제도로 귀양을 갔다. 곧 피바람이 불었다. 산 사람, 죽은 사람, 폐비 윤 씨에 관련된 사람들은 모두 큰 화를 입었다. 이른바 갑자사화다.

이장곤에게도 사약이 내려오고 있었다. 이장곤은 주머니에서 종이 봉지를 꺼냈다. 그 종이 봉지는 일찍이 술수를 잘 부리는 친구 정희량이 위급할 때 꺼내보라며 준 것이었다.

"북쪽으로 도망가라."

그날 밤 이장곤은 배를 타고 물을 건너서 북으로 북으로 줄행랑을 놓았다. 키 크고 발 큰 놈을 잡아들이라는 지명 수배령이 내려졌다. 이장곤은 육척 거구에 발이 몹시 컸다. 이장곤이 도망을 잘 쳤지만 키 크고 발 큰 것을 숨길 길이 없는지라, 황해도 땅으로 들어가서는 고리 만드는 백정의 딸 봉단이와 혼인하여 몸을 감췄다. 훗날 중종반정으로 세상이 바뀌자 병조판서 벼슬을 했다.

일에는 때가 있다. 살아야 할 때와 죽어야 할 때가 있고, 나아갈 때와 물러날 때가 있고, 드러낼 때와 숨길 때가 있다. 그때를 잘 아는 사람이 지혜로운 사람이다. 이장곤은 지혜로운 사람으로 몸을 잘 숨긴 사람이었다.

집에 미친개가 들면 어떻게 해야 하는가? 몽둥이를 들고 두들겨 잡거나, 잡을 힘이 없으면 미리 몸을 피해야 한다. 몸을 잘 피한 사람으로 정희량이 있다.

정희량 또한 연산군 때 사람이다. 연산군은 임금에 오르자마자 아버지인 성종을 위해 불교 행사인 수륙제를 지내도록 명령을 내렸다. 이에 대간들이 벌떼같이 일어나 반대 상소를 올렸다. 연산군은 대간들에게 곤장을 쳐서 귀양 보내고 다시는 과거를 볼 수 없게 하는 정시령을 내렸다. 정희량은 불교 때문에 역신이 난동한다는 말을 하고 해주로 귀양을 갔다.

연산군은 신하들에게 금언패를 차게 했다.

입은 화를 부르는 문이요, 혀는 몸을 죽이는 도끼다.

口是招禍門 舌是殺身斧

금언패에 적혀 있는 말이다. 내관 김처선이 어기찬 계율을 어기고 왕의 포악함을 간했다. 그러자 연산군은 몸소 화살을 쏘아 김처선을 죽였다.

"이젠 내관까지 주둥이를 놀리는구나!"

내관으로서는 주제넘은 짓이었으며, 그 죽음 또한 개죽음이었다.

연산군 4년에 무오사화가 일어났다. 이 사화는 연산군과 류자광이 손발을 맞추어 사림파를 싹쓸이한 사화였다. 류자광이 싹쓸이 판을 벌이는 데 빌미를 제공한 사람은 김일손이었다.

김일손이 일찍이 기사관으로 있을 때 스승 김종직이 지은 〈조의제문弔義帝文〉을 성종실록에 실었다.

조의제문은 초나라 임금 의제의 억울한 죽음을 애도하는 글이다. 진시황이 죽고 진나라가 무너지자, 진나라에게 망했던 나라들이 다시 일어나기 시작했다. 초나라도 그 가운데 한 나라였다. 초나라를 다시 일으킨 사람은 항우였다. 항우는 대의명분을 세우기 위하여 초나라의 왕족 의제를 찾아내어 왕위에 앉혔다. 항우가 천하를 제패하고 초패왕이 되었다. 그러자 항우는 더 이상 쓸모가 없게 된 의제를 죽여버렸다.

김종직은 포악무도한 항우를 욕하고 억울하게 죽은 의제를 애도하여 〈조의제문〉을 지었다. 그러면서 그 글 속에 세조가 단종의 왕위를 빼앗은 일을 은근히 빗대었다. 따라서 〈조의제문〉은 큰 화를 불러올 수 있는 불씨를 안고 있는 글이었다. 그런 〈조의제문〉을 김일손이 스승의 글이라 하여 경망스럽게 실록에 실었던 것이다.

그때 춘추관의 우두머리가 이극돈이었다. 이극돈은 김일손에 대해 좋지 않은 감정을 가지고 있었다. 자신의 비행을 사초에 실어 놓았기 때문이다. 이극돈이 전라감사 시절, 세조비 정희왕후 국상 중에 근신하지 않고 기생과 놀아났다는 사실을 김일손이 사초에 기록했던 것이다. 이극돈은 김일손을 몰래 찾아가 그 부분을 지워달라고 부탁했다. 그러나 김일손은 거절했다. 김일손은 이극돈에 대해 해묵은 감정이 있었던 것이다. 김일손이 이조전랑에 천거되었을 때 이조판서였던 이극돈의 반대로 승진을 하지 못했던 것이다.

괘씸하게 여긴 이극돈은 류자광을 찾아가서 〈조의제문〉이 실록에 실려 있다는 사실을 일러바쳤다. 류자광은 김일손의 스승 김종직에게 원한이 있는 사람이었다. 류자광은 남원 사람으로 일찍이 함양에 놀러갔다가 나무판에 시를 써서 읍내의 학사루에 걸어두었다. 뒤에 김종직이 함양군수로 부임하여 류자광의 시를 보고는 곧장 떼내어 불살라버렸다. 류자광은 세조 임금 때 남이 장군을 역적으로 몰아 죽이고 출세한 사람으로 김종직은 이런 류자광을 간특 소인배로 여기며 사람대접을 하지 않았던 것이다. 이로 인하여 류자광은 김종직에게 원수 갚기를 벼르고 있던 사람인데, 이극돈이 그것을 알고 〈조의제문〉에 대해 귀띔해주었던 것이다.

류자광은 김종직이 〈조의제문〉으로 세조를 욕되게 했다고 연산군에게 일러바쳤다. 김종직은 부관참시를 당했고, 김일손은 능지처참을 당했다.

정희량이 미친개에게 붙들려 갔다.

"희량아, 〈조의제문〉을 알고도 왜 고하지 않았느냐?"

정희량은 김종직의 제자였으며 김일손과는 친구 사이였다. 그리고 김일손과 함께 성종실록 편찬에 참여하기도 했던 것이다. 정희량은 곤장 100대에 삼천리 유배형을 언도 받고 의주로 귀양 갔다. 3년 뒤에 김해로 다시 귀양자리가 옮겨졌다. 이듬해 금부도사가 사면장을 가지고 내려왔다.

"한양으로 올라오라는 어명이요!"

정희량은 음양술수에 밝은 사람이었다. 머지않아 피비린내가 날 것이며, 목숨 보존이 어렵다는 것을 미리 알았다.

'이름과 도, 어느 것이 더 보배스러운가? 몸을 죽이고 이름을 얻느냐, 몸을 피하고 도를 얻느냐?'

이튿날 금부도사가 행장을 갖추어 정희량을 찾아갔다. 정희량의 방이 비어 있었다.

"낚시하러 강에 나갔습니다."

종자가 말하였다. 도사는 종자를 앞세우고 강으로 갔다. 그 강은 황산강(낙동강)이었다. 강가에 미투리가 한 켤레 가지런히 놓여 있었다.

"한발 늦었구나!"

금부도사는 혀를 차며 돌아갔다. 정희량은 강줄기를 따라 가다가 밀양으로 넘어갔다. 아차, 내가 지금 어디로 가고 있는가? 자신도 모르게 발걸음이 한양으로 향하고 있었던 것이다. 정희량은 탄식을 하며 머리를 깎고 중이 되었다. 이름도 바꾸고 떠돌이 중노릇을 했다. 얼마 뒤 모친상을 치르기 위해 고향으로 돌아갔다. 시묘살이를 하다가 문득 하인들을 불러 모았다.

"너는 산에 가서 나무를 해오고, 너는 들에 가서 나물을 뜯어오너라."

늙은 하인이 이상히 여겨 지체 않고 돌아왔으나 이미 정희량은 없었다.

그해 갑자사화가 일어났다. 연산군이 친어머니 윤 씨가 내쫓기고 사약을 받은 것에 대한 앙갚음을 하고 나선 것이다. 배 다른 아우 안양군, 봉안군은 사약을 내려 죽이고, 할머니인 인수대비는 머리로 받아 죽였다. 많은 대신들을 죽였고, 이미 죽은 대신은 무덤에서 시신을 파내어 채찍질을 했다. 이로 인해 길거리에는 유생 차림을 한 사람이 사라졌고, 서당에서는 글 읽는 소리가 끊어졌다.

퇴계가 합천 삼가에서 한 중을 만났다. 더불어 주역을 논하는데, 대답이 물 흐르듯 했다. 퇴계는 그 중이 정희량이 아닐까 하고 생각했다.

"정희량이 중이 되었다고 들었소만, 이제 세상이 변했는데 어째서 다시 벼슬살이를 하지 않을까?"

중이 대답했다.

"정희량은 이미 이 세상 사람이 아니라 들었소. 저 세상 사람이 어찌 벼슬에 관심을 두겠소."

길을 가려다 다시 말했다.

"처사는 어찌 그리 남의 출사에 관심이 많소."

말을 마치자 떠나갔다. 퇴계가 곧 정희량임을 깨닫고 사람을 보내어 찾게 했으나 이미 종적이 묘연했다.

세상에서 가장 잘 물러난 이는 서경덕(徐敬德, 1489~1546)이다.

서경덕이 살았던 시대는 세상이 매우 혼탁했다. 서경덕이 9살 때인 1498년(연산군 4년)에 무오사화戊午士禍가 일어났고, 1504년(연산군 10년)에 갑자사화가 일어났고, 1506년(연산군 12년)에 중종반정中宗反正이 일어났고,

1519년(중종 14년)에 기묘사화己卯士禍가 일어났고, 1545년(명종 원년)에 을사사화乙巳士禍가 일어났다. 피비린내 나는 권력투쟁이 그칠 줄 몰랐으며 그런 소용돌이 속에서 선비들이 큰 수난을 당했다.

중종 때 조광조가 현량과로 스물여덟 명의 인재를 추천할 때, 가장 윗자리에 둔 이가 서경덕이었다. 그때 서경덕의 나이 서른하나였고, 김구의 나이 서른둘이었다. 김구는 홍문관 부제학으로 나아갔지만, 서경덕은 벼슬을 사양하고 개성 화담에 머물렀다.

서경덕은 마흔두 살에 어머니의 요청으로 생원시에 응시해 장원했으나 나아가지 않았다. 화담에 토굴을 세우고 우주와 삶의 이치를 궁구하는 데에 몰입했다.

"삶과 죽음, 사람과 귀신, 다만 기氣가 모이고 흩어진 것일 뿐이다.鬼神死生論"

이황은 서경덕의 이런 '기론氣論'을 두고 불교의 미망에 빠진 이단이라고 했다. 그러나 서경덕은 이단이 아니었고, 사실 성리학자도 아니었다. 서경덕은 방외지사方外之士였다.

소리를 통하여 듣는 것은

聽之聲上

소리를 통하지 않고 듣는 것만 못하며,

不若聽之於無聲

형체를 통하여 즐기는 것은

樂之刑上

형체를 통하지 않고 즐기는 것만 못하다.

不若樂之於無刑

-무현금명無絃琴銘 중에서

줄 없는 거문고에 오묘한 글을 새겨 노래했으나 방내에 사는 사람들은 그를 알지 못했다. 화담의 몸은 성리학의 시대에 머물렀지만 얼은 붓다와 노자의 세계에 살았다.

나이 쉰다섯, 능참봉 벼슬이 내려졌으나 역시 나아가지 않았다.

"신은 본래 산과 들에서 조용히 살아 사리에 어둡습니다. 게다가 거친 음식을 먹어 몸이 쇠약하고 병이 들어 신의 나이 쉰여섯이나 칠십 노인과 다름없습니다. 이미 쓸모없는 사람이라 숲과 샘물 사이에서 타고난 대로 사는 것이 분수에 맞는 길인가 하옵니다."

중종에게 올린 사직 상소였다.

예조판서, 대제학의 벼슬살이를 하다가 토계에 물러난 퇴계를 두고 말할 때는 '물러나다' '은둔하다'는 말이 옳은 말이다. 그러나 화담에게 그런 말들은 옳지 않다. 나아가지 않은 사람이 어떻게 물러나겠는가. 화담은 처음 그대로 살다가 죽었다. 장자처럼 항아리 치며 노래하다가 갔다.

충렬사의 영검

"읍내로 가는 길은요?"

"파출소 앞으로 해서 저기 당산나무 숲 가운데로 길이 나 있습니다."

"숲 가운데로 갈라진 길이요?"

"예, 새로 낸 길이지요. 그 위로 옛날 길이 있습니다."

"당산나무 숲을 가를 때, 동네 사람들이 가만있었습니까?"

"어쩔 도리가 없었죠. 길이 나야 차가 들어올 수 있으니까요."

당산나무는 귀신이 붙어 있어 함부로 건드릴 수 없을 텐데…. 아, 귀신보다 더 무서운 것이 차로구나. 곳곳에 찻길 내느라 대한민국은 지금 '공사중'이다.

아직 잠자리를 찾기엔 이르고 떠나기에는 비가 너무 많이 왔다. 받은 책을 한 번 주르르 넘겼다.

"오늘 비만 안 왔으면 헤엄을 한 번 치려고 했는데…."

나는 지킴이를 힐끗 보았다.

"오늘은 물때가 안 맞아 헤엄을 치기가 어려울 텐데요…."

물때가 안 맞아 헤엄을 치기가 어렵다. 말이 좀 이상하게 돌아가지 않는가. 그러면 헤엄을 쳐서 건너기라도 한단 말인가.

"여기서 헤엄을 쳐서 건너간 역사가 있습니까?"

"머, 역사라 할 거는 없고요. 우리 클 때 많이 건너 댕겼어요."

"예엣?"

나는 뒤로 나자빠졌다.

"지금 노량 바다를 헤엄쳐 건넜다고 했습니까?"

"물때가 맞아야지요. 시도 때도 없이 건너는 기 아니고, 조금이라야 됩니다."

'조금'이라면 바닷물의 움직임이 거의 없는 물때를 말한다. 반대말은 사리다. 바닷물은 달의 움직임에 따라 들고 난다. 음력으로 초여드레, 스무사흘, 곧 반달이 뜰 때가 조금이다. 조금은 물의 흐름이 영(0)이다. 음력으로 아흐레와 스무나흘 날이 한물(1)이고 매일 한 물씩 늘어나서 보름이나 그믐께에 가서 일곱물(7) 여덟물(8), 곧 사리가 된다.

"사리 때 헤엄을 치면 어떻게 되겠습니까?"

"물에 빠져 안 죽어삐리겠습니까."

"예, 빠져 죽군요."

"그때 동네 형들하고 동무들하고 우르르 떼를 지어 건너댕겼지요."

"떼거리로?"

노량에서 내가 헤엄친다는 것이 우습게 되어버렸다. 내가 노량 바다를 헤엄쳐 건넌다면 도버해협이나 대한해협을 헤엄치는 것 같은 역사적인 사실이 되는 줄 알았다. 그런데 그렇게 쉽게 헤엄을 쳐서 건너다녔다니…. 그러나 그 시절에는 그렇게 헤엄쳐 다녔을 것이다. 옛날로 거슬러 갈수록 그런 일이 다 반사였을 것이다. 왜구가 나타나면 물에 목숨을 걸어야 했을 것이니. 아마도 남해 사람들 유전자 속에는 헤엄유전자가 있을 것이다.

그러나 모두 옛날이야기다. 이제는 물가에 노는 아이도 없고, 헤엄치는 청년도 없다. 아이나 어른이나 물에서 땀 내는 일도 목숨 걸 일도 없다. 틈만 나면 컴퓨터와 폰을 만져야만 안심이 되는 세상이니.

비로소 우리는 인사를 나누었다. 얼굴을 다 익히고 난 다음에 인사를 나누었다. 강 선생은 대대로 이곳에 살아온 토박이로 대를 이어 충렬사를 지키고 있다고 했다. 그가 사당과 청해루의 문을 걸어 잠그고는 긴 계단을 내려갔다. 내가 그 뒤를 따랐다. 그가 나를 여인숙에 데려다주기로 한 것이다. 내가 민박할 집을 물으니 오히려 여인숙이 싸고 깨끗하니 여인숙으로 가라고 했다.

'노량여인숙'이다. 여인숙이 옛날 시골집처럼 아담했다. 바로 유배객이 묵어가는 집이다. 박꽃 같은 주인의 환대로 나는 귀한 손님이 되었다. 짐을 맡겨두고 다시 강 선생을 따라나섰다. 이번에는 횟집이다. 나는 돌아서는 강 선생의 소매를 붙잡았고, 강 선생 또한 거절하지 않았다. 아직 우리는 할 이야기가 남은 것이다.

"우리 동네에서 그 여인숙 집이 사당 덕을 많이 봤습니다."

충렬사의 영검이 그 집에 내렸다는 말이다.

안주인은 일찍이 바깥양반을 떠나보냈다고 한다. 자녀들은 어리고 가산은 넉넉지 못하니 앞으로 살아갈 일이 막막했다. 안주인은 사당에 가서 빌었다. 사당 주인은 남해를 구한 수호신이 아니던가. 이른 새벽이면 사당에 초를 켜고 빌었다. 비가 오나 바람이 부나 하루도 거르지 않고 빌었다. 그렇게 몇십 년을 빌었다. 여인숙 주인에게 있어 충렬사는 참배하는 사당이 아니라 기도하는 사원이었던 것이다.

"해코지를 했다가 패가망신한 집도 있습니까?"

"뭐, 그런 집은 없습니다."

그런데 이 마을에 내려오는 금기가 하나 있다. '충렬사 경내의 나무는 손대지 말라'는 것이다. 살아 있는 나무는 말할 것도 없고 삭정이 하나라도 건드려서는 안 된다는 것이었다. 처음에 모르고 금기를 어겼다가 봉변을 당한 사람이 더러 있었다고 했다.

어쩌다 철모르는 아이들이 경내의 삭정이로 나뭇짐을 꾸려 가면, 어른들은 나뭇짐을 보자마자 그게 어디서 온 것인 줄 금방 알아챈다. 어른의 불호령이 떨어지고, 나무는 다시 제자리로 돌려졌다고 한다. 금기는 지금도 변함없이 지켜지고 있다. 노량 사람들에게 충렬사는 성스러운 사원인 것이다.

"아참, 당한 사람들이 있지요."

강 선생은 이제야 생각난다는 듯 말했다.

"아까 파출소 봤지요, 고게 일제시대 때 만들어진 겁니다."

"왜놈들이 일부러 충렬사 옆에다가 만들었네요."

"겁도 없는 놈들 아입니까? 여기가 어디라고 그런 걸 만들어요."

"그놈들이 낭패를 봤습니까?"

"큰 낭패를 봤지요. 부임해오면 1년도 못 넘겨서 자빠라지는기라요. 그런 일이 몇 번 생기고 나더니만 일본 순사들이 겁이 나서 여기는 얼씬도 못했어요. 그 뒤로는 조선 사람들이 주욱 파출소 소장을 했답니다."

"이순신 장군이 쫓아낸 거네요. 내가 듣기로 일본 사람들은 귀신을 무서워한다던데, 귀신 중에서도 왜놈 잡는 귀신이 나타났으니 놀래 죽었을 깁니다."

나는 기분이 좋아 술잔을 쭈욱 들이켰다.

임진왜란 이야기는 울분이 터지다가도 통쾌한 바가 있다. 그것은 이순신 장군이 있기 때문이다. 쫓겨가고 도망가고 끝장이 나는가 싶은데, 갑자기 반전이 일어나는 것이다. 임진왜란 이야기는 소설보다 더 극적인 반전이 있다.

나라잃은시대(일제강점기) 36년의 이야기는 숨통이 막힌다. 굽히고 쓰러지고 비실비실하다가 결국은 죽어버리니 숨통이 막히는 이야기다. 나라잃은시대의 역사를 읽노라면 책을 잡기도 전에 나는 맥이 빠진다. 그런 나라잃은시대에 이순신 장군 귀신이 왜인 순사를 저승으로 보내버렸다고 하니 술맛나는 이야기가 아니겠는가!

1971년 남해대교가 건설되었다. 이 다리는 세상에 널리 알려진 바와 같이

다리발을 여러 개 박아서 놓은 다리가 아니라, 동아줄을 달아서 놓은 이른바 현수교라 부르는 줄다리다. 노량의 빠른 물살 때문에 그렇게 놓은 것이다. 그게 기술이 좀 드는 공법이라, 그 당시 우리 기술로서는 어떻게 할 수가 없었다. 그리하여 할 수 없이 일본 기술자들을 불러들였다.

"그 일본 기술자들이 여기서 묵고 자고를 못하고, 여수에서 묵고 자고 하면서 여기를 드나들었어요."

다리는 하동에서 남해로 놓는데, 다리 놓는 사람은 여수에서 출퇴근을 했다는 이야기다. 가까운 곳에 하동 읍내나 삼천포도 있는데 먼 여수까지 가서 잠자리를 잡았다니, 이상한 일본 기술자들이 아닌가.

충렬사 때문이었다. 충렬사의 주인 이순신 장군 때문이었다. 이순신 장군의 기운이 있는 곳은 어쩐지 겁이 난다는 것이다. 이순신 장군의 기운에서 멀찍이 떨어진 여수라야만 안심이 되었던 것이다.

일본 사람들이 귀신을 겁낸다고 하는 말이 참말이구나. 나는 또 한 잔을 들이켰다.

별이 떨어진 자리, 이락사

다음 날 비가 개었다. 오늘은 류의양이 걸었던 것처럼 '노량에서 읍내까지 30리 길'을 걸어야 한다. 박꽃 같은 여인숙을 나왔다. 갈라진 당산나무 숲길을 지나 곧장 재를 올랐다. 굽어 보니 물이요, 멀리 보니 물 건너 금오산이다. 류의양은 금오산을 두고 첩첩산중이라 했지만, 내 눈에 보이는 것은 우뚝 솟은 금오산 아래 겹겹의 집들이다. 산성산의 등산은 포기했다. 칡넝쿨이 사람의 출입을 통제하고 있었기 때문이다.

어슬렁어슬렁 재를 넘어가니 버스정류장이다. 아주머니들이 벗나무 그늘에 앉아 버스를 기다린다.

"아줌씨, 저 아래 동네가 덕신입니까?"

"야."

힐끗힐끗 본다. 한옆에 슬그머니 앉았다. 덕신에 뭐하러 가느냐고 묻는다. 옛날 역 구경하러 간다고 하니 웃으며 그런 게 어디 있느냐고 했다.

가파른 길을 따라 내려갔다. 길이 얼마나 가파른지 잘못하면 단번에 굴러 내려갈 수 있을 것 같다. 골짜기가 깊고 산으로 둘러싸여 있어 마을이 마치 요새처럼 보였다.

말을 들이는 마구간, 역졸이 머무는 역집, 건너편에는 주막이 있는 그런 옛날 역의 모습을 그려본다. 그러나 이제 그런 역집도 없고 주막도 없다. 물어도 아는 사람이 없다.

가파른 길을 거슬러 올라와 다시 벚나무 그늘에 앉았다. 저런 구덩이에 왜 역을 지었을까?

등에 땀이 줄줄 흐른다. 수건을 등에 넣어 닦아냈다. 어제는 비, 오늘은 땀이다. 아름드리 벚나무가 길을 따라 이어졌다. 봄에 꽃이 피면 장관이리라. 남해에 벚꽃축제가 열린다고 하더니 이 가로수를 두고 하는 말인가.

벚꽃은 일본의 국화다. 일본말로 하면 '사꾸라'다. 한때 사기꾼이라는 뜻으로도 썼다. 사꾸라 정치인이란 말도 있다. 일본에 대한 감정이 좋지 않을 때 사꾸라가 미움을 받았다. 벚꽃의 원산지는 한국이다. 그렇지만 벚꽃은 배달겨레의 사랑을 받지 못했다. 옛 책을 아무리 뒤져봐도 벚꽃을 노래한 시는 없다. 매란국죽, 소나무를 예찬하고 나아가서는 물, 바위를 찬양했어도 벚꽃을 노래하지는 않았다. 눈이 부시게 화려하게 피었다가 한순간 눈처럼 떨어지는 꽃의 생리가 배달겨레의 의식구조에는 맞지 않았던 것이다.

꽃은 중립이다. 사사로운 감정도 없고 국경도 없다. 자연에 핀 꽃에 아름답지 않은 꽃이 없으며, 저마다 색다른 느낌을 준다. 꽃은 그저 꽃이다. 그러나 인간 세계로 오면 꽃은 꽃이 아니다. 인간은 중립이 아니기 때문이다. 인간은 저마다 감정이 다르고 국경이 있다. 서양 사람들은 꽃말을 만들어 의미를 부여했고, 동양에서는 오래전부터 사군자, 절개, 충과 같이 관념화했다.

벚꽃은 심을 만큼 심었고, 이제는 다른 꽃을 심음 직하지 않겠는가, 남해라면. 노량에 충렬사가 있고, 관음포에 이락사가 있다. 미조에 최영 장군의 사당이 있고, 탑동에 정지 장군의 탑이 있고, 이순신 장군의 흔적이 곳곳에 남아 있는 남해라면.

세 갈래 길이 나오면서 내리막이 끝났다. 이 작은 길은 어디로 통하는 길일까? 그 작은 길은 바로 덕신으로 가는 길이었다. 아차, 저 길이 옛길이로구나. 류의양이 걸은 길은 저 길이겠구나. 내가 온 길은 자동차라는 물건이 들어오면서 만들어진 길이었다. 아, 찻길 때문에 옛길을 보지 못하였네.

이락사에 이르렀다. 분수에서 나오는 물을 황소처럼 벌컥벌컥 마시고는 막 골인한 마라톤 선수처럼 땅바닥에 쓰러졌다. 놀러 다니기도 힘든데 귀양 가는 길은 어떠했겠는가. 류의양도 이 길을 지났을 것이다. 그러나 이락사에서 쉬지는 않았다. 그때는 이락사가 없었으니까. 이락사는 조선 말기 순조 때 삼도수군통제사 이항권이 세웠다. 이항권은 이 충무공의 8세손이다.

노량해전이 벌어지기 전날 밤이었다. 명나라 수군 제독 진린陳璘은 동쪽

별이 떨어진 곳 이락사. 사당을 돌아서 전망대에 서면 진짜 별이 떨어진 곳을 볼 수 있다.

이순신 장군은 이곳이 마지막 전투인 줄 알았다. 노량해전 전날 밤 진린의 꿈에서 떨어지는 별로 현몽했다.

하늘에서 큰 별 하나가 꼬리를 빼며 땅으로 떨어지는 것을 보았다. 그날 밤 진린은 잠을 이루지 못했다. 다음 날 관음포에서 해전이 벌어지고 이씨 성을 가진 사람이 하늘의 별처럼 떨어졌다. 뒷날, 별이 떨어진 자리에 사당을 세웠으니 곧 '이락사李落祠'다. 이곳의 원래 땅이름은 '이내기끝'이다. 이순신 장군이 이곳에서 전사한 뒤 이내기끝은 이락곳, 이락장곳이라 불렸다.

이순신 장군이 노량해전에서 마지막 전투를 벌였고, 노량에서 전사한 것으로 우리는 책에서 배웠다. 그러나 이곳에 오면 이순신 장군의 마지막 싸움 터는 노량목이 아닌 관음포이고 관음포에서 전사했다는 것을 알 수 있다. 이로 인해 관음포는 이락포라는 이름으로 불리기도 한다.

이락사를 돌아가면 전망대로 가는 길이다. 숲이 우거지고 길은 용처럼 길었다. 오른쪽 아래도 바다고, 왼쪽 아래도 바다다. 땅이 소의 혓바닥처럼 바다로 쭉 뻗었으니 '곳'이다. 바로 이락곳이고 이락장곳이다.

전망대에 오르니 바닷바람이 부채질하듯 선들선들 불었다. 기둥에 기대어 눈길을 멀리 바다로 보냈다. 뭍 사이로 움푹 들어간 곳은 섬진강 포구요, 건너편은 여수고 이 사이에 펼쳐진 바다가 노량해협이다. 노량 바다에서 남해섬 쪽으로 점점이 섬들이 몰려오고 이락곳에 와서 좁은 바다가 남해섬 안을 향해서 깊이 들어간다. 이 깊이 들어간 포구가 관음포다.

1598년 11월 19일 아침. 왜선이 진린을 포위하여 형세가 몹시 급하므로 순신은 급히 배를 몰아 나아갔다. 순신이 화살과 조총을 두려워하지 않고 직접 북을 치며 전투를

독려하였다. 그러다가 갑자기 탄환을 맞고 넘어졌다. 순신은 급히 부하 장수와 아들 회薈에게 명하여 방패로 자신의 몸을 가리게 하고 곡소리를 내지 못하게 하였다.

전투가 끝나자마자 진린은 노를 저어 순신의 배로 와 외쳤다.

"통제사! 나오시오, 속히 나오시오!"

아들 회가 뱃머리에 서서 울며 말했다.

"돌아가셨습니다."

순신의 죽음을 들은 진린은 배에서 세 번이나 넘어졌다가 깨어난 뒤 말했다.

"별이 떨어졌구나. 나라의 큰 별이 떨어졌구나!"

마을 사람들은 순신의 죽음을 듣고 달려와 길을 가득 메우고 곡하였고, 시장에 간 사람은 술자리를 파하였다. 상여가 지나가자 남도의 선비들은 글을 지어 제사를 지냈으며, 노인과 어린이들도 길에서 곡하기를 그치지 않았고, 명나라 병사도 고기를 물리고 먹지 않았다.

이긍익의 《연려실기술》에 나오는 이야기다.

이락사는 별이 떨어진 자리다.

한낮의 축제

오른쪽 바다에 일이 벌어졌다. 방파제로 사람들이 꾸역꾸역 모여든다. 사람들이 배를 타고 내린다. 그 배는 병아리 떼 같은 작은 배들 속에 학처럼 우뚝 솟았다. 배는 오색 깃발을 어지럽게 날린다. 둥둥 두루룽, 엔진 소리가 마치 진군을 알리는 북소리처럼 정오의 바다를 울린다. 좋은 예감이 들었다.

이락사로 돌아와 물으니 오늘 진수식이 있다고 했다. 가보자. 길 따라 갔다가는 판이 끝난 뒤에 도착할 것 같다. 이락사에서 언덕 아래로 풀쩍 뛰어내렸다. 엎어지고 자빠지고 잡초밭을 지나서 바닷가를 따라 걸었다. 자동차, 경운기들이 허리띠 같은 방파제를 향해 꾸역꾸역 몰려간다. 일이 벌어져도 크

이내기끝 전망대에서 본 목섬. 멀리 보이는 섬들은 노량해전 때 조명연합군이 이용했던 지형지물이다.

게 벌어진 모양이다. 엎어지고 자빠진 덕에 길을 반쯤은 줄여놓았건만, 아직도 길은 빙빙 돌아가고 있다. 에라 모르겠다, 샌들을 신은 채 차부닥차부닥 바다로 들어갔다.

길가 남새밭에서 허리가 꾸부정한 할머니가 지팡이를 짚은 채 고추를 딴다. 옆에는 코흘리개 소녀가 소쿠리를 들고 고추를 따고 있다. 다리를 후들거리며 할머니가 따는 고추는 빨간 고추다. 할머니는 이따금 소녀를 나무란다. 소녀가 파란 고추를 따는 모양이다.

"할머니, 저쪽에 무슨 일이 벌어졌습니까?"

"배 모았다(만들었다)고 그리는가베."

허리를 펴며 할머니가 말했다.

"저기 이름이 뭡니꺼?"

"목숨이제."

가래 끓는 소리로 말했다.

"목숨이라꼬예?"

"아이, 목섬."

목섬, 긴 목을 가진 섬이란 뜻이었다.

할머니는 손녀를 재촉하며 계속 고추를 땄다. 할머니와 아이는 고추를 따고 힘깨나 쓰는 장년들은 잔치를 벌인다. 힘깨나 쓰는 나도 잔치판을 향해 발을 재게 놀렸다. 그런데 저 할머니는 왜 안 갈까?

정말 목이 길었고 긴 목이 안쪽 바다를 호수처럼 빙 둘러쌌다. 큰 태풍도 능히 막을 수 있을 듯하다. 작은 배들이 목섬 안에 옹기종기 모여 있는 것이 마치 어미 품에 든 병아리 같다.

100여 명이나 되는 사람들이 두 줄로 마주보기를 하며 앉았다. 무슨 행사를 하기에 저렇게 앉아 있을까? 염불을 하는 것일까? 기도를 하는 것일까? 아니면 한 판 푸닥거리? 남해에서는 진수식을 별나게 하는구나.

도시락을 먹고 있었다. 하, 그렇구나. 하긴 잔치가 별나기는 별나다. 30도가 넘는 땡볕에서 콘크리트 방파제에 앉아 점심을 먹고 있으니. 한옆에는 오색 깃발을 꽂은 새 배가 둥둥 경쾌한 엔진 소리를 낸다. 오늘의 주인공이다. 둥둥 두루루, 잔치판의 분위기를 돋운다.

내가 보고 싶은 행사는 끝이 난 것 같았다. 제를 지내고 용왕을 먹이며 한바탕 두드렸을 것이다. '굿이나 보고 떡이나 얻어먹는다'는 말이 예사로 생긴 말이겠는가, 굿은 못 봤지만 밥이나 얻어먹고 가자. 나는 왔다 갔다 하며 사진을 찍었다. 이락장곶도 찍고, 전망대도 찍고, 새 배도 한번 찍어주고.

"보이소, 이리 앉으시다."

구수한 남해 사투리로 사람을 붙잡는다. 나는 못 이기는 체하며 자리에 앉았다. 어디서 왔는가, 뭐하러 댕기는 사람인가, 객지에 오면 많이 묵어야 한다, 우리 숙모 같은 동네 아주머니들이 내 앞에다가 잔뜩 음식을 밀어놓는다.

"오늘 새벽 제주도에서 출발했다쿠데."

"여섯 시간 걸렸담시로."

"우쩨 길을 용하게 알고 찾아왔을꼬?"

"억수로 비싼 배라 카는데 길도 못 찾을까."

배 주인은 차면 사람이라고 했다. 차면 어른들은 다 초청한 것 같다. 배를 모으면 이렇게 동네잔치를 벌이는 것이 남해 어촌의 풍습인 모양이다.

잔치가 끝나기 전에 일어섰다. 고추밭에서는 아직도 할머니가 다리를 후들거리며 고추를 따고 있다.

"할머이는 와 저기 안 갑니꺼?"

"오이, 다리가 아파서 거동을 못한다."

고추 따는 힘이면 갔다 올 수 있을 것 같은데….

어제 내린 비로 시골길에 움푹움푹 물이 괴었다. 뒤에서 철벅 물을 튀겨 등을 쳤다.

"이거 어떤 놈이야!"

돌아보니 아무도 없다. 범인은 내 신발이었다. 떨어진 샌들 바닥이 물을 쳐서 등짝에 갖다 발랐던 것이다. 이번 유배 여행을 맞이하여 난생 처음 사 본 샌들이다. 그런데 이틀도 못 가서 떨어져? 아마도 갱물(바닷물)이 탈을 부린 모양이다. 아까 질러오면서 바다로 걸었더니, 소금물에 아교가 녹아버린 것 같다. 읍내까지 걸어갈 일이 막막하다.

마을을 통과해서 벚꽃 가로수 국도를 만났다. 신발이 딸딸거렸다. 딸딸, 햇살이 가시처럼 등을 찔렀다. 딸딸, 재수 없는 소리다. 길가 소나무 밭으로 들어갔다. 배낭을 벗어 이리저리 뒤적여봤지만 신발을 맬 만한 끈이 없다. 잠이나 한숨 자고 보자. 신발을 던져놓고 배낭을 괴고 누웠다.

실롱 발롱, 시끄러운 매미소리에 눈을 떴다. 슬며시 일어나서 슬금슬금 마을 쪽으로 갔다. 마을 앞에 있던 왕골논이 생각난 것이다. 남해에도 돗자리를 짜나? 그물을 짠다면 모를까. 경운기가 탈탈 한 대 올라오고 노인이 내린다. 배 잔치에 갔다 오는 것 같다. 논 주인인가? 사진을 찍으며 물었다.

"어르신, 이게 뭡니까?"

"골대(왕골) 아이가."

올해는 태풍 때문에 다 쓰러졌다며 혀를 차고는 가버렸다. 나는 쓰러진 것 가운데서 두 줄기를 뜯어냈다.

자리로 돌아와 대가리를 자르고 줄기를 쪼갰다. 양끝을 잡아 퉁기니 팡팡 소리가 난다. 발과 샌들을 꽁꽁 묶었다. 읍내까지만 가다오. 배낭을 울러 메고, 발을 탁탁 굴러보았다. 제법 든든하다. 다 어릴 때 보고 배운 일이다. 고무신 신고 공을 찰 때 터득했던 기술이다. 어릴 때 배운 것은 어른이 되어서도 잊히지 않는다.

오후 2시, 다시 이락사다. 차면 바닷가를 한 바퀴 빙 돈 셈이다. 이락사를 지나 산마루에 서니 관음포가 발아래다. 전망대가 있는 이내기끝과 반대편의 어서리끝에서 안으로 주머니처럼 생긴 바다가 관음포, 관음보살처럼 조용하다. 400여 년 전, 이 바다에서 하늘과 땅을 울리며 죽고 죽이는 대해전이 벌어졌다니.

탑동마을의 정지석탑

인머리, 되머리 고개를 넘어가도록 더위는 수그러들 줄 몰랐다. 게처럼 눈을 좌우로 번갈아 돌렸다. 녹동정사와 정지석탑을 놓치지 않기 위해서다. 이제부터는 내리막이다. 딸딸, 신발에서 다시 기분 나쁜 소리가 났다. 왕골이 닳아서 터져버린 것이다.

딸딸, 탑동에 닿았다. 건물들 사이, 단풍나무 그늘 아래에서 자그마한 탑을 하나 겨우 찾아냈다. 이 탑으로 인해 마을 이름이 탑동이 되었다. 이 탑의 역사와 의미를 말해주는 것이리라. 탑돌이를 하고 단풍나무 그늘에 앉았다. 좌우로 가게와 다방, 뒤편은 양철지붕의 시골 장터, 저자거리에 석탑이 초라

하게 앉았다.

정지석탑은 고려 말 해도원수 정지鄭地 장군의 공적을 기려 세운 탑이다. "우왕 9년, 정지 장군이 관음포에서 왜구를 대파하다."《고려사》에 기록되어 있는 내용이다. 이 역사를 후세에 빛내고 기리기 위해 남해 사람들은 돌을 깎고 다듬어 이곳에 탑을 세웠다.

조선 태종 때 예문관 대제학을 지낸 정이오鄭以吾가 이곳을 지나며 칠언절구를 한 수 지어 장군을 추모했다.

관음포를 지나며

過 觀音浦

망운산 기슭에서 돛단배 바라보니

望雲山下望帆風

큰 배 작은 배 동서로 오고 가는구나

東去西來舟艦通

영웅의 당시 일 어느 누가 모르랴

莫問英雄當日事

지금도 사람들은 장군의 일등공을 즐겨 말한다네

至今人喜說元功

단풍나무 그늘에서 일어섰다. 가는 사람 오는 사람들로 오래 앉아 있기가

관음포 바닷가에 세워졌던 정지석탑. 관음포가 매립되면서 석탑이 들판에 세워진 것으로 오해받곤 한다. 그 사이 단풍나무가 없어졌다.

거북한 자리였다. 어디 정자나무가 있으면 좋으련만. 휘, 눈을 한 바퀴 굴리니 다방들이 눈에 들어왔다. 하나, 둘… 모두 다섯 개가 석탑에서 보였다. 그야말로 옛날식 다방들이다.

딸딸 소리가 나지 않도록 샌들을 땅에 끌며 가장 가까운 다방 문을 열었다. 다방 안의 눈들이 일제히 나에게로 쏠리고, 한순간 침묵이 흘렀다. 마치 개구리 웅덩이에 돌멩이 하나가 떨어진 것 같았다. 눈들이 개구리눈처럼 돌아간다. 어디서 굴러온 돌멩이일까? 나는 개의치 않고 한 자리를 차지하여 얼음물을 한 잔 시켜 벌컥벌컥 들이켰다. 다시 웅덩이 속은 평화를 찾았다. 그 난데없이 날아온 돌멩이가 신경 쓸 필요가 없는 것임을 확인한 것이다. 이야기를 나누다가 가끔은 내게 한 번씩 눈길을 준다.

오늘이 장날도 아닌데 웬 사람들일까? 사람이 얼마나 많은지 에어컨을 틀어놓아도 한증탕에 앉은 듯하다. 이 사람들, 일은 안하고 대낮부터 왜 빈둥거리지? 귀를 기울이니, 배 이야기다. 제주도에서 배를 몰고 왔는데…, 바로 목섬 방파제의 진수식에 갔다 온 사람들이었다. 그렇다면 이 사람들은 나를 보았을 것이다. 나는 모여 있던 저 사람들을 알 수 없지만, 저들은 홀로 배낭을 메고 밥 얻어먹던 내 모습을 기억하고 있을 것이다. 그러면 내가 궁금증을 풀어줘야지.

"아가씨, 녹동사가 어디 있어요?"

"녹동사요, 그런 절이 있나요?"

서울말이다. 내가 모르는 녹동사를 서울 아가씨가 어이 알겠는가.

"저 우, 녹동에 있는 거 말이지?"

머리가 허연 선비 같은 어른이 끼어든다.

기다리고 있었다는 듯, 또 한 사람이 끼어든다.

"아, 녹두산 삐알(비탈)에 있는 거."

이 사람 저 사람 주고받더니 이야기는 동네 이야기가 된다.

바로 여기가 정자나무 그늘이다. 이 다방이 바로 시골의 정자나무가 되었다. 길 내고 집 짓느라 썩은 정자나무는 불도저로 밀어버리고, 그 자리에 빌딩을 세우고 다방을 넣었다. 시원한 정자나무 그늘이 에어컨 바람으로 바뀌고, 매미 울음소리가 전축 소리로 바뀌었다. 옛사람은 부채를 들고 정자나무 그늘을 찾아갔지만, 요새 사람은 부채 대신 찻값 몇 닢을 호주머니에 넣고 에어컨 바람이 나오는 다방을 찾아간다. 귀를 간질이는 정자나무 바람 그늘보다는 살갗이 따끔거리는 에어컨 바람을 더 좋아하는 세상이 되었다.

"어르신, 여기 큰 절이 있었다고 하던데, 어디 쯤에 있습니까?"

"어디 절이 있기는 있었다 카더마는."

"얼마 전에 방송국에서도 찍어 갔다 아이가."

이 사람 저 사람 붙더니 이야기는 또 동네 이야기가 된다.

다방을 나와 양철지붕 장터로 들어갔다. 장이 썰렁하다. 가는 날이 장날이라는 말이 있지만, 내가 간 날은 장날이 아니었다. 한쪽 구석에 손바닥만한 가게가 하나 열려 있는데 다행히 신발 가게였다. 안경을 쓴 할머니가 선풍기를 틀어놓고 열심히 패를 뜨고 있다.

"할머니, 샌들 하나 주이소."

"그런 거 없시다."

허리를 한 번 폈다가 다시 패를 붙인다. 장사는 뒷전이다. 신발 가게에 샌들이 없다니, 할매가 화투 패에 정신이 팔려도 단단히 팔렸구나. 내가 찾아보자. 휘이, 정말로 샌들이 없다. 그 흔해빠진 샌들을 팔지 않다니, 이상한 가게다. 한쪽 구석을 보고 나서는 확실히 이 가게가 이상한 가게라는 것을 알았다. 거기엔 하양 고무신, 검정 고무신이 쫙 진열되어 있었다.

낚시가게에서 접착제를 두 통 샀다. 샌들을 수선해서 신기로 마음을 먹은 것이다. 앉을 자리를 찾다가 다시 석탑 아래로 갔다. 떨어진 부분을 시멘트 바닥에 싹싹 문지르고 접착제로 꼭꼭 눌러 붙였다. 한 백 년 전에는 이곳에서 짚신을 수선했겠지. 사람들이 고개를 갸웃거리며 지나간다.

남해 유림이 재를 올리던 녹동정사

요즘 이 대사리가 유명해졌다. 국보 제32호 해인사 팔만대장경이 이곳에서 만들어졌다는 이야기가 있고부터다. 여태까지는 강화도에서 대장경이 만들어진 것으로 알려졌는데, 근래 새 학자들이 그 학설을 뒤엎고 이곳 남해에서 만들어진 것으로 고쳐 주장을 한 것이다.

대장경판이 강화도에서 만들어졌다는 학설이 '나라잃은시대'에 주장되었던 이야기라고 한다면? 새로 파봐야 한다. 확실히 콩과 팥을 가려야 할 일이다.

내가 남해에 오기 전 국사편찬회에서 만든 《한국사》를 본 적이 있다. 그 책에는 일본 사람이 쓴 글들이 많이 인용되어 있었다. 우리 역사를 쓴다면 마땅히 왕조실록이 주된 '으뜸글(인용문)'이 되어야 할 터인데, 어찌하여 일본 사람의 글이 으뜸글이 되었을까?

'삼포왜란'에 관한 이야기였는데, 몇 줄마다 한 번씩 규칙적으로 일본 사람의 말을 따서 적고 있었다. 그 글이 말하고자 하는 것은 왜인들이 삼포왜란을 일으킬 수밖에 없었다는 이야기였다. 누구를 위해 역사를 썼는지 알 수 없는 글이었다. 그 글을 쓴 학자는 필시 일본으로부터 연구자금을 지원받았거나, 아니면 그 사람의 조상이 '나라잃은시대'에 일본에 붙어먹은 사람일 것이다.

"팔만대장경, 남해서 만들었다"

어느 신문에 난 기사다. 바로 새 학자들이 주장하는 바다. 새 학자들이 강화도가 아니라 남해도라고 한다면 그만한 근거가 있어야 하지 않겠는가? 새 학자들은 두 가지 근거를 들고 있다.

첫째, 목재를 쉽사리 구할 수 있는 곳이어야 한다.

자작나무, 산벚나무, 후박나무 등이 경판의 목재가 되는 나무들이다. 경판 새기는 곳은 그런 나무를 쉽사리 구할 수 있는 곳이어야 한다는 것이다. 강화도는 자작나무, 산벚나무, 후박나무가 거의 자라지 않는다. 그런 나무가 자생하지 않으면 다른 곳에서 목재를 가져오기라도 해야 하는데 가져올 곳도 마땅찮다. 이에 비해 따뜻한 남해섬에는 그런 나무들이 흔하게 자란다. 뿐만 아니라 필요하면 언제든지 가까운 곳에서 가져올 수 있다. 거제도에서 가져올 수도 있고, 건너 하동 포구로 지리산에서 베어올 수도 있다. 일을 맡은 관리가 어느 곳을 택했겠는가?

둘째, 목재를 소금물에 쉽게 절일 수 있는 곳이어야 한다.

강화도와 남해, 모두 목재를 소금물에 절일 수 있는 곳이다. 어느 곳이 더 쉽게 절일 수 있는 곳이었을까? 강화도는 밀물과 썰물의 차가 심하고 사방이 뻘밭이다. 이에 비해 관음포는 물의 움직임이 작으면서 맑다. 일을 맡은 관리가 어느 곳을 택했겠는가?

지리산의 나무를 어떻게 이 남해까지 가져올 수 있었을까? 그것은 땅 짚고 헤엄치기다. 지리산에서 나무를 베어 섬진강에 띄우기만 하면 끝이다. 목재는 섬진강 물을 따라 저절로 바다로 내려가고, 바다로 간 목재는 조수의 흐름을 따라 저절로 관음포로 들어간다. 사람들이 할 일은 관음포에 들어온 목재를 떠다니지 못하게 붙잡아 두기만 하면 되었다.

이렇게 이치를 따져서 보면 강화도보다는 남해가 훨씬 그럴 듯하다. 이것을 진짜배기로 만들기 위해서는 경판을 새겼던 장소를 찾아내야 한다. 그 경판을 깎고 새겼던 흔적을 찾아내기만 하면 강화설은 슬그머니 꽁무니를 뺄 것이고, 비로소 남해설이라는 정통 학설이 탄생하게 되는 것이다. 남해 사람들로서는 기분 좋은 일이 아니겠는가.

어디 기분 좋은 일로만 끝나겠는가. 경판을 새겼던 장소는 사적지로 지정되고, 사적지로서 마땅한 복원사업이 이루어지고, 그 역사적 유적지를 보기 위해서 구경꾼들이 몰려들 것이다. 남해 사람들로서는 가만히 앉아서 입장료 챙길 일만 남게 되는 것이다. 이것이 문화유산의 힘이 아니겠는가.

녹동사 조선 말기에는 양반만의 공간이었다.
개명이 된 다음에는 녹동마을의 문화생활 공간이 되었다. 지금은 마루에 먼지가 자욱하다.

대청마루에 앉아 한문을 슥슥 흘려 적던 어른은 어디로 갔을까.

자, 가자. 녹두산으로 가자. 녹동정사도 보고 팔만대장경판을 새긴 곳도 찾고. 김삿갓이 얻어먹을 집 찾아가듯이 산비탈에 보이는 녹동정사를 찾아 기웃기웃 올라갔다. 대문에 이르니 소란스럽다.

"공자 왈, 맹자 왈…."

이크, 사람이 있구나. 여느 사당처럼 기껏해야 1년에 한두 번 제사나 지내는 사당이 아니었다. 살며시 대문을 물러나 개울에서 얼굴과 머리에 물칠을 하고 발을 씻었다. 자칫하면 김삿갓처럼 문전박대 당한다.

육간대청에 사람들이 빽빽하다. 부채질을 하며 두런두런 정담을 나누는 사람, 코를 골며 낮잠을 당기는 사람, 바짓가랑이를 걷어붙이고 꽃치기를 하는 사람, 공자 왈 맹자 왈 소리는 바로 고, 스톱을 부르는 소리였다. 정사를 지은 어른들이 저 소리를 들으면 '아, 세상이 바뀌면서 하는 공부도 달라졌구나' 하고 생각하겠지.

기대어 있던 어른들이 낯선 사람을 보자 다리를 동개며 앉는다. 절을 올리니 한쪽에 자리를 만들어준다. 내가 현판의 글을 뜯어보고 있노라니, 한 어른이 붓을 들어 한문을 슥슥 흘려 적는다.

'녹동사는 조선 말엽 남해의 선비 석계 선생, 매산 선생, 몽설 선생을 모신 사당이라, 해마다 삼월이면 남해의 유림이 모여 재를 올린다.'

붓을 움직이는 솜씨가 옛사람들 그대로다. 마치 '우리가 정사에서 화투짝이나 두드린다고 해서 우습게보지 말게' 하는 듯했다.

한 어른은 라면을 끓여서 내놓는다.

"이거 대접이 시원찮소!"

정사의 어른은 꾀죄죄한 몰골에 개의치 않고 나를 손님으로 대접한 것이었다. 나는 몸 둘 바를 몰랐다. 사양을 하다가 대청 모퉁이에서 한상을 받았다. 시골 어른들의 사람대접이 또한 옛 그대로다.

녹동사를 나와 산으로 올랐다. 어제 내린 비로 물소리가 요란하다. 이곳일지도 모른다. 경판을 깎아 새기던 자리가 이곳이 될지도 모른다. 이미 새 학자들이 찍은 곳은 이 녹동산 너머 남치마을이다. 그러나 그곳에서는 판각지를 찾아내지 못했다. 지금도 향토사학자들이 보물찾기 하듯이 이곳저곳 뒤져보지만 세상의 이목을 놀라게 할 만한 성과물은 찾아내지 못하는 듯하다. 누가 찾아내기만 하면 그 사람은 크게 한 건 올리는 셈이 되겠는데, 사라진 600년 전의 유적을 과연 찾아낼 수 있을지?

시끄러운 매미 소리에 더욱 덥다. 나는 유배 온 사람. 벗자. 옷을 하나하나 벗으며 개울로 들어갔다. 온몸이 찌르르 떨렸다.

녹동사에서 새로운 사실을 한 가지 알았다. 탑동에서 보이는 들판이 옛날에는 모두 바다였다는 사실이다. 탑동 아래도 바다였고, 대사리 앞 관당 들판도 바다였고, 오곡리 앞 들판도 바다였다. 그러니까 관음포라 불리는 포구는 이락사가 있는 이락장곶에서부터 오곡리 가청이 앞까지를 말하는 셈이다. 지금의 관음포도 깊지만, 옛날 관음포는 엄청 길고 깊은 포구였다.

사람을 끌어당기는 관음포

관음포! '관음'은 관세음보살에서 따온 말이다. 관세음보살은 괴로울 때 정성으로 이름을 외면 그 소리를 듣고 중생을 구제하여 준다는 보살이다. 관음포는 이 땅에 불교가 들어오면서 옛 이름을 밀어내고 새로 지어진 이름이다.

옛 이름은 토박이 말이었을 것이다. 토박이 이름은 대개 특별한 의미를 부여하기보다는 자연스럽게 붙여진다. 아래에 있는 마을은 아랫말, 너머에 있는 마을은 너머말, 새로 터를 잡은 마을은 새터말이 되는 것처럼. 길고 길었으니 십리포구, 소꼬리포구 정도가 아니었을까?

이름은 주술성을 지닌다. 부르면 부를수록 주술성을 지닌다. 부르는 사람의 숫자가 많을수록 그 주술적 힘은 더욱 커진다. 마치 만트라처럼 힘을 가지게 된다. 별 의미 없이 자연스레 만들어진 말보다는 특별한 말이 더욱 힘을 가지게 된다. '십리포구' '소꼬리포구' 같은 말보다는 나무관세음보살에서 따온 '관음포'라는 이름이 더욱 힘을 가지게 된다는 말이다. 왜구의 침입이 잦은 바닷가, 늘 관세음보살을 부르며 자비로운 관세음보살의 힘을 빌려 왜구를 물리쳐보자는 뜻으로 관음포라 부르게 되었던 것이다.

나무관세음보살, 관음포에서 팔만대장경 판을 무사히 새기게 하소서! 나무관세음보살, 정지 장군이 관음포에서 왜구를 물리치게 하소서! 나무관세음보살, 이순신 장군이 관음포에서 왜적을 소탕하게 하소서!

귀양 가는 길을 미루어두고, 나는 이 관음포에서 넉넉히 시간을 보내리라 마음먹었다. 관음포는 사람을 끌어당기는 힘이 있다.

"갈화리로 내려 가이소."

지나가는 사람을 막아놓고 물으니 갈화리를 가르쳐주었다. 지도에 갈화리는 천연기념물 느티나무가 있는 마을이다. 갈화리를 점찍어 놓고 탑동에서 곧장 아랫길로 빠지고, 천동교를 지나니 건너편이 바로 선원마을이다. 탑동 앞이 바다였으면 선원마을은 배로 건너야 했을 것이다.

선원마을을 지나니 갑자기 들판이 끝나고 바다가 시작되었다. 오른쪽으로는 녹색 논이요, 왼쪽으로는 청색 바다, 긴 방파제가 둥근 해안을 직선으로 가로질렀다. 매립의 결과다. 바다와 뭍이 이렇게 직선으로 만나는 법은 없다. 바다인 듯 뭍인 듯, 뭍인 듯 바다인 듯, 그렇게 어우러지는 것이 자연의 모습이다.

갈화리 끝이 어서리끝이고, 맞은편이 이내기끝이다. 끝이란 땅끝이 뾰족하게 바다로 튀어나온 곳을 이르는 남해 사투리로, 표준말로는 '곶串'이 된다. 갈화리를 더 돌아나가면 큰끝이 있고 그 옆에 덕생이끝이 있다. 모두 곶이다. 참으로 잘 붙인 이름이다. 그 이내기끝과 어서리끝이 서로 마주보며 관음포 입구를 딱 막아서고 있다.

나는 한때 바다였던 방파제를 걸었다. 조개가 나고 낙지가 나는 곳에서 하루아침에 쌀이 나니 놀랍고도 두렵다. 다음에 무슨 일이 일어날지 알 수 없으니.

저기 이내기끝에 이락사가 있고 탑동에 정지석탑이 있다고 하나, 누가 이곳에서 그렇게 처참한 전쟁이 벌어졌다는 것을 기억할까? 밀물이 들어오는지 철벅철벅 물이 방파제에 부딪친다.

매립된 땅 위에 다시금 불도저들이 요란한 소리를 내며 흙을 밀어붙이고 있다. 길을 내고 있다. 좁은 땅에 길 내고 공장 짓고 나면 남을 땅이 있을라나? 우리 후손들은 무얼 먹고 살꼬?

해가 노루꼬리만큼 남았다. 기울어지는 햇살이 바닷물에 반짝이며 눈을 어지럽혔다. 다시 탑동으로 올라왔다. 기웃기웃 잠자리를 구하다가 정지석탑 아래 앉았다. 오라는 곳은 없어도 갈 데는 많다. 접착제를 꺼내 다시 신발을 손질했다.

다음 날 아침, 가칭이를 향해 길을 떠났다. 가칭이에 가면 옛 관음포를 볼 수 있을 것이다. 푸른 물이 넘실거리고, 배가 떠다니고, 해전이 벌어졌던 옛

로렐라이 언덕은 전설이지만 관음포 가칭이는 역사다. "1592년 왜구가 조선을 침략하였다가 이곳에
서 떼죽음을 당했다. 1910년 일본이 조선을 침략하고 이곳을 매립하여 악몽의 역사를 지우려했다."
이런 팻말이 관음포에 서 있음직하지 않겠는가.

이내기끝에서 바라본 관음포. 저 멀리 보이는 가청이 언덕까지가 바다였다.

관음포를 한눈에 볼 수 있을 것이다. 관당, 개피(개상, 포상), 오실(오곡), 가청이, 잘매(성산), 이들은 모두 옛 관음포를 둘러싼 지명들이다. 그 가운데서 나는 가청이를 골라 찍었다.

고현중학교가 있는 마을이 오실이다. 오실에서 고개를 하나 넘어가면 옛날에 질그릇을 구워냈던 도산마을이다. 도산의 옛 이름은 질개, 질그릇을 구워내던 갯가라는 뜻이다. 오실에서 질개로 넘어가는 고개가 바로 가청이다.

가청이 언덕에 서자마자 헛김이 새어버렸다. 거기엔 전설의 로렐라이 언덕이 없었다. 갈비집이 들어서고 국도가 지나가는 21세기의 언덕이었다. 가청이를 지나 곧장 잘뫼(성산성)로 올라갔다.

한 옛날, 이 일대는 남해에서 가장 번성했던 곳이다. 신라시대, 남해군이 전야산군으로 불리던 시절에는 고을 관청이 들어서고 성곽으로 둘러싸였던 자리다. '고현'이란 지명은 바로 여기에서 유래했다.

잎이 무성한 소나무 아래서 지도를 펴고 앉았다. 오실 쪽으로 보면 들판이요, 질개 쪽으로 보면 강진 바다다. 오실 들판을 지나가면 관당, 옛날 관청에서 잘 보이는 땅이라고 해서 붙여진 이름이라 지도를 보며 땅을 보며 옛날 관음포를 그려갔다.

오실에서 왼쪽으로 가면 포상이다. 포상의 옛 이름은 '개뫼'다. 개펄 위에 있는 언덕이라는 뜻이다. 개뫼라는 말뜻대로 보면 포상 아래에 있는 지금의 논은 모두 개펄이어야 한다. 곧 옛날에는 바다였다는 말이 된다. 연필로 오실, 관당, 포상 그리고 정지석탑이 있는 탑동을 이으니, 길쭉한 타원형의 들판이 된다. 들판을 바다로 바꾸면 길고도 깊숙한 관음포가 된다. 비로소 나

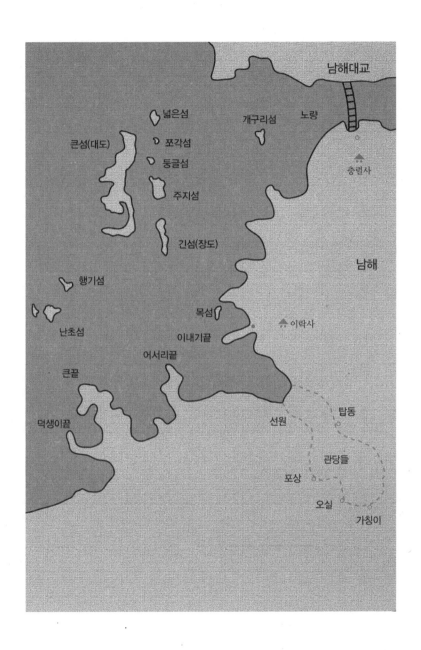

넓은섬

큰섬(대도)

쪼각섬

둥글섬

주지섬

긴섬(장도)

행기섬

난초섬

큰끝

덕생이끝

목섬

이내기끝

어서리끝

개구리섬

노량

남해대교

충렬사

남해

이락사

선원

탑동

관당들

포상

오실

가칭이

조선시대 관음포 지도. 고산자처럼 걸어다니면서 그린 지도다.

는 옛날 관음포의 지도를 완성시켰다.

이 바다에서 두 차례 대해전이 벌어졌다. 모두 우리 수군이 대승을 거둔 해전이고, 왜구가 결딴이 난 전투다. 우리 수군이 대승을 거둔 데에는 이 바다가 한몫을 했다. 관음포가 한몫을 할 수 있는 데는 다른 바다가 가질 수 없는 모양과 물을 가지고 있기 때문이다.

멀리 하동이 보이고 육지 사이로 쩍 갈라진 곳이 하동 포구다. 저기서 섬진강 물이 흘러나와 밀물을 타면 관음포로 밀려든다. 대장경판의 목재가 그렇게 섬진강물을 따라 관음포로 들어왔을 것이고, 왜적들이 그렇게 흘러들어 왔을 것이다.

어서리끝과 이내기끝에서부터 관음포가 시작된다. 어서리끝과 이내기끝은 마치 할머니 쌈지 주머니의 끈과 같다. 끈을 조이면 주머니가 닫히고 끈을 풀면 주머니가 열린다. 어서리끝에서 이내기끝을 막아서면 관음포는 미꾸라지 잡는 통발이고, 이 안으로 적을 몰아넣으면 사냥개로 토끼몰이하기다.

아주 큰 섬인 대도를 버팀대로 하여 넓은섬, 쪼각섬, 둥글섬, 주지섬, 긴섬이 노량목 앞에서 한 치의 비뚤어짐 없이 일렬횡대로 막아서고 그 아래로 난초섬, 행기섬이 늘어섰다. 그리고 노량 바로 코앞에 능구렁이의 약을 돋우는 두꺼비처럼 대가리를 내밀고 있는 섬이 개구리섬이다. 이 섬들은 모두 몰이꾼들이다. 관음포가 통발이라면 이 섬들은 약삭빠른 미꾸라지들을 통발로 몰아넣는 몰이꾼들이다.

아무리 좋은 통발과 몰이꾼을 가지고 있다 해도 물때가 맞지 많으면 허탕이다. 물의 움직임이 없는 조금에 걸리거나 물이 빠지는 썰물에 걸리면 사냥은 허사다. 그러면 저 물살은 어떻게 해야 하는가? 어떻게 할 수가 없다. 사람의 힘으로 어찌하는 수가 없다. 그것은 하늘이 정한다. 일은 사람이 꾸미지만 정하는 것은 하늘인 것이다.

'관음포'라고 하는 고기잡이 통발, 이 통발을 처음 이용한 사람은 고려 말 해도원수 정지 장군이었다.

우왕9년(1383년)

정지가 병선 40여 척을 거느리고 나주, 목포에 머무르고 있을 때, 왜선 120여 척이 경상도에 나타났다. 바닷가 마을이 겁에 떨었고 합포(마산) 원수 류만수가 도움을 청했다.

정지는 병선을 이끌고 밤낮으로 달려갔는데 스스로 노를 저었다. 그러자 병사들은 더욱 힘을 내어 배를 저었다. 섬진강 나루에 이르러 합포의 수군을 만났는데, 그때 왜구는 이미 남해 관음포에 이르렀다.

때마침 비가 왔다. 비가 오면 최무선이 발명한 화약을 쓸 수 없다. 정지는 사람을 지리산 신사에 보내어 빌게 했다.

"나라의 운명이 이 싸움에 달렸으니, 바라건대 비를 거두어주소서!"

그러자 오던 비가 멎었다.

관음포 앞바다에 왜구의 깃발이 하늘을 덮고 창검이 바다에 번뜩였다. 왜구를 관음포로 밀어넣어야만 승산이 있다. 또 하늘에 빌었다. 문득 거센 바람이 일더니 노량 바다에서 관음포를 향해 불었다. 정지 장군이 이끄는 40여 척의 배가 어서리끝과 이내기끝을 막아섰다.

그때 왜구는 큰 배 20척을 선봉으로 삼고 배마다 강한 군사 140명을 배치하였다. 정지가 재빨리 나아가 화포를 쏘아 선봉에 선 왜선 20척을 깨뜨리니 적의 시체가 바다를 덮었다. 계속 몰아부치니 왜구는 화살 소리와 함께 쓰러졌다. 다시 화포를 쏘아 적선 17척을 불살랐다.

전투가 끝난 뒤 정지는 장병들에게 말하였다.

"내가 일찍이 여러 차례 전투를 치렀으나 오늘처럼 통쾌한 적은 없었다."

《고려사》 열전 〈정지〉에 나오는 이야기다.

두 번째로 이 관음포 통발을 이용한 사람은 이순신 장군이었다. 이순신 장군은 누구보다도 이 통발의 성능을 잘 알고 있었다.

1598년(선조 31년) 임진왜란은 막바지에 이르고 있었다. 8월 도요토미 히데요시豊臣秀吉의 죽음으로 왜군은 조선에서 철군하기 시작했다. 순천왜성에 머물고 있던 소서행장小西行長도 철군을 준비했다. 그런데 권율과 의병에 의해 육로가 완전히 막혔다. 오로지 물길만이 살길이었다. 그러나 물길 또한 만만치 않았다. 이순신 장군과 명나라 수군 제독 진린이 물길을 열어주지 않았기 때문이다. 소서행장은 진린에게 뇌물을 주어 물길을 열어달라고 했다. 뇌물을 받은 진린은 이순신에게 퇴로를 막지 말자고 권고했다. 이순신은 강경하게 반대하고 진린을 설득했다. 끈질긴 뇌물 공세 끝에 소서행장은 진린으로부터 통과선 한 척이 빠져나갈 수 있도록 허락을 얻어냈다. 뒤에 이 사실을 알게 된 이순신은 통탄했다. 이 통과선이 남해, 사천, 고성, 부산에 있던 왜선 500여 척을 불러들이게 된다.

음력 11월 17일, 왜선 500척이 노량 앞바다에 나타났다. 이 무렵 조명 수군은 관음포를 마주보는 광양만에서 여전히 순천왜성의 소서행장을 포위하고 있었다. 18일 밤, 조명연합군은 작은 배에 백성을 태우고 횃불을 밝혀 마치 군함이 공격하는 것처럼 위장하여 순천왜성의 왜군이 움직이지 못하게 해두고, 광양만을 빠져나와 노량해협으로 나아갔다.

11월 18일 자정, 안개로 희미한 노량 바다는 얼음같이 차가운 물결로 일렁거렸다. 조선수군 70여 척, 명수군 40여 척, 100여 척의 조명연합군은 대도에서부터 벌려 있는 작은 섬 뒤에 매복하고 때를 기다렸다. 왜군함들이 밀물을 타고 줄을 지어 노량목으로 꾸역꾸역 넘어왔다. 연합군이 기습 공격하여 50여 척을 격파하고 기선을 제압했다. 놀란 왜군은 이순신을 향해 일제히 달려들었고, 이순신 함대는 명 수군을 뒤에 두고 관음포를 향해 뱃머리를 돌렸다. 곧 관음포를 향한 몰이를 시작한 것이다.

물때는 열 물, 물살이 가장 센 여덟 물에서 두 물이 지난 때였다. 물때는 하늘이 정하는 것이었으니, 왜적은 이미 하늘로부터 버림을 받은 것이다. 왜선은 물살을 따라 빠른 속도로 관음포로 밀려 들어갔다.

일본 사람 편야차웅은 〈이순신과 히데요시〉라는 글에서 그 상황을 이렇게 묘사했다. '늦은 밤 일본 수군이 줄을 지어 노량해협으로 들어왔다. 조명연합수군은 광양만에 늘어서서 일본 수군의 머리를 짓눌러 남해도의 해안으로 밀어붙였다. 그곳에는 관음포라고 하는 좁은 포구가 있었다. 일본 수군은 조명연합수군의 기세에 눌려 어쩔 수 없이 남하했고 좁은 포구로 밀려들어갔다. 포구는 매우 깊었고 더구나 그곳은 막다른 곳이었다. 이어서 조명연합 수군이 관음포로 들어와 입구를 막아섰다.

1598년 11월 19일 정오에 전투가 끝났다. 꼬박 12시간이 걸린 대해전이었다.

이 전투로 조선군은 가리포 첨사 이영남, 낙안 군수 방덕룡, 흥양 현감 고득장과 300여 명의 병사들이 전사했고, 26척의 전함이 불탔다. 명군은 선봉장 등자룡과 병사 500여 명이 전사했고, 20여 척의 전선을 잃었다.

일본군은 450여 척이 불타거나 나포되었고, 4만여 명의 전사자를 남기고 50여 척만이 왜국으로 돌아갔다. 소서행장은 혼란을 틈타 부산왜성으로 도망갔다.

이후 왜구는 조선 바다에서 그림자도 얼씬거리지 못했다. 1875년 근대식 군함 운요호로 침략하기까지.

슬픈 역사를 간직한 가칭이

가칭이는 '갇히다'에서 온 말이다. 물이 사방 땅으로 갇혀 있다는 뜻이다. '갇히다'에서 사방으로 '갇힌'이 되고 여기에 끝맺음 접사 '이'가 붙은 것이다. 곧 '갇힌+이 → 갇힌이 → 가칭이'의 과정을 거쳐 땅이름 가칭이가 만들어졌다. 비슷한 꼴로 된 땅이름이 남해에 부지기수로 있다. 신촌에 있는 산중턱 '도림이', 설천면에 있는 마을 '말랭이', 문항에 있는 마을 '모널이', 대정에 있는 마을 '잔싱이' 등도 모두 풀이말에 끝말 '이'가 붙은 땅이름들이다. 가칭이는 옛날부터 전해지는 이름이고, 이곳 관음포의 땅 모양을 상징적으로 표현해주는 땅이름이다.

이 땅에 한자가 들어오고 불교가 들어오면서 '가칭이'는 '관음포'로 바뀌었다. 입에서 입으로 전해지는 토박이말 가칭이가 한자의 힘을 탄 관음보살님에게 밀린 것이다. 글자가 없는 토박이말의 슬픈 운명이었다. 가칭이는 부끄러운 듯 한쪽 구석으로 숨어들었고, 그 숨어든 곳이 바로 지금의 '가칭이 언덕'이다.

그후 가칭이 언덕은 다시 '가청加靑이' '가청산加靑山'으로 바뀐다. 토박이말은 아무래도 불안한 모양이다. 한자로 적어야만 이름이 이름 같다고 생각한 것일까? 그 뜻도 '갇혔다'는 옛 뜻은 사라지고 '푸른색을 덧칠하다'는 새로운 뜻으로 바뀌었다.

그런 가칭이 언덕이 임진왜란을 치르면서 전설을 하나 얻는다.

임진왜란이 일어나기 전, 경북 안동 땅에 류치숙이란 사람이 살았다. 치숙은 바보 아저씨란 뜻으로 임진왜란 때 이순신을 전라좌수사로 천거한 우의정 류성룡 대감의 아저씨였다.

류성룡 대감은 한양에 벼슬을 살면서 때때로 고향 안동에 내려왔다. 하루는 치숙이 아침 일찍 사람을 피해 대감을 찾아왔다. 눈곱이 끼고 코에 맑은 물이 지르르 흘렀다.

대감은 그저 아침상을 준비하게 했다. 그러나 아저씨가 하는 말이 아침상은 그만두고 바둑이나 한 판 두자고 한다. 대감으로서는 내키지 않는 일이었다. 대감의 바둑 실력은 세상이 알아주는 국수였던 것이다. 거절하지 못하고 한 판을 두게 되었다.

바둑돌이 한 점 한 점 놓이면서 대감의 얼굴이 창백해졌다. 반 판도 채 못 두었는데 대감의 돌이 모두 죽어버렸다. 그제야 대감은 치숙이 예사 사람이 아닌 줄 알고, 무릎을 꿇으며 말했다.

"숙질간에 반평생을 속이고 사셨으니, 이 무슨 일입니까? 제가 비록 어리석으나 부디 가르쳐주십시오."

"그렇다고 해서 달라질 게 있겠는가. 다만 모레 저녁에 중이 하나 올 것이네. 집에 재워주지 말고 뒷산에 있는 암자로 올려보내게."

치숙은 아침도 먹지 않고 바삐 일어섰다. 대감이 맨발로 뛰어나가 붙잡으니 다시 말했다.

"내 말을 잊지 말게."

치숙은 총총 문 밖으로 사라졌다.

과연 그날이 되니 중이 하나 찾아왔다. 중은 예의가 바르고 말을 잘했다. 저녁이 되니 과연 치숙의 말대로 하룻밤을 재워달라고 했다.

"집에 흉한 일이 있어 재워줄 수 없소."

그래도 중이 재워달라고 떼를 썼다.

"얘들아, 스님을 암자로 모셔라."

암자의 거사가 중을 반가이 맞이했다.

"오늘 무슨 바람이 불어 귀한 스님께서 이 누추한 곳을 오셨는지요?"

하인을 시켜 술을 내어오게 했다.

"거사, 어쩌면 술맛이 이렇게 좋습니까?"

거사와 중은 술을 주고받았다. 밤늦도록 마시니 중이 꽤 취했다. 그러나 거사는 조금도 취한 기색이 없었다. 거사는 류치숙이었다. 이윽고 중이 곯아떨어졌다.

거사는 중의 바랑을 뒤적여 지도를 꺼내 지도의 한 부분을 고쳐 넣었다. 바로 남해의 가청산이었다. 그 중은 조선의 기밀을 탐지하는 왜인 밀정으로, 안동에 온 까닭은 한 인물을 죽이기 위해서였다. 장차 전쟁이 벌어지면 그 인물이 자기들의 일을 그르치게 할 것이기 때문이었다.

임진왜란의 막바지, 남해 노량 바다에서 마지막 큰 전투가 벌어졌다. 빠른 물살을 타고 전선은 노량에서 관음포로 옮겨졌다. 이순신 장군은 왜구를 관음포로 밀어넣었다. 왜선은 물살을 따라 관음포로 들어갔다. 이순신 장군은 이내기끝과 어서리끝을 막고 총공격을 가했다. 입구가 막힌 왜선은 반대편의 강진 바다를 향해 배를 몰았다. 그러나 배는 더이상 나아가지 않았다. 바다인 줄 알았던 가칭이 뭍이었던 것이다. 분명 푸른 바다여야 할 가칭이 푸른 산이었던 것이다. 왜구는 가칭이 바다에 갇혀 죽기 살기로 싸우다가 대다수는 물에 빠져 죽고 일부는 가칭이 언덕을 넘어서 왜성이 있는 선소와 미조로 도망을 쳤다.

'바보 아저씨' 이야기는 조선 팔도 곳곳에서 구전되어 온다. 남해 가청산 전설도 그 가운데 하나다. 그런데 그 '바보 아저씨' 이야기가 어떻게 이 남해에까지 흘러왔을까? 이 남해 사람들은 어떻게 그 먼 안동 사람을 끌어들여 전설을 만들었을까?

류성룡 대감에 대한 고마움의 표시이리라. 몇 백 년의 세월을 왜구들로부터 시달려 살아온 남해 사람들, 임진왜란의 재목으로 이순신 장군을 추천해 준 류성룡이 고마웠다. 대감에 대한 고마움의 표시로 '가청산' 전설을 만들어 은혜 갚기를 한 것이 아니겠는가.

저 넓은 들판이 옛날에 바다였다고 한다면, 저 들판에서 전함이 불을 뿜는 대해전이 벌어졌다고 한다면 누가 믿겠는가? 누가 이 논에서 죽고 죽이는 싸움이 벌어지고, 주검이 떠 다녔다고 믿겠는가?

누가 저 바다를 땅으로 메웠을까? 어떤 사람은 그저 옛날에 메웠다고 말했고, 어떤 사람은 박정희 대통령이 메웠다고 말했다. 남해문화원에 가서야 비로소 나라잃은시대 왜인들이 메웠다는 것을 속 시원히 알게 되었다.

그럴 것이다. 명당자리로 소문만 났다 하면 쇠말뚝을 박고 산을 까서 무너뜨렸던 왜인들이 관음포를 그냥 두었겠는가. 왜인은 이 땅을 삼키자마자 제일 먼저 관음포를 뭍으로 메우는 작업에 들어갔다. 겉으로는 쌀 생산을 늘리기 위함이라고 말했다. 그러나 속으로는 한시 바삐 관음포를 메워 옛 악몽을 지우고 싶었을 것이다. 가칭이는 결국 맥없이 땅으로 바뀌었고 땅에서 생산된 쌀은 저들의 나라로 실려 갔다.

가칭이의 슬픈 역사를 아는 이가 이제 세상에 몇이나 될까?

비란산성 가는 길

나는 가칭이를 넘어가지 않았다. 그 길은 옛사람들이 다니지 않았기 때문이다. 옛사람들이 이 길을 가지 않은 것은 이곳에 길이 없었기 때문이다. 이곳에 길이 없었던 까닭은 가칭이가 바다였기 때문이다.

나는 고현 탑동으로 돌아갔다. 원점으로 돌아간 것이다. 내가 걸어야 할 길은 탑동에서 비란산성으로 이어지는 길이다. 그것이 옛길이며, 류의양이 걸었던 길일 것이다.

한낮의 햇살이 상사의 눈초리마냥 따갑다. 거지처럼 장터를 돌아다니다가 점심을 먹고 학교로 들어갔다. 한쪽 구석에 판초우의를 깔고 누우니 영락

없이 작년에 왔던 각설이다. 옛날 같았으면 여기저기 오수를 즐기는 사람들이 한둘이 아니었을 텐데, 모두 어디로 갔을까? 씨애롱 씨애롱 쓰르라미 소리에 잠을 깨어보니 벌써 해가 망운산을 돌아간다. 자, 비란으로 가자.

비란산성 가는 길은 아직도 시골길이다. 바퀴가 지나간 자리에 작은 물웅덩이들이 생기고, 잡초가 무성하다. 잡초밭에 꽃이 피었다. 학처럼 키가 큰 노란 꽃, 달맞이꽃이다. 정원의 화초계에 진출함직도 하련만 달맞이꽃은 잡초계에서 군계일학으로 처하기를 즐긴다. 으스름달이 아닌 강렬한 태양을 맞이하면서…. 인디언의 한 종족은 8월을 '노란 꽃잎의 달'이라고 이름 붙였다. 여유로운 이름이다. 우리 같으면 '무서운 땡볕의 달' '피서의 달' 정도가 되지 않을까? 인디언은 숫자로 달 이름을 정하지 않고 자연의 변화와 삶의 모습을 이름에 담았다. 9월은 '검정 나비의 달', 10월은 '큰 바람의 달', 11월은 '산책하기 좋은 달', 12월은 '침묵의 달'.

노란 꽃잎의 달에 노란 꽃잎 밭을 지나 언덕 위 한 그루 나무, 느티나무 아래에 배낭을 내렸다. 일하는 농부도 없고 지나가는 사람도 없다. 밀짚모자를 벗고 웃옷을 벗고 바지도 벗었다. 습기에 찬 옷가지는 햇볕에 내어놓고 카메라는 나뭇가지에 걸었다. 등걸에 기대어 명상에 들었다.

짜르륵 짜르륵, 이상한 소리가 들린다. 무슨 소린가? 바지를 집으며 후다닥 일어났다. 자전거 체인 소리였다. 아이가 자전거를 타고 한참 오르막을 차고 있다. 누이인 듯한 아이를 뒤에 얹히고, 오빠인 듯한 사내아이가 궁둥이를 삐딱거리며 페달을 열심히 밟는다. 제 한 몸 건사하기도 어려워 보인다.

"보래이, 비란 마을이 어디 있노?"

"저 위에 있는데요."

기괴한 내 몰골을 후딱 본다. 그러자 자전거가 비틀거렸다.

"많이 가야 되나?"

"조금만 가면 되는데요."

또 나를 쳐다보다가 그만 도랑에 처박혔다.

말을 시킨 것이 미안해 내려가자, 아이는 벌떡 자전거를 일으키며 씩 웃는다. 짜르륵 짜르륵, 꼬마는 누이를 싣고 비틀비틀 아래로 내려간다.

200년 전 말을 타고 가던 류 선생이 이것을 보았다. 저 물건 요상타. 앉아서 발을 빙빙 돌리니 앞으로 나아가는구나. 네 바퀴가 아니어도 자빠지지 않고, 똥도 안 싸고….

고개를 넘어서니 비란리 정태마을이다. 왼쪽에는 큰 산, 오른쪽에는 작은 동산, 비란산성이 어느 쪽에 있을까? 해거름인데도 나다니는 사람이 없다. 시골 담 그늘에 처량히 앉아 사람 지나가기를 기다렸다. 갑자기 시끄러운 소리가 나며 트럭이 한 대 마을로 들어온다. 수박장수였다. 나를 손님이라 생각하는지 차를 내 코앞에다가 대어놓고 확성기를 틀었다. 수박을 보니 갑자기 갈증이 일었다. 결국 수박을 마수걸이한 사람은 마을 사람이 아니라 나그네였다.

나는 수박을 들고 동산 대나무 숲으로 들어갔다. 굵은 참대가 빽빽이 우거진 대나무 숲이다. 수박으로 대나무를 쳤다. 대나무가 흔들거리며 충격을 흡수했다. 이마로 박았다. 뚝뚝 떨어지는 물에 손을 비벼 씻고, 그 손으로 살

점을 파먹었다.

"거기서 뭐하노?"

지나가는 노인이 고개를 들이밀고 묻는다.

"예, 수박 묵습니다."

노인은 꾸지람하러 왔다가 길만 가르쳐주고 갔다. 나뭇잎에 손을 쓱쓱 비비며 언덕으로 올랐다. 층층이 쌓은 담벼락, 큼직큼직 밭 언덕들에 박혀 있는 돌들은 아마도 산성에서 이사를 왔을 것이다.

앞집도 비고 뒷집도 비고 집들이 모두 비었다. 피난 갔나? 마치 왜구가 쳐들어와서 마을 사람들이 모두 산성으로 피난을 떠난 것처럼 인기척이 없다. 강아지 한 마리가 꼬리를 살래살래 흔들며 나온다. 오라, 인정 없는 주인이 강아지만 남기고 피난을 갔구나. 쪽쪽 혀를 차니 녀석은 소금에 절은 내 손과 다리를 핥으며 기어오른다.

뒷집으로 돌아서는데 대문에서 누렁이가 휙 튀어나왔다. 왕! 엉겁결에 잡초밭으로 뛰어들었다. 왕왕! 가랑이가 찢어지게 뛰었다. 다리 곳곳이 가시에 긁히고 풀잎에 베었다. 이거 오늘 완전히 개망신 당하는구나.

꼭대기에 섰다. 그런데 비란산성이 없다. '비란飛鸞'은 '날아가는 난새' 또는 '난새는 날아가고'라는 뜻이다. 난새는 중원땅 전설에 나오는 오색五色, 오음五音의 아름다운 새다. 어떤 왕이 난새를 잡아와 새장에 가둬두었으나 울지 않았다. 3년 동안 한 번도 울지 않으니 왕은 새장 앞에 거울을 갖다놓는 꾀를 냈다. 난새는 거울을 보고 한 번 슬피 울고는 죽었다.

남아 있는 비란산성의 돌더미. 애기똥풀과 벗이 되었다.

한창 자연으로 돌아가고 있는 비란산성. 한편으로는 아쉽고 한편으로는 다행이다.

비란산성은 전설의 난새처럼 한때 아름다운 모습을 가졌을 것이나, 이제는 이름처럼 '난새는 날아가고' 폐허가 되었다. 포개진 몇몇의 바위가 초라하게 옛 자취를 간직하고 있을 뿐이다. 나무숲이 성터를 가득 채웠고, 새로운 유적(?)이 자리를 잡았다. 머지않아 아름다운 산하가 저 작은 유적들로 차고 넘칠 것이다. 아, 후손들은 무얼 먹고 살꼬?

건너편 큰 산은 대국산이요, 그 꼭대기의 허연 돌담이 바로 대국산성이다. 오래전에도 나는 저 대국산성을 보았다. 그때 대국산성을 빙빙 돌면서 이 동네 저 동네에서 방언조사를 했다. 옛날에는 산성의 모습이 또렷했으나 지금은 풍상의 흔적이 뚜렷하다.

유적이 사라지는 것은 아쉬운 일이다. 그렇지만 유적은 자연으로 돌아가야 한다. 그것이 자연의 법칙이다. 자연으로 돌아가기를 거부하고 저마다 유적이라는 자격으로 한 자리를 주장한다면 어떻게 되겠는가? 신이 창조한 산, 강, 실개천, 호수, 해변 그리고 나무와 바위들이 어떻게 그 아름다움을 간직할 수 있겠는가?

바위에 앉아 지도를 폈다. 내가 수박을 사 먹었던 마을이 정태마을이고, 그다음이 내곡, 내곡 다음이 동비, 동비를 돌아서 불매골, 불매골 다음이 바로 진목이다. 진목에다 표시를 했다. 방언조사를 할 때 묵었던 마을이다. 오늘은 진목에서 잔다. 아련히 낯설고 신기했던 느낌들이 다시 일어난다.

그런 추억에 젖는 것도 잠시, 내려갈 길을 생각하니 정신이 막막하다. 그 무자비한 똥개 녀석이 이번에는 나를 그냥 두지 않을 것이다. 개 거품을 물고

아가리를 쩍쩍 벌리던 모습을 생각하니 다리가 떨렸다. 개의 눈치를 보며 설설 내려갔다. 왕왕, 똥개가 짖자 강아지도 따라 짖는다. 아까는 내 손발을 핥던 녀석이.

청 장군이 하룻밤에 쌓은 대국산성

어스름, 진목마을에 다리를 절룩거리며 배낭을 멘 한 젊은이가 나타났다. 저녁 바람을 쐬고 있던 동네 노인들이 유심히 관찰한다. 수상타. 젊은이는 두리번거리다가 노인들에게 가서 꾸벅 절을 한다.

"어디 잘 만한 데가 없습니까?"

젊은이는 한 노인을 따라갔다. 그 집은 '갈비식당'이라 적힌 조그마한 시골 식당이었다. 손님도 없고 안주인도 보이지 않았다.

"할망구가 장에 갔다가 아직 안 왔다."

노인이 손님을 어떻게 치려고 하는가. 노인이 자전거를 꺼내더니 젊은이

더러 자기를 따라오라고 한다. 동네 안에 안채가 있다는 것이었다. 그러니까 밥은 식당에서 먹고 잠은 안채에서 잔다는 말이다. 젊은이는 헐떡헐떡 절룩절룩 자전거를 따라갔다.

그 집은 오래 묵은 집이었다. 마당에 잡초가 우거지고 퀴퀴한 냄새가 나는 것이 귀곡산장을 연상시켰다. 방문을 여니 매운 냄새가 코를 찌른다. 방안에 벌건 고추가 널려 있다. 노인은 고추 자리를 한켠으로 밀고 방에 들어오라고 한다. 코를 쥐고 있던 젊은이는 마루에 짐을 내렸다.

"저는 여기서 잘랍니다."

"오이, 여름인깨네(이니까) 마루도 좋다."

노인은 세면장을 가리키며 여기서 목욕을 하라고 한다. 욕조의 괸 물에 죽은 모기와 쉰발이(그리마)들이 둥둥 떠 있다.

"씻고 좀 있다가 내려오게. 그때 되모 우리 할망구가 장에 갔다가 왔을 기다."

젊은이는 주변을 휘휘 둘러보았다. 앞집도 인기척이 없는 것을 보니 빈집인 것 같다. ㄱ자로 된 본채 옆은 커다란 헛간이다. 이럴 때는 집이 클수록 재미가 없다. 냄새가 난다. 무슨 냄새일까? 마루를 몇 번이나 쓸고 닦는다.

젊은이는 불을 켜 놓고, 카메라만 챙겨서 식당으로 내려갔다. 안주인이 의자에 앉아 곤하게 주무시고 있다. 여편네가 술을 먹었네 어쨌네 하면서, 바깥어른은 투덜투덜 라면을 끓여낸다.

"밥을 해서 드려야 될 텐데…."

"괜찮습니다. 그렇잖아도 오늘 밥맛도 없었는데 잘 됐습니다."

지친 몸을 생각하면 갈비를 먹어도 시원찮은데, 젊은이는 고기라 생각하며 라면 가락을 힘껏 빨았다. 뭔가 허전하다. 안채로 돌아오는데, 벌써 목이 마르고 머리가 어질어질했다. 더위를 마신 것이다. 더위 마신 데에는 수박이 약이다. 되돌아가 수박 대신 과일 깡통을 하나 사서 쫄쫄 빨았다. 젊은이는 몸을 오솔오솔 떨며 마루에 몸을 뉘었다.

눕고 보니 베개도 이불도 없다. 옷가지에 책을 넣어 베개를 만들고 판초 우의를 펴서 반은 깔고 반은 덮었다. 잠이 드는가 싶은데 허연 그림자가 방문을 열고 나오더니 내 가슴을 누른다. 몸부림을 치다가 눈을 떴다. 불을 켰다. 손을 떨며 방문을 열었다.

"봐라, 아무것도 없다."

내가 젊은이에게 확인을 시켜주었다. 죄를 많이 지으면 겁도 많다고 하던데, 요사이는 갈수록 겁이 많아진다. 우르르 천장에서 소리가 난다. 이놈의 쥐새끼들, 책을 천장에 집어던졌다. 찍 소리 없이 조용하다. 갑자기 조용해지니 또 기분이 좋지 않다. 누워서 책을 펼쳤다. 책이 제일 좋은 수면제다.

비몽사몽간에 어디서 우는 소리가 들린다. 머리를 흔들며 일어났다. 새벽이다. 음메, 송아지 우는 소리였다. 송아지를 떼어놓은 채 어미 소를 데리고 밭일을 나갔나보다. 카메라를 들고 집을 나섰다. 도랑을 따라 걸었다. 집들이 변했다. 지붕도 변하고 담벼락도 변했다. 예나 지금이나 변함없는 것은 집집마다 걸린 마늘이다. 주렁주렁 마늘이 대문간에 걸려 있다.

그때도 호젓한 이 골목길을 걸었다. 이끼 낀 돌담길을, 방언조사를 하며.

집집마다 걸린 마늘. 남해 마늘은 이제 '보물섬'이라는 브랜드가 붙었다.

인정스런 '아저바씨' '아줌씨'로부터 정겨운 '어서 오시다' '많이 드시다'를 들어가며 이집 저집 노인을 찾아 방언조사를 했다.

약 200여 년 전에 남해 방언조사를 한 사람이 있다. 다름 아닌 류의양이다. 《남해문견록》에 그 기록이 나온다.

'정지'라는 말은 '부엌' '육궁'이라는 말은 '매양'이란 말이요… 방언이 우습고… '계집아이'는 '가시내' '바삐 걸어라'는 '팽팽 걸어라' '질경'이란 말은 '배피장' '병아리'는 '삐가리' '옷'은 '볼모' '지팡이'는 '작지' '지렁이'는 '거생'이라 하고…

'육궁(매양)' '배피장(질갱이)' '볼모(옷)'는 이제 사라진 남해 사투리다. 그 방언들이 우스워서 기록으로 남겼다고 했다. 류의양은 최초로 남해 방언조사를 한 사람이었다.

산길로 접어들었다. 대국산으로 오른다. 더위가 없는 새벽에 대국산성을 끝낼 셈이다. 아침 해장거리로 한 건 올리려는 계산이다. 비탈길을 오르니 밭마다 농부들이다. 저분들도 아침 해장거리를 하고 있다.

숲 속에 들어가니 대국산성이 없어졌다. 멀리서 눈으로 찍어놓았던 봉우리가 숲 속에서 사라져버린 것이다. 젖 봉오리처럼 솟은 두 개의 봉우리 사이를 왔다 갔다 하는 동안 이슬에 흠뻑 젖었다.

다시 아래로 내려가 왼쪽 봉우리를 확실히 찍었다. 오리나무 가지를 하나 꺾어 칡덩굴을 꽉꽉 쳤다. 비름, 명아주는 샌들로 밟았다. 그러나 며느리밑씻개풀, 며느리배꼽풀은 고이 물러가지 않는다. 검은 다리를 쳐들면 붉은 가시를 날카롭게 세운다. '물럿거라' 하면 '니가 물럿거라' 하며 종아리를 할퀸다. 어쩌면 너 이름이 그러냐? 우스개로 붙였을까, 욕으로 붙였을까? 이름 하나에도 옛사람들의 희비가 담긴 듯하다.

마지막 저지선을 통과하자 오리나무 숲 사이로 사다리가 걸린 성곽이 어렴풋이 나타났다. 나무 사다리를 타고 성곽에 올라섰다.

이 많은 돌을 어디에서 가져왔을까? 산 속의 돌만으로는 감당할 수 없었을 것이니, 저 아래 바닷가에서 옮겨왔을 것이다. 식당 어른이 지금도 조개껍데기가 붙은 돌들이 발견된다고 하니. 장정들이 두어 개의 돌을 지게에 지고 끙끙거리며 대국산으로 오르는 모습이 상상된다. 대역사였을 것이다. 남해 설천 사람들에게는 만리장성 못지않았을 것이다.

방언조사를 하느라 이집 저집 돌아다니며 호미, 소쿠리 따위를 들고 "이건 뭐라 합니까?" "저건 뭐라 합니까?" 하고 물으면 쓸데없는 거 묻는다며 퇴박을 놓고는 슬그머니 청 장군 이야기를 꺼냈다. 이 동네서도 듣고, 저 동네서도 듣고, 대국산을 빙 돌면서 청 장군 이야기를 열 번도 더 들었다.

만리장성에 맹강녀의 전설이 있다면 대국산성에는 청 장군의 전설이 있다.

옛날 옛날 한 옛날, 대국산 아래 비란리라는 마을에 명과 청이라는 의좋은 형과 아우가 살았다. 또한 같은 마을에 달님처럼 예쁜 한 낭자가 살았다. 무슨 얄궂은 운명의 장난인지 명과 청 형제가 똑같이 낭자를 사랑하게 되었고, 낭자 또한 두 형제를 사랑했다. 낭자로 인해 형과 아우는 점점 그 사이가 멀어졌다.

어느 날 형이 말했다.

"아무래도 안 되겠어. 그러니 내기를 해서 지는 쪽이 포기하는 거야."

낭자가 두루마기 한 벌을 꾸미는 동안에 한 사람은 30관이나 되는 쇳덩이를 발에 묶어 20리나 되는 읍내를 갔다 오고, 한 사람은 대국산에 올라가서 돌로 산성을 쌓는 것이 내기였다. 이기는 사람이 그 두루마기를 입고 낭자와 결혼을 하고, 지는 사람은 마을을 떠나기로 했다. 명은 쇳덩이를 택했고, 청은 성 쌓기를 택했다.

달밤에 낭자가 두루마기를 짓는 가운데, 명은 읍내로 가고 청은 대국산으로 갔다. 달이 서산에 걸리고 두루마기 짓기가 끝나갈 무렵 헐레벌떡 한 사람이 먼저 달려왔다. 청이었다. 한 발 늦은 명은 운명이라 생각하고는 칼로 가슴을 찌르고 죽었다.

그 뒤 왜구들이 쳐들어왔다. 청 장군은 마을 사람들을 이끌고 대국산성으로 들어갔다. 왜구가 성을 깨고 화살을 쐈지만 성은 무너지지 않았다. 청 장군은 용맹하게 싸워 왜구를 물리쳤다.

형제가 왜 싸웠을까? 의좋은 형제가 한 여자를 두고 왜 싸웠을까? 예와 의를 목숨처럼 숭상하는 배달겨레의 형제가 왜 목숨을 걸고 실없는 내기를 걸었을까?

나는 문득 조선시대의 붕당 싸움을 떠올렸다. 한 겨레가 두 파로 갈라져 목숨 걸고 싸운 것과 청 장군 형제가 내기 걸고 싸운 것이 달라 보이지 않는다.

형은 실없이 발에다가 쇳덩이를 달고 뛰었고, 동생은 후세를 도모하는 성을 쌓았다. 실없는 짓을 한 형은 망하고 쓸모 있는 일을 한 아우는 살아남았다. 청 장군의 형처럼 실없는 짓을 하는 당은 망하고, 청 장군처럼 세상을 이

청 장군 전설이 있는 대국산성. 전설은 산성 쌓기가 고단하였음을 말해준다.

롭게 도모하는 당은 살아남는다. 말없는 대국산성이 그 말을 하고 싶어서 지금껏 남아 있다.

"참, 어제 내가 깜빡하고 이불을 못 챙겨줬네."
안주인이 밥을 챙기는 동안 바깥주인이 말했다.
"지금 갯가 배 고치러 가야 한다."
말뜻을 알아들은 나는 지갑을 꺼냈다.
"그래, 2만 원만 받아라!"
바깥주인이 안주인에게 말했다. 나는 주저주저하며 2만 원을 꺼냈다. 라면 먹고 귀곡산장에서 하룻밤 잔 값으로 2만 원이면⋯. 바깥주인이 나가자 안주인이 만 원을 돌려준다.
"나는 하나도 안 받으모 싶은데⋯."
유자차를 타내며 거듭 대접이 소홀하여 미안스럽다고 했다.

역사 속의 귀양처 남해섬

안주인의 배웅을 받으며 진목을 떴다. 장량상의 마애비를 거쳐서 남해 읍내로 들어가는 것이 오늘의 여정이다. 도마리를 지나고 이어를 지나도 류의양이 보았다던 장량상의 마애비는 보이지 않는다. 그늘을 찾아 지도와 책을 꺼냈다. 마애비는 선소에 있고, 선소는 바닷가에 있다. 남해 방향이 12시 방향이면 선소는 9시 방향이다. 그런데 류의양이 마애비를 거쳐서 남해읍성으로 들어갔다고 하니 길의 흐름이 이상하다. 읍내 가는 길이 바쁘다고 한 사람이 어찌 길을 빙빙 돌아갔을까?

어제 먹은 더위가 가시지 않아 선소에 들르지 않고 곧장 읍내로 들어갔다.

읍내로 들어오니 작은 성이 있는지라 북문으로 들어가 관문을 지나….

류의양이 보았던 작은 성도 북문도 관문도 없다. 옛날의 자취는 물론 이제는 시골의 자취조차 없다. 귀양객이 왔으니 관청에 들어가 신고를 해야 되는 것이 법도인지라, 나는 내처 군청에까지 들어가 옛 성터를 만지며 도착 신고를 했다. 군청 관문을 들어서니 옛 동헌은 없고 한 그루 고목나무만이 '여기가 옛 성터요' 하고 말한다.

물어서 '별장'이라는 이름이 붙은 여사에서 짐을 풀었다. 옛날 주막 같은 집이 아니라 아쉽지만, 마당에 잔디가 깔리고 나무가 있는 것이 반마음에나 들었다. 나는 이렇게 묵을 집을 정했지만 옛사람들이 귀양을 오면 귀양살이 집을 어떻게 정했을까? 류의양의《남해문견록》에 그 모습이 잘 그려져 있다.

읍내로 들어오니 작은 성이 있는지라 북문으로 들어가 관문을 지나 성 남문으로 나가니 관가의 하인 하나가 와서 '주인을 잡았으니 가자' 하고 가르치거늘 말을 몰아 바삐 가니 주인의 자식 아이놈이 마주 나와 폭려한 소리를 하고 집 막기를 심히 하니 해도海島 인심이 극악한 줄 들었던거니와 소견에 극히 이상스러워 놀랍다. 우겨서 들어가려 하면 괴이한 행동거지가 있을 듯싶기에 그 아이를 꾸짖지도 아니하고 내 종을 단단히 일러 경계하여 '아이의 말은 들은 체 말라' 하고 말머리를 돌리어 남문 밖으로 도로와….

벼슬아치가 유배형을 받으면 등급에 따라 형조의 나장, 서리나 의금부 도사가 유배지까지 압송을 하고, 평민은 포졸이 유배지까지 압송하여 고을의 수령에게 인계한다. 그러면 고을 수령은 죄인을 '보수주인'에게 위탁하고, 보수주인은 죄인에게 한 채의 집을 귀양살이 집으로 제공하고 죄인의 감시를 책임진다.

보수주인은 그 고을에서 형편이 좋은 사람 가운데서 선정되며, 그 대가로 보수주인은 면세의 혜택을 받았다. 가족이나 하인이 유배지에 따라 가서 함께 살 수 있었으며 모든 생활비는 유배 죄인 스스로가 해결해야 했다.

귀양 간 류의양이 주인집 아이놈으로부터 '폭려한 소리'를 듣고 쫓겨났다. 왜 쫓겨났을까? 이때 류의양의 벼슬은 홍문관 수찬, 품계는 정6품이었다. 비록 귀양살이 몸이라고는 하지만 한갓 시골 아이놈이 능멸할 수 있는 사람이 아니었다. 류의양이 첫 번째 보수주인으로부터 왜 봉변을 당하고 쫓겨났을까?

한마디로 양반에 대한 상민의 반감이다. 벼슬을 두고 한 판 승부, 이기는 놈은 벼슬이고, 지는 놈은 귀양이다. 죽이든 살리든 한양에서 결판을 내야지 왜 여기까지 내려와서 사람 귀찮게 구느냐. 싸움질은 느그들이 하고 뒤치다꺼리는 왜 우리가 하냐. 우리가 느그 밑닦기냐? 느그들이 똑 바로 했으면 어찌 난리가 났겠으며 왜구가 창궐했겠느냐? 섬 아이의 언행은 당시 이곳 사람들의 민심을 대변한 것이리라.

조선시대 형벌에는 다섯 가지가 있었다. 태笞, 장杖, 도徒, 유流, 사死가 그것이다.

태형은 춘향이가 변 사또에게 수청 아니 든다고 하여 맞았던 매질이다. 엉덩이를 까고 작은 매로 볼기를 친다. 여자는 옷을 입은 채로 친다. 10대에서 50대까지 다섯 등급이 있다.

장형은 흥부가 돈벌이로 맞아주던 몽둥이찜질이다. 태형의 매보다 길고 넙적하다. 60대에서 100대까지 다섯 등급이 있다. 장형을 치르고 나면 볼기에 피가 흥건하고 족히 두어 달은 된장을 엉덩이에 붙이고 방바닥에 엎어져 있어야 했다.

도형은 다소 무거운 죄를 지은 죄인에게 내리는 징역살이다. 1년 내지 3년 동안 관청에 붙잡혀 소금을 굽거나 쇠를 불리는 일을 치르는 형벌이다. 몽둥이찜질이 60대에서 100대까지 보너스로 들어가게 된다.

유형은 중죄인에게 내리는 귀양살이다. 차마 죽이지는 못하고 먼 곳에 내쳐서 한양이나 고향에 돌아오지 못하게 하는 무거운 형벌이다. 유형 또한 큰 몽둥이찜질이 60대에서 100대까지 보너스로 들어간다.

마지막으로 이승살이를 끝내주는 사형이다. 사약으로 끝내기도 하고, 끈으로 목을 졸라서 끝내기도 하고, 칼로 목을 쳐서 끝내기도 하고, 사지를 분열시켜서 끝내기도 한다. 이 사형에도 등급이 있다. '이래 죽으나 저래 죽으나 죽기는 한 가지인데 등급은 무슨 등급이요' 하고 초탈한 듯 말하면 그것은 참으로 경망스런 말이다. 사약으로 몸을 상하지 아니하고 평안히 가게 하는 것은 인자한 형벌이요, 목을 졸라 혓바닥을 빼물게 하는 것은 무거운 형벌이요, 칼로 목을 댕겅 떼어 몸뚱이와 목을 분리시키는 것은 극악한 형벌이다. '칼로 목을 댕겅 자르는 것이 고통을 줄이는 벌이니 가장 좋은 형벌 아니오?' 하고 말하면 이 또한 경망스런 사람이 경망스레 지껄이는 말이 된다.

"몸은 부모로부터 물려받은 것이라 상하지 않게 하는 것이 효의 으뜸이라."

〈효경〉의 경구가 유전자처럼 몸에 배어 있는 유교주의자들에게는 몸뚱이가 분리되는 것만큼 불효가 없고 세상에 무서운 일이 없다.

그리하여 망나니가 목을 자르는 일에 뇌물이 있었다 한다. 참수형을 치르기 하루 전날, 그 가족이 망나니를 찾아간다.

"내일 요렇게 생긴 사람이 칼을 받을 것이네. 목이 떨어지지 않게 칼질을 좀 잘 해주게."

엽전 몇 닢을 찔러준다.

사지를 분열시키는 사형을 능지처참凌遲處斬이라고 한다. 손, 다리, 목을 수레에 묶어 소로 하여금 끌게 한다. 날쌘 말이 아닌 느린 소라는 데에 유의점이 있다. 대역 죄인이나 패륜아에게 내리는 극형이다.

한 가지 더 있다. 부관참시剖棺斬屍라는 형벌이다. 무덤을 파서 시체를 꺼내 목을 자르거나 채찍질을 하는 형벌이다. 일반 백성들이 보면 좀 웃기는 형벌이다. 그래서 상(보통) 사람들에게는 해당 사항이 없고 체통을 중시하는 유교주의자들에게만 이 형벌이 가해졌다. 연산군 때 김종직, 정여창, 한명회 등의 부관참시가 그 대표적인 사례다.

옛날 형벌을 오늘날에 되살리면 어떨까? 쓰레기 투기나 교통법규 위반은 '태', 음주운전이나 성 추행범은 '장', 땀 흘리지 않고 남 등쳐먹는 불한당은 '도'. 다음은 '유'인데, 요즘 사람들에게 귀양살이가 형벌이 될까? '이 참에 잘 되었다. 외딴 섬에 가서 푹 쉬고 오자', 이럴 것이니. 지금은 물론이고 옛날에

벽작개에서 본 앵강만. 이 아름다운 곳이 죄값을 치르는 유배지로 쓰였다. 이는 선인들의 관용이었다. 박 터지게 살던 저자 사람들을 이곳에 부처하여 바람과 이슬의 가르침을 받게 했다.

이곳에 와서도 저자 생활의 습성을 끊지 못한 사람들은 사약을 받거나 화병이 나서 죽었다. 지지불
태知止不殆, '멈출 줄을 알면 위태롭지 않다', 노자의 말이다.

도 형벌이 되지 않았을 법도 한데…. 그러나 옛날은 물론이고 지금도 형벌이 된다. 농경족은 고향을 떠나는 그 자체가 고통이었다. 그리고 벼슬아치라면 벼슬이 떼이고 한양에서 쫓겨나는 자체가 무서운 형벌이었다. 지금 정치인들을 보라. 누가 고향으로, 시골로 돌아가는 사람이 있는가. 단 한 분 그런 분이 있었지만…. 부패 정치인들, 서울 출입금지만으로도 큰 형벌이 될 것이다.

망운산의 산닥나무

읍내를 돌아다니며 소문난 집을 찾아 점심을 먹고 별장으로 돌아와 누웠다. 몸이 소금 맞은 배추처럼 늘어졌다. 한여름에 걸어서 남해섬 한 바퀴라? 꾀를 내다가 내다가 나중에는 죽을 꾀를 낸다더니만…, 길이 문제다. 매연에, 아스팔트 열기에, 여행을 채 끝내기 전에 혓바닥을 빼물고 객지 귀신이 될 것 같다.

자전거를 타면? 류 선생은 말을 타고 다녔으니 날더러 반칙이라 하지는 못할 것이다. 하지만 자신이 서지 않는다. 질주하는 자동차들, 아스팔트에 오징어처럼 눌러 붙은 동물들의 껍데기들….

여관을 나섰다. 기웃기웃 거리를 걸었다. 오래된 정자나무가 한 그루, 그 옆에 허름한 자전거방이 하나 있다. 바퀴가 빠지고 체인이 벗겨진 헌 자전거가 두어 대 보인다. 바로 내가 찾는 집이다. 크게 주인을 부르니, 이웃 대폿집에서 한 노인이 나온다. 중고를 한 대 사고 싶다고 했더니 지금 팔 수가 없다고 한다.

"한참 손을 봐야 된다. 이 더위에 무슨 청승이라고 자전거 고치고 앉아 있겠노."

노인은 사정할 틈도 주지 않고 다시 대폿집으로 들어가버렸다. 저 할아버지, 물욕이 전혀 없구나. 오랫동안 자전거 수리하면서 도 닦았나 보다. 낡은 자전거를 툭툭 차 보고는 가게를 나왔다.

물어물어 찾아간 곳은 읍내 북쪽 변두리 자전거 가게였다. 젊은 주인이 그럴듯한 물건을 하나 내놓는다. 생긴 것은 경주용 자전거처럼 생겼지만 변속기어가 없다. 변속기어가 없는 것이 마음에 걸렸다. 변속기어가 해야 할 일을 다리가 해야 하기 때문이다. 브레이크를 손질하고 튜브를 갈았다. 브레이크를 몇 번 뻑뻑 잡아보고는 지갑에서 만 원짜리 넉 장을 꺼냈다. 주인이 명함을 한 장 준다.

"빵꾸 나거든 이리로 연락하이소."

한 방의 펑크를 위해서 산중에까지 출장수리를 해주겠다는 말인가. 기꺼이 그렇게 해주겠다고 했다. 역시 젊은 사람이 다르다.

노인 자전거방 주인과 청년 자전거방 주인, 직업을 약분하면 노인과 청년이 남는다. 노인과 청년? 덥다며 대폿집으로 간 노인과 출장수리까지 해주겠다는 친절한 청년, 비교가 된다.

이때 노인이 대폿집 문을 박차고 나와 한 소리 하실 것 같다.

"그래 이놈들아, 마르고 닳도록 해 처먹어라!"

노인들이 버티면 청년들이 설 자리가 없다. 가진 자들이 긁으면 없는 자들은 무얼 먹고 살꼬? 한 더위에 일을 포기한 노인의 행동이 여유롭지 아니한가.

낯선 자전거 한 대가 별장 그늘에 서 있으니 주인아주머니가 의아해 한다. 해가 식고 땅이 어둑어둑해질 무렵, 다시 여관을 나섰다. 자전거를 북쪽으로 몰았다. 나는 지금 망운산으로 간다. 오늘은 푹 쉬고 내일부터 뛰려고 했는데, 자전거를 사게 되니 마음이 달라졌다.

이어마을에서 왼쪽으로 꺾으면 오르막이다. 음지마을을 지나면서부터 자전거는 제 본분을 잃어버렸고, 저수지를 지나고 계재곡마을에 이르러서야 한숨을 돌렸다. 계속 길을 따라가면 서면이고, 왼쪽으로 꺾어서 비탈을 오르면 망운산 화방사다. 화방사에 도착하니 종일 지친 해가 망운산을 넘어가버렸다.

화방사는 옛 이름이 영장사로 그 역사가 신라시대로 줄줄 거슬러 올라가는 고찰이지만, 지금 전하는 건물은 근래에 지어진 평범한 절에 지나지 않는다. 임진왜란 때 불타고 중건된 것이 1980년 다시 불타버렸으니, 이름만 고찰일 뿐이다.

망운산 기슭에 천연기념물 '산닥나무'가 자라고 있다. 산 구경, 절 구경보

화방사에 오면 산닥나무가 생각난다. 그때 스님이 정성 들여 산닥나무를 심었지만 주위 거목의 위세에 눌려 잘 자라지 않고 있다.

다 이 산닥나무가 궁금했다. 보통 닥나무는 우리가 어렸을 때 더러 만졌던 나무다. 겨울철이면 밭 언덕에 자라는 이 작은 떨기나무(관목)를 딱, 꺾어서 껍질을 벗겨 팽이채로 썼다. 채를 휘두르면 딱딱, 소리가 나고 팽이가 '팽팽' 돌아갔다. 그 이름이 '닥나무'인 것은 아마도 이 딱딱 하는 소리에서 왔을 것이다. 그리고 껍질이 끈으로도 많이 쓰였다. 갈퀴 같은 농기구를 매는 데는 그만이라 농한기 어른들은 그 껍질을 벗겨 상비 끈으로 항상 헛간에 준비해 두었다.

닥나무의 최고 용도는 단연코 한지다. 옛날 화공들이 비단은 100년이요, 종이는 1,000년이라 했는데 그 종이는 바로 한지를 가리킨다. 1,000년이 넘는 국보의 책과 그림을 우리가 박물관에서 감상할 수 있는 것은 모두 이 닥나무 덕택이다.

닥나무에 '산' 자가 하나 더 붙은 닥나무는 어떤 나무일까? 그런데 가는 날이 장날이라고, 절에서 산닥나무를 캐어다 종각 옆 밭에다 아예 심어 놓았다. 절에서 이 나무를 왜 심었지? 관상용도 못 되고 목재가 되는 것도 아닌 것을. 예부터 내려오는 풍습 때문일까? 조선시대 종이가 주로 절에서 만들어졌기 때문에 절 주변에 닥나무를 많이 심었다(지금도 화방사에 산닥나무 밭이 있다. 그러나 큰 나무에 치어 나무가 잘 자라지 않았다).

이상한 닥나무였다. 나는 처음 그게 싸리나무인 줄 알았다. 작은 잎, 가는 줄기는 영락없이 싸리 빗자루를 만드는 싸리나무였다. 깻잎만큼 큰 잎, 엄지 굵기의 줄기, 밤색의 두꺼운 껍질, 내 머리 속에 들어 있는 보통 닥나무의 그림과는 아주 달랐다.

나는 싸리나무를 한 줄기 꺾어 산닥나무 옆에다 갖다놓았다. 내 눈썰미로는 차이를 알기가 어렵다. 지금 산닥나무가 꽃을 한창 피우고 있다. 깨알같이 작은 노란 꽃이다. 내가 알 수 있는 두 나무의 차이점은 꽃이었다. 싸리도 이맘때면 꽃이 피는데 자줏빛이다.

나는 산에서 저절로 자라는 산닥나무를 보고 싶었다. 잡초를 뽑고 있는 보살에게 물었더니, 그냥 숲 속에 있을 거라고 했다. 산닥나무의 모양새를 눈에 익힌 다음 숲 속으로 들어갔다. 5분도 채 오르지 않아 한 그루를 발견했다. 곧 여기저기에서 보이고 깊이 들어갈수록 나무가 컸다. 산닥나무는 망운산에서 흔하게 볼 수 있는 나무였다. 곧 화방산은 산닥나무의 자생지인 것이다.

산닥나무는 고급 한지의 원료로 망운산에서는 그 고급 원료를 대량으로 구할 수 있다. 대장경판을 새긴다면 고급 한지를 대량으로 필요로 한다. 둘이 절구와 절구공처럼 만날 수 있다. 화방사 산닥나무가 대사리 고려대장경판 판각지설을 멀리서 지원해주는 듯하다.

한길로 내려오니 어둠이 들녘에 깔리고 저녁거미에 쫓긴 차들이 쌍불을 켜고 날아다닌다. 차들이 무서워 나는 반대편으로 자전거를 몰았다. 그러니까 내 등 뒤에 차를 두고 달리는 것이 아니라, 앞으로 차를 마주보며 달리는 것이다. 여차하면 내가 피하자는 계산이다. 염려했던 대로 차들이 바깥 선을 물고 들어온다. 그럴 때마다 나는 자전거를 세워서 차가 지나가기를 기다렸다.

이쪽에서는 대형버스가 지나가고, 맞은편에서는 승용차가 한 대 달려온다. 승용차가 빵빵거리며 나를 향해 돌진한다. 급히 핸들을 꺾었다. 앞바퀴가 논 구덩이에 처박히고 삽에는 불이 났다. 눈에 불을 켜고 승용차를 보니 오른쪽에 탄 놈이 주먹을 휘두르며 간다.

저승사자가 따로 없다. 하루 30~40명이 자동차를 타고 저승으로 가니. 이런 길에서 자전거를 모는 내 몰골이 영락없이 범의 아가리에 든 날고기다.

빵빵, 경음기를 울리며 난폭하게 운전하는 차를 보면 떠오르는 소리가 있다. 차를 으스대며 모는 운전자를 보면 떠오르는 업종이 있다. 벽제辟除를 외치는 구종배(驅從輩, 벼슬아치를 모시고 따라다니던 하인).

"쉬이, 물럿거라."

"쉬이, 대감마님 행차시다."

우스운 일이다. 자동차 회사가 길을 만든 것도 아닌데 왜 찻길만 만들고 사람, 자전거, 경운기 다니는 길은 만들지 않았을까?

장량상의 동정 마애비

다음 날 일찍 눈을 떴다. 해가 뜨거워지기 전에 움직이기 위해서다. 그리고 이제부터는 시원할 때 움직이고 더울 때는 빈둥거리리라 마음먹었다. 장어국으로 힘을 올린 다음, 선소를 향해 바퀴를 굴렸다.

선소에는 장량상의 동정 마애비가 있다. 선소는 읍내에서 동쪽으로 10리거리, 걸어서라면 4, 50분 거리지만 내 잘 나가는 말이라면 10분 남짓 거리다. 유림을 지나면서부터는 내리막, 곧 마을이 나오고 바닷가다.

정자나무 한 그루가 마을 입시에서 바다를 내려다보고 있다. 해묵은 등걸이 선소의 역사를 말하는 듯하다. (이번에 다시 사진을 찍으려고 보니 정자나무가 없다. 물어보니 이미 천수를 다했다고 한다) 아침부터 벌써 그늘이 만원이다. 가운데에 공자 왈 맹자 왈 놀이판이 벌어지고, 한옆에는 지난 밤잠이 부족한 지 아침부터 눈을 감고 잠을 청한다. 낯선 사람이 자전거를 세우며 들어서자 괄시 않고 한자리를 내준다. 정자나무 아래가 바로 바닷가라, 파도가 크게 일면 바닷물이 정자나무로 튈 것 같다. 그래서 그런지 마을 앞바다를 방파제로 울타리를 쳤다.

"어르신, 옛날에 배를 댄 곳이 어딥니까?"

담배를 피우고 있던 어른에게 물었다.

"바로 이 앞이제. 저 방파제는 요새 만들었어. 요기 배를 댄다고 선소라고 했시다. 그런데 오데서 왔는고?"

옛날부터 남해읍에 들고나는 물자는 이 선소를 통했다. 그러니 선소는 한때 남해도에서 가장 잘나가는 포구였다. 왜구가 어찌하여 여기에 왜성을 쌓았으며, 장량상이 어찌하여 미미한 이 포구에 와서 흔적을 남기고 갔을까, 했는데 그만한 까닭이 있었던 것이다.

방파제로 나갔다. 다들 그늘에서 쉬고 있는데 한 노인만이 방파제에서 그물을 깁는다. 땀 한 방울 흘리지 않고 조단조단 그물을 깁는 모습이 해를 초월한 듯하다. 노인 옆에 앉으니 갑자기 바닷바람이 설렁설렁 불어온다.

"고기가 많이 잡힙니까?"

"없어, 씨가 말라삣어."

"하도 사람들이 낚시를 많이 해서 그렇죠?"

노인은 웃었다.

"낚시꾼이사 아무리 많아도 지(제)가 몇 마리 잡아 묵겠는교."

"예?"

"고데구리 땜새(때문에) 그렇지, 요만한 그물눈으로 긁어삐리."

노인은 새끼손가락 끝마디를 잡으며 말했다. '고데구리'란 '소형기선저인 망어선'이란 뜻의 일본말이다. 모기장 같은 그물로 밑바닥까지 싹싹 긁어서 고기 씨를 말려버리는 이른바 싹쓸이 그물질이다. 더럽고 악질적인 고기잡이 방법이다.

요새는 돈도 고데구리로 긁어가는 무리들이 있다. 큰손은 큰돈을 벌고, 작은손은 작은돈을 버는 것이 조화롭다. 그런데 큰손들이 작은돈은 물론 코 묻은 돈까지 긁어가고 있다. 없는 자들의 삶이 고단하다.

언덕에 엄청나게 큰 바위 하나가 돌출되어 있다. 바다에서 보아도 눈에 확 들어올 것 같은 바위다. 글을 한 줄 새기지 않고는 배길 수 없게 만드는 바위 인 것이다.

장량상이 동정시東征詩를 적었다 하여 동정이란 이름이 붙고, 바위를 깎아 글을 새겨 넣었다 하여 마애비라 한다. 이 마애비는 임진왜란이 끝나는 해, 명나라 유격대장 장량상이 새긴 비석이다. 명나라가 조선을 구하고 수군 제 독 진린이 왜적을 무찌른 공적을 기린 글이다.

임진왜란 당시 이 선소에는 왜성이 있었다. 지금도 그 왜성의 흔적이 마애 비 언덕 위에 남아 있다. 왜구는 선소 언덕 위에 성을 쌓고 제 마음대로 '남해 성'이라 이름 붙였다. 성을 쌓은 왜의 장수 이름이 종의지였다. 임진왜란의 막

장량상의 동정마애비. 임진왜란이 국제 전쟁이었음을 말해주는 유적이다.

진린 제독이 조선을 도와 왜적을 물리친 공적을 기록해놓았다. 이때부터 일본은 동아시아 나라들의 '공공의 적'이었다.

바지, 1598년 동짓달 열여드레와 열아흐레, 이틀에 걸쳐 관음포에서 노량해전이 벌어졌다. 종의지는 왜성의 군사를 이끌고 소서행장을 지원하러 노량으로 갔다. 그러나 종의지의 왜군은 맥을 쓰지 못하고 관음포에서 떼죽음을 당했다. 겨우 살아남은 몇몇이 가칭이 고개를 넘어 이곳 선소로 도망을 쳐왔다.

1598년 노량해전 직후, 장량상이 군함을 몰아 선소로 들이쳤다. 선소에 남아 있는 왜구를 소탕하기 위해서였다. 이것이 장량상이 선소에 들른 까닭이었다. 그러나 장량상이 도착했을 때 선소는 텅 비어 있었을 것이다. 가칭이 언덕을 죽기 살기로 넘어온 패잔 왜구는 선소에 도착하자마자 배를 몰아 부산포로 줄행랑을 놓았을 것이니. 그러니 선소에서는 전투가 일어나지 않았다. 장량상은 한동안 선소에 머물며 사태를 관망하고 있었을 것이다. 그러던 중 큰 바위를 보고 동정시를 적게 되었던 것이리라.

류의양이 이 선소를 지나다가 《남해문견록》에 그 감회를 적고 있다.

진공(진린)에게 군사를 많이 거느려 보내어… 승전한 사적을 기록한 것이라. 글씨 대명적 고적이 완연하니 아동我東 사람이 대명 은혜를 어느 때 잊으리오.

노량에서 읍내로 가자면 이 길은 아닐 것이다. 이 길은 둘러가는 길이다. 그렇다면 류의양이 동정 마애비를 보기 위해 일부러 선소에 들렀던 것이다. 조선 수군 장수의 유적은 지나쳤지만, 명 수군 장수의 유적은 지나치지 않았다.

'우리 동쪽 사람이 명나라의 은혜를 어느 때 잊으리오.'

류의양은 이 말을 가슴 깊이 새겼다. 후에 류의양이 유배생활을 끝내고 사헌부司憲府의 집의執義가 되었을 때, 임진왜란 때 활약한 명나라 군대를 위해 단을 설치하고 제사를 올릴 것을 건의했다.

류의양이 남해 유배를 올 무렵(18세기 말엽) 조선의 종주국(?)은 명이 아니라 청이었다. 청은 강희제, 건륭제를 거치면서 국력이 강성했고 세계 최고의 문화를 꽃피웠다. 이런 시기에 명을 위해 단을 쌓고 제사를 지낸다?

이 무렵 청에서는 주자학은 이미 저물었고 양명학도 지고, 고증학이 일어나 변화의 바람이 불었다. 일본 또한 주자학을 거쳐 양명학을 거쳐 고증학이 일어나고, 나아가서는 서양의 난학(蘭學, 일본 에도시대에 네덜란드에서 전래된 지식을 연구한 학문)을 수용해 변화에 변화를 거듭했다. 그러나 조선의 관료 사회는 오로지 주자학의 교조주의로 일관, 주자학의 미망에서 깨어나지 못했다.

명을 위해 단을 쌓고 제사를 지내자. 이렇듯 망국 명을 사모하는 정이 지극했으니, 조선은 유일한 외래문화 통로였던 청나라마저도 외면하고 말았던 것이다. 19세기 조선의 몰락은 침략에 의한 망국이 아니라 스스로의 몰락이 아니겠는가.

정언신과 정철

낮잠을 자고 해거름에는 봉천사 묘정비를 찾아갈 것이다. 봉천사 묘정비는 이이명이 귀양살이한 흔적이다.

남해읍에는 북변리, 서변리가 있다. 옛날 남해읍성의 북쪽 변두리에 있다고 해서 북변, 서쪽 변두리에 있다고 해서 서변이다. 이이명의 봉천사 묘정비는 바로 북변 언덕 기슭에 있다. 그러니까 이이명은 남해읍성 북쪽 바깥 외진 곳에서 귀양살이를 했던 것이다. 그 뒤에 귀양을 온 류의양은 남문 바깥 남변에 집을 얻어 귀양살이를 했다고 하니, 귀양을 오는 사람은 제아무리 벼슬이 높다 할지라도 성 바깥 외진 곳에서 귀양살이를 한 것 같다.

북쪽 변두리 외진 곳이나마 비석이 있어 한 귀양 죄인이 있었음을 알 수 있지만, 대개의 귀양 죄인들은 흔적 없이 살다가 뭍으로 돌아갔거나 죽었다.

'정언신(鄭彦信, 1527[중종 22]~1591[선조 24])'도 그런 사람 가운데 하나다. 정언신은 선조 때 우의정 벼슬을 살다가 이곳 남해로 귀양을 왔다. 높은 벼슬에 있었지만, 정언신이 남해 어디에서 어떻게 귀양살이를 했는지 전혀 알려진 바가 없다.

선조 16년 북방에 나탕개尼湯介가 침입하자 정언신은 도순찰사가 되어 이순신, 신립, 김시민, 이억기 등 범 같은 장수를 거느리고 오랑캐를 물리쳐 큰 공을 세웠다. 이어 함경도 관찰사가 되고 병조판서를 거쳐서 선조 22년에 우의정이 되었다. 그때 나이 예순둘이었다.

이렇게 잘 나가던 정언신의 인생행로에 어느 날 갑자기 재를 뿌리는 사건이 일어났다. 바로 '정녀립 역모 사건'이었다. 이 사건으로 정언신 자신은 물론이고 정언신이 소속되어 있는 동인 전체가 하루아침에 몰락했다.

이 사건은 정녀립이라는 하찮은 사람으로부터 비롯된 하찮은 사건이었다. 이 하찮은 사건을 엄청난 사건으로 불린 사람이 있었으니 바로 정철이었다. 정철이 정녀립을 역모죄로 걸고, 이어 정언신과 동인 전체를 걸어 싹쓸이 판을 벌이게 된 것이다.

정녀립은 열 살에 벌써 사람들을 놀라게 할 만한 검술을 익혔고, 열다섯에 백가의 학문을 통달했다. 열일곱의 나이에 초시에 합격해 진사가 되었고, 선조 3년 스물한 살의 나이에 대과에 급제해 벼슬길에 나아갔다. 벼슬길에 나아가서는 이율곡을 따르게 되었고, 선조 5년 율곡이 해주 석담에 은거하게 되자 석담을 자주 왕래하며 학문을 배웠다. 이런 녀립을 두고 율곡은 말했다.

"장차 나라의 동량이 될 재목이다."

선조 16년 이이가 이조판서가 되자 녀립을 천거하여 홍문관 수찬으로 올려주었다. 서인의 떠오르는 별이 된 녀립은 이이를 가리켜 '공자에 버금가는 성인'이라 하였다. 그런데 선조 17년 이이가 마흔아홉의 나이로 세상을 떴다. 하루아침에 믿고 의지하던 스승이 돌아가자 녀립은 스승을 애도하기보다는 원망하는 마음이 앞섰다. 어느 날 임금의 경연 자리에서 죽은 이이를 가리켜 '나라를 그르치는 소인배'라 했다. 그리하여 몰락하는 서인 당에서 슬그머니 탈당하여 떠오르는 동인의 별 이발에 붙었다. 요새 말로 하면 정녀립은 철새 정치인이었다. 붕당이 조선 때에 시작되었으니 정녀립은 가히 철새 정치인의 원조라 할 만하다.

퇴계는 일찍이 녀립의 사람됨을 알아보았다고 한다. 한 젊은이가 도산에 은둔하고 있는 퇴계를 찾아갔다.

"정녀립이라 합니다. 선생님 밑에서 글을 배우고 싶습니다."

퇴계가 말했다.

"사랑채에 물러가 있게나."

사랑채에는 많은 젊은이들이 머물고 있었다. 녀립 또한 무리에 들어 공부를 시작했다. 계절이 무더운 여름이라 어떤 이는 저고리를 벗었고, 어떤 이는 낮잠을 자고, 어떤 이는 책상에 앉아 꾸벅꾸벅 졸았다. 오로지 한 청년만이 옷과 갓을 가지런히 하고 글 읽기에 몰두했다. 다음 날 퇴계는 녀립을 불렀다.

"자네는 오늘 하산하도록 하게나."

"선생님, 무슨 말씀이신지?"

"보따리를 싸라는 말일세."

그렇게 녀립은 퇴계의 문하에서 쫓겨났던 것이다.

선조 임금은 스승을 배신한 녀립을 멸시했다. 삼국지에 나오는 여포같이 배은망덕한 놈이라 여기며 사람대접을 아니했다. 이를 견디지 못한 녀립은 슬그머니 벼슬을 내놓고 고향으로 내려갔다.

고향에 내려간 정녀립은 진안 죽도에 서원을 지어놓고 사람들을 끌어 모아 대동계를 조직했다. 매달 모임을 가지면서 군사 훈련도 실시했다. 대동계는 한때 전라도에 나타난 왜구를 내쫓는 공을 세우기도 했다. 녀립은 그렇게 자신이 아직도 건재함을 세상에 알렸다. 그러나 그것은 제 스스로 무덤을 판 꼴이었다.

서인 정철과 모사꾼 송익필이 그런 정녀립을 걸었다. 먼저 송익필이 황해도로 가서 일을 꾸몄다. 곧 황해도에는 '이씨가 망하고 정씨가 흥한다'는 정감록의 비결이 떠돌았다. "정팔룡(팔룡은 녀립의 어릴 적 이름)이 신기한 재주로 임금이 되려 한다" "길삼봉이 계룡산에서 나라를 세운다"는 유언비어도 돌았다.

송익필은 그런 쪽에 핏줄을 물려받은 사람이었다. 송익필의 아버지가 송사련이고, 송사련의 아버지가 송린이다. 송린의 다른 이름은 자근쇠著斥金로 신분이 미천했으며 안당의 여종인 안감정과 혼인했다. 안감정은 안당의 아버지와 여종 사이에서 태어났으니, 안감정이 안당에게는 하인도 되지만 핏줄로는 이복여동생이 된다. 그러니까 송사련에게 있어 안당은 외삼촌이 되는 것이다. 이런 관계로 안씨 집안에서는 송사련을 하인이 아닌 친족으로 대하고 자유롭게 내왕하게 하였다.

안당은 이조판서에 있을 때 조광조를 천거하고 김구 등 사림의 선비에게 벼슬길을 열어준 사람이었다. 심정, 남곤이 기묘사화를 일으켜 조광조, 김구 등을 몰아내고 안당마저 없애기 위해 기회를 엿보고 있었다. 송사련이 사주四柱로 점을 잘 쳤는데 이 무렵 자신에게 운수가 대통한다는 점괘가 나와 무서운 일을 꾸미게 된다. 평소 안당의 아들 안처겸이 간신 남곤, 심정을 제거해야 나라가 산다고 말하는 것을 들었던 터라 이것을 때맞춰 남곤, 심정에게 일러바쳤다. 그 고변으로 안당과 안처겸은 물론 안씨 일가족이 몰죽음을 당했다. 송사련이 외갓집으로부터 받은 은혜를 재앙으로 돌려준 것이었다.

이 사건을 두고 역사책에서는 신사무옥이라고 적고 있다. 신사무옥으로 서얼 출신 송사련은 당상관이 되었다. 외갓집의 피를 팔아 자신의 부기영화를 사게 된 것이었다. 송익필이 핏줄을 무려받았다는 것은 이를 두고 하는 말이다. 송익필은 그런 아버지 덕에 좋은 교육을 받아 성리학과 예학에 조예가 깊었으며, 또한 아버지의 후광으로 명사들과 교류하여 서인의 막후 실력자가 되었다.

세월이 흘러서 신사무옥이 송사련의 무고였음이 밝혀졌다. 송사련은 이미 죽은 뒤라 안 씨 집에서는 아들 송익필에게 원수를 갚고자 했다. 안씨 집에서 송익필을 잡으러 갔다. 송익필을 붙잡아 안씨 집 하인으로 만들기 위해서였다. 원래 송익필의 할머니 안감정이 안씨 집안의 하인이었으니 그 손자 송익필도 안씨 집의 하인이라는 것이다. 송익필이 죽기 살기로 도망을 쳤고,

숨겨준 이가 정철이었다.

　이 무렵 정철은 대간들의 탄핵을 받아 벼슬을 내놓고 창평에서 근신하고 있었다. 심의겸과 더불어 패거리를 만들어 나라를 어지럽힌다는 것이 정철의 죄였다. 창평에서 정철은 선조를 그리워하는 노래 〈사미인곡〉을 지어서 임금의 비위를 맞추었다. 이때 정철의 나이 쉰셋이었다.

　정철과 송익필이 엎드려 때를 기다리던 중 정녀립이 마침 맞게 걸려든 것이었다. 송익필은 사람들이 정녀립의 전주 집에 모여드는 것을 보고, 황해도 사람들을 시켜 관청에 고변케 했다. 일은 전주에서 꾸미는데 고변은 황해도에서 들어간 것이다.

　"정녀립의 대동계가 황해도와 전라도에서 봉기하려고 합니다."

　이 고변이 들어가자 정철은 한양으로 급히 올라가 닫힌 대궐문 틈 사이로 선조에게 비밀 상소를 올렸다.

　"속히 나라에 계엄을 내리고 역적을 잡아들여야 합니다."

　선조는 정녀립을 잡아들이라 했다. 의금부에서 정녀립을 잡으러 가자 정녀립은 죽도로 도망을 쳤다. 관군이 몰려가자 정녀립은 겁에 질려 스스로 칼로 목을 찌르고 죽어버렸다.

　선조는 즉시 우의정 정언신을 위관(특별 검사)으로 임명하여 진상을 조사케 했다. 그러나 조사는 하는 둥 마는 둥이었다. 정언신이 동인이었고 정녀립 또한 동인이었으니 봐주기 수사로 어물쩍 넘어가려던 것이었다.

　정철이 서인 대간을 시켜 상소를 올리게 했다.

　"정언신이 정녀립을 덮어주고 있습니다."

성이 난 선조는 정언신을 파직하고 그 자리에 정철을 앉혔다. 정철은 정언신이 차고 있던 우의정과 위관 자리를 그대로 물려받았다.

　정철이 칼을 잡자마자 가장 먼저 정언신을 얽어 넣었다. 녀립과 한 패거리라는 것이었다. 그의 아들이 무죄 상소를 올렸다.

　"제 아비는 정녀립과 아무런 왕래가 없었습니다."

　정철은 정녀립의 집에서 정언신이 보낸 편지를 찾아내어 임금을 속인 죄를 추가시켰다.

　"언신을 남해로 부처하라!"

　정언신은 곤장을 맞고 남해로 떨어졌다.

　그렇게 해서 정언신이 남해섬으로 귀양을 오게 된 것이다. 어디에서 어떻게 귀양살이를 했는지는 알려져 있지 않다. 남해에서 1년 동안 귀양살이를 하다가 1년 뒤 삼수갑산으로 옮겨갔다. 이듬해 삼수갑산에서 울화병으로 죽었다. 나이 예순넷이었다.

　정철은 평소 감정이 있던 사람들을 정녀립에 얽어 넣었다. 동인의 우두머리 이발을 매로 쳐 죽이고, 이발의 일가족을 도륙 냈다. 정철과 특히 사이가 좋지 않았던 진주의 도학군자 최영경은 유령의 인물 길삼봉吉三峯으로 몰아 죽였다. 여기에 걸려들어 죽거나 귀양 간 이가 1,000여 명을 넘었다. 선조 22년 기축년에 일어났으니, 역사에서는 이를 기축옥사라 적고 있다. 선조 24년, 정언신이 죽은 해에 정철은 진주로 유배되었다. 하늘에서 땅으로 떨어지는 데 걸리는 시간은 불과 2년밖에 걸리지 않았다.

　"광해군이 출중하니 사직을 맡길 수 있습니다."

정철이 광해군을 세자로 건저(建儲, 왕의 후계자, 즉 왕세자를 세우는 것)해야 한다고 했다가 선조의 미움을 받았다. 선조의 마음이 광해군이 아니라 영창대군에게 있다는 것을 정철이 헤아리지 못한 것이다. 이로부터 임금의 마음이 정철을 떠났다. 때를 만난 동인들이 정철을 탄핵했다.

"전하, 정철이 뱀과 빈대의 성품으로 많은 사람을 상하게 했습니다."

"철이를 진주로 보내어 바람과 이슬을 맞게 하라."

진주는 최영경이 은둔했던 곳이었다. 은둔하던 사람과 귀양 죄인이 동급으로 살 수 있는가, 동인들은 다시 들고 일어났다.

"정철은 최영경을 무고로 죽였던 사람입니다."

이듬해 정철은 다시 함경도 강계로 쫓겨 갔다. 강계에서 정철은 또 선조를 그리며 〈미인곡〉을 지었다. 이는 창평에서 부른 〈사미인곡〉에 이어낸 '속편 사미인곡'이었다. 말하자면 〈사미인곡〉이 히트를 치자 후속 편인 〈속미인곡〉을 내놓은 것이다. 이때 정철의 나이 쉰여섯이었다. 이듬해 임진왜란이 일어나면서 정철이 강계에서 풀려났다. 1593년 임진왜란이 한풀 꺾이자 선조는 정철을 사은사로 삼아 명나라에 파견했다. 명나라 병부상서(병조판서)가 "왜적이 물러갔는가?" 하고 정철에게 물었다.

"한양은 수복되었으나, 삼남에는 아직 왜구가 설치고 있습니다" 하고 말해야 하는데 정철은 그냥 왜구가 물러갔다고 말했다.

이 일로 사간원은 정철에게 벌을 내려야 한다고 했다. 정철은 벼슬을 내놓고 강화도로 물러갔다. 정철은 그 일로 괴로워하다가 그해 겨울에 굶어 죽었다. 나이 쉰여덟이었다.

봉천사 묘정비

    한숨의 낮잠으로 몸이 개운해졌다. 집에서 낮잠을 자고 나면 오히려 몸이 무거웠는데, 땀을 흘린 덕택이리라. 이제 봉천사 묘정비를 찾아간다. 카메라를 챙겨 살금살금 여관을 빠져나오는데 주인아줌마한테 걸렸다.

    "오데 가신다고?"

    나를 만나는 사람마다 뭐하는 사람이냐고 묻기에 아예 사진 찍는 사람으로 답을 만들어놓았다. 그런데 하필이면 옆방에 묵는 사람이 박격포를 메고 다니는 진짜 사진작가라니. 이후로 아줌마가 나를 보는 시선이 찝찝했다. 후다닥 자전거를 타고 여관을 빠져나왔다.

유배의 흔적으로 비석만 한 것이 없지만 그에 못지않은 좋은 흔적도 있다. 바로 실존하는 사람이다. 얼마 전 창선 바닷가에서 낚시하는 노인을 만났다. 노인은 파평 윤씨로 윗대 할아버지가 이곳에 귀양을 왔다고 했다.

"우리 선조 할아버지가 윤비의 큰오라비였어."

노인은 폐비 윤씨가 아니라 윤비라고 했다. 큰오라비는 남해도 남면으로 귀양을 왔고, 작은오라비는 거제도로 귀양 갔다고 했다. 작은오라비는 본관도 파평 윤씨에서 칠원 윤씨로 바꿨다고 했다. 연산군 때 귀양이 풀렸으나 이미 가문이 몰락한지라 다시는 한양으로 돌아가지 못했다고 한다. 윤비의 형제는 윤관의 11세손이다.

북변, 나는 이 사람 저 사람에게 길을 물으며 말을 몰았다. 유림을 지났다. 유림은 선비들의 동네라는 뜻이 아니고 한때 버드나무 숲이었다 하여 붙은 이름이란다. 북변, 옛날에는 변두리 마을이었을 것이나 지금은 한창 개발이 되고 있다. 마침 한 노인이 새로 지은 빌딩의 그늘에서 바람을 쐬고 있다. 노인은 이곳 토박이라고 했다. 노인 옆에 자전거를 세워놓고 언덕을 올라갔다.

언덕 위에 오두마니 서 있는 비석 하나, 봉천사 묘정비鳳川祠 廟庭碑. 이름으로 보자면 봉천이라는 냇가에 사당이 있고, 그 뜰에 비석이 세워져 있다는 뜻이다. 그러나 사당은 없고 비석만 홀로 서 있다(근래 묘정비는 남해유배문학관으로 이전되었다).

남해섬에 유배 온 이가 무수히 많으나 남아 있는 비로는 노량의 김구 적려비와 여기 묘정비뿐이다. 적려비의 빗글은 김구의 후손이 지었지만, 묘정비는 이와는 달리 홍문관 대제학 김조순이 빗글을 짓고 홍문관 부제학 김난순이 글씨를 썼다. 당대 최고의 학자들이 글을 짓고 쓴 것이다.

왜 김조순이 이이명의 빗글을 지었을까?

김조순의 당파는 시파였다. 곧 정조正祖의 정책을 잘 따르는 파라는 뜻이다. 그리하여 정조의 신임이 두터웠으며, 정조가 죽자 국구(國舅, 순조의 장인)가 되면서 실권을 장악하여 30여 년 동안 순조純祖를 보필했다. 이로 인하여 안동 김씨가 세도정치의 기반을 조성하는 결과를 가져왔다. 김조순이 묘정비 빗글을 쓸 때가 순조 28년(1828년)으로 이 무렵 붕당정치는 막을 내렸고, 정국은 세도가 안동 김씨의 천하였다.

이로 보면 김조순의 빗글은 공적인 명분에 의해 지어진 듯하다. 하지만 이이명 사후 100년 동안 유배를 가고 사약을 받은 벼슬아치가 한두 명이던가. 드러나지 않은 까닭이 있는 것이다.

"가노라 삼각산아 다시 보자 한강수야…"

시조를 읊으며 청나라로 끌려간 척화신 김상헌이 김조순의 7대조 할아버지였고, 기사환국으로 남인에게 사사된 노론의 영수 김수항이 김조순의 5대조 할아버지였다. 김수항은 김장생의 문도인 송시열, 송준길과 깊은 유대를 가졌던 사람이다. 그리고 노론 건저 4대신 가운데 한 사람인 영의정 김창집이 김조순의 4대조 할아버지였다. 경종 2년에 연잉군(영조)을 건저하다가 집안이 결딴났었다. 여기가 김조순과 이이명이 연결되는 곳이다.

곧 김조순의 집안과 이이명의 집안은 대대로 골수 노론 세도가로, 깊은 정치적 유대 관계를 맺고 있었던 것이다. 뿐만 아니라 두 집안은 흥망성쇠도 함

북변 언덕에서 유배문학관 앞으로 옮겨졌다.

惟南海縣在海島中縣之東有竹山里其下有川曰鳳川川

祠公也公白江先生之孫也胚胎前光紹服道訓道義文章

而秩嘉善四十四而陞正卿四十九而入相府諡諡立祠嘗景廟辛亥

年被遠至漢津受後　命以卒後三年復官

蓋知竭忠為節君子悖而有周小人憚而懷嫉故雖受知則

南海遂携一小喬取貢長沙臨賦語扁以止坎及遷備經

孝悌之道教其人故島人士公在則服事之如師公苑則非

正廟庚申島中與晉陽諸儒合力剏祠距習坎遺堦數里

之生人也豈然喻於利者猶其性而為小人以身殉道者

凶黨逆聖初堂無人心哉然乘其藝遷其惡終至於屠餘忠

怊惟存國衛　儲是知而不知其外始所苟安社稷為悅者

五刑湛七族宣公之所悅所欲有其於所惡身與家可以心

而無所憚者義利之辨明乎心故也然而　儲聖龍飛立常

善裕湛之天信不可誣也孟子曰吾必謂賊掌美此義也孔

유배객은 귀찮은 손님이기도 하지만 반가운 손님이었다. 서울 문화의 전도사였으니. 이이명이 남해 문화에 이바지한 공로를 이 빗글에 적어놓았다.

께했다. 그리하여 김조순으로서는 이이명을 기릴 만했다. 그것은 4대조 할아버지 김창집의 위상을 높이는 일이기도 했으니.

이이명은 일생을 통해 세 차례 귀양살이를 한다. 그 가운데 두 차례는 이곳 남해섬에서 치렀다. 이 묘정비는 바로 그 두 차례 귀양살이의 자취를 전해주고 있다.

이이명은 세종의 7세손이며, 할아버지가 영의정을 지냈고 아버지가 대사헌을 지낸, 이른바 명문 세도가 출신이었다. 일찍이 서인의 우두머리 송시열의 문하에서 학문을 배웠으며, 스승으로부터 인정받는 사람이 되었다. 그런 배경 탓으로 숙종 6년 스물두 살의 나이로 문과에 급제하여 벼슬길에 나아가고, 숙종 13년 스물아홉의 나이로 강원도 관찰사(도지사)가 되었다. 정철이 강원도 관찰사가 되어 〈관동별곡〉을 지었을 때가 마흔다섯이었으니, 이이명의 승진은 특제(特除, 왕의 특별 명령으로 벼슬을 내림) 인사였다. 요샛말로 하면 특채 내지 특혜 인사라 할 수 있다.

숙종 15년(1689년) 기사환국이 일어났다. '환국'을 요샛말로 하면 정권교체다. 여당이 물러가고 야당이 정권을 잡는다는 뜻이다. 이때 여당이 서인이었으니 서인이 물러가고 야당인 남인이 정권을 잡았다는 뜻이다.

남인은 먼저 서인의 우두머리 송시열을 귀양지 제주도에서 불러내어 정읍에서 사약을 내려 죽였다. 후궁 장 희빈이 낳은 왕자 '윤(경종)'의 정통성을 부인한 것이 송시열의 죄였다. 남인은 서인을 줄줄이 얽어 넣었다.

"이이명이 송시열의 패거리였습니다."

송시열을 따른 것이 이이명의 죄였다. 그리하여 이이명은 경북 영해로 떨어졌다. 그때 나이가 서른하나였다.

"이이명이 반성하는 빛이 없습니다."

2년 뒤 귀양지가 영해에서 남해도로 옮겨졌다. 바로 이곳 북변이 이이명의 남해 귀양터였다. 이이명은 이곳에 서당을 짓고 시골의 선비들을 불러들여 가르치고 논하는 것을 일삼았다. 소문을 듣고는 멀리 진주에 있는 선비들까지 몰려왔다고 한다. 이이명의 학문을 숭앙해서, 아니면 고매한 인품에 매료되어? 그것보다는 장차 환국이 일어나면 권력의 핵심이 될 인물이라 곤궁할 때 연을 맺어두자는 속셈은 아니었을까? 그렇게 3년 동안 남해에서 유유자적하며 귀양살이를 했다. 이것이 이이명의 첫 번째 남해 귀양살이였다.

숙종 20년, 갑술환국으로 남인이 쫓겨나고 서인 세상이 되었다. 이이명도 풀려나 한양으로 돌아갔다. 승진을 거듭하여 숙종 24년(1698년) 마흔의 나이에 대사간이 되었다. 이때 10년 전 기사환국으로 죽은 친형 이사명의 죄가 무고였음을 탄원했다. 그러나 숙종은 이사명을 금단의 영역으로 정해두었다. 선을 넘으면 엄히 다스리겠다는 것이었다. 곧 숙종이 서인에게 그어놓은 권력 한계선이었다. 숙종은 이이명을 공주로 귀양을 보내버렸다.

이듬해 이이명은 귀양살이에서 풀려났다가, 숙종 27년 민비가 죽고 장희빈이 죽은 해에 예조판서가 되었다. 이어 대사헌, 병조판서가 되고, 숙종 32년 우의정을 거쳐 나이 50에 좌의정이 된다. 60에 영중추부사가 되어 노론의 실질적인 우두머리가 되었다. 이 무렵 서인은 남인을 처벌하는 과정에서 노론과 소론으로 분열되었다.

숙종 43년, 임금이 이이명을 불러 독대했다. 임금과 신하, 두 사람이 비밀리에 만나는 것을 독대라 한다. 조선시대에 독대는 불법이었다. 반드시 사관과 승지가 입회하여 왕의 일거수일투족을 기록으로 남기도록 하는 것이 당시의 관습법이었다. 이는 왕의 전횡을 막기 위한 권력의 통제장치였다.

숙종과 이이명은 그런 법을 무시하고 은밀히 밀담을 나누었다. 임금과 신하의 독대가 정유년에 이루어졌다고 해서 이 독대를 역사에서는 '정유독대'라 적는다. 독대에 이름을 붙여 역사에 기록했다는 것은 그 사건이 후대 사람들이 교훈으로 삼아야 할 정도로 수치스럽고 무서운 일이라는 뜻이다.

임금은 독대를 나눈 다음 날 대신들을 불러 모아 분부를 내렸다.

"내가 눈이 어두우니, 세자(경종)로 하여금 대리청정케 하라."

놀라운 분부였다. 그토록 미워하던 세자에게 대리청정을 시키다니, 갑자기 임금이 마음을 바꾸었단 말인가? 더욱 이해할 수 없는 것은 노론의 태도였다. 노론은 모두 지당한 분부라 했다. 노론은 이미 임금의 심중을 헤아리고 있었다. 소론이 미는 세자에게 대리청정을 시킨다고 하는데 어찌 노론이 찬성했을까?

근래 세자의 두 이복동생, 연잉군(24세)과 연령군(19세)이 점점 장성해 갔다. 그리고 숙종이 장 희빈을 죽이고 난 뒤 세자를 싫어하는 기색이 뚜렷했다.

"그 어미에 그 자식이라…"

조금만 잘못해도 크게 성을 내어 세자를 꾸짖었다.

그리고 노론은 숙종이 이이명과의 독대를 하기 얼마 전, 이이명에게 내린 성은을 기억하고 있었다. 그것은 이이명의 형 이사명의 죄를 사면한 것이었다. 갑술환국 때도 신원되지 못했고, 이이명이 귀양을 가면서까지 탄원을 해도 신원되지 못했던 죄가 30년이 지난 지금, 독대를 앞두고 신원을 시켜준 것이었다. 숙종과 이이명이 어떤 밀담을 나누었을까?

숙종: 세자를 갈아치워야 하겠소.

이이명: 전하, 무슨 말씀이오신지?

숙종: 세자가 왕이 된다면 두 아우가 어찌 되겠소? 그리고 노론 대신들 또한 어찌 되겠소?

이이명: 연산군이 생모의 원수 갚던 일을 생각하면 몸이 떨립니다.

숙종: 세자를 폐하여 장차의 화를 막으려 하오.

이이명: 아무 잘못도 없는데 어떻게 폐출하시겠습니까?

숙종: 어찌 방도가 없겠는가.

이이명: 하오면 세자로 하여금 대리청정을 시키시면 어떠하올지….

숙종: 내 생각과 같소. 꼬투리를 잡아 갈아치우는 것이요.

이이명: 일이 뜻대로 되지 않으면 연잉군이 화를 당하지 않겠사옵니까?

숙종: 만일을 대비하여 아울러 큰일을 도모해야 하오.

이이명: 큰일이라 하오시면?

숙종: 큰일을 하는 데는 누가 적절하겠소?

말뜻을 알아들은 이이명이 인물을 추천했다.

이이명: 김춘택의 종제 용택이와 이천기가 제일 낫습니다.

숙종: 그들에게 내 뜻을 전하여 큰일에 대비하시오.

큰일을 꾸민다, 무슨 큰일을 꾸미기에 임금과 신하가 은밀히 사람들을 모은단 말인가? 김춘택, 김용택은 김만기의 손자들이다. 그리고 이천기는 이사명의 아들이자 김춘택의 처남으로 이들은 모두 공작정치의 대가들이다.

임금과 노론의 뜻대로 세자의 대리청정이 시작되었다. 아울러 광산 김씨 문중의 공작정치가들이 음모를 꾸미기 시작했다. 이때 꾸며진 음모는 훗날 '삼급수三急手'라는 역모사건으로 부풀려지게 된다.

그러나 세자 폐출은 임금과 이이명의 뜻대로 되지 않았다. 세자의 폐출은 어렵고도 위험한 일이었다. 세자가 누구인가? 임금이 죽으면 곧바로 왕이 될 사람이 아닌가. 그런 세자의 폐출을 어찌 함부로 논한단 말인가. 숙종은 이를 걱정하다 3년 뒤에 죽고 말았다. 그렇게 되고 보니 정유독대를 했던 이이명만 외롭게 되었다.

세자가 왕이 되었으니 바로 경종이다. 노론이 쫓아내려던 세자가 임금이 된 것이다. 이이명과 노론으로서는 설 자리가 없게 되었다.

그런데 칼을 먼저 뽑은 쪽은 소론이 아닌 노론이었다. 경종 원년 어느 날 새벽, 노론의 네 대신 영의정 김창집, 영중추부사 이이명, 판중추부사 조태채, 좌의정 이건명이 노론 대간을 이끌고 궁궐에 들이닥쳤다. 영의정 김창집이 청했다.

"후사가 없어 종묘사직이 안정되지 못하고 민심이 흔들리고 있습니다. 후사를 정하는 것이 시급한 줄로 아룁니다."

이때 경종은 서른셋이고 왕비는 열다섯으로 아직 슬하에 왕자가 없었다. 자식도 없는 임금을 보고 후사를 정하라고 윽박지르니, 경종으로서는 억장이 무너질 일이었다. 하지만 임금은 약하고 신하는 강했다. 한밤중에 떼거리로 몰려와 윽박지르는 노론 대신들을 감당할 도리가 없었다. 경종은 맥없이 윤허했다.

"그렇게 하라."

이이명과 노론의 뜻대로 이복동생 연잉군(영조)이 세제世弟로 건저되었다. 노론의 선수 치기로 경종은 '왕'이라는 보도를 빼 보지도 못하고 당했다. 그해가 다 가기 전에 노론은 또 상소를 올렸다.

"세제에게 대리청정을 시켜야 합니다."

경종이 힘을 기르기 전에 임금을 허수아비로 만들어버리자는 것이 노론의 두 번째 작전이었다. 경종은 연잉군을 죽일 생각도 없었고 또 그럴 힘도 없었는데, 노론은 이판사판으로 설쳤다.

경종은 또 윤허를 내렸다.

"세제로 하여금 대리청정케 하라."

이 길은 노론이 다시는 돌아올 수 없는 길이었다. 경종 1년 소론의 영수이자 영의정인 조태구는 소론의 강경파 김일경를 부추겨 노론 네 대신을 탄핵했다. 조태구는 조사석의 아들로 조태채와는 사촌 사이였다.

"흉악한 무리들로 인해 임금과 신하 사이의 의리가 땅에 떨어진 지가 오래되었습니다. 엎드려 청하건대 세자 참정을 주장한 네 흉적에게 전하의 위엄을 보이소서."

드디어 경종은 칼을 뽑았다. 비록 느리기는 했지만 임금의 칼은 강했다.

"노론 네 대신은 물러가라. 승지와 삼사를 모두 내치라."

소론은 특히 이이명을 그냥 둘 수 없었다. 정유독대로 세자(경종)를 쫓아 내고자 앞장섰던 사람이 아니던가.

"이이명이 일찍이 전하께 패악을 저질렀습니다."

경종인들 어찌 지난날의 수모를 잊을 수 있겠는가.

"이이명을 절도로 안치하라."

영중추부사 이이명은 남해섬, 영의정 김창집은 거제섬, 판중추부사 조태채는 진도섬, 좌의정 이건명은 나로섬에 안치되었다.

이이명은 남해섬으로 다시 귀양을 왔다. 약 30여 년 만에 다시 돌아온 귀양터였다. 이것이 두 번째 남해 귀양살이이자 마지막 귀양살이였다.

소론은 이 정도로 물러서지 않았다. 불씨를 남기면 언젠가는 재앙이 될 것이다. 그리하여 노론을 싹쓸이할 궁리를 내기에 이른다. 목호룡이라는 공작정치가를 시켜 고변을 넣게 했다.

"흉적은 김용택, 이기지, 이희지, 김민택, 김성행, 백망이옵니다. 지난날 금상겨옵서 세자이셨을 때 이 자들이 대급수, 소급수, 평지수로 참혹한 짓을 하고자 하였습니다.

대급수란 칼로 하는 것을 이릅니다. 김용택이 백망에게 칼을 주어서 선왕(숙종)의 국상 시 담을 넘어 흉측한 짓을 벌이는 일을 말합니다.

소급수란 약으로 하는 것을 이릅니다. 이기지, 이희지, 김용택, 이천기가 상궁에게 약을 주어 흉악한 짓을 벌이는 일을 말합니다.

평지수란 선왕 국상 시 유조를 날조하여 '세자 아무개를 폐한다'는 조서를 내리게 하는 것을 이릅니다."

김용택은 김춘택의 사촌동생이자 이사명의 사위이며, 김민택은 김춘택의 친아우다. 이들은 김만기, 김만중의 자손들이었다. 이기지는 이이명의 아들, 이희지는 이사명의 아들, 김성행은 김창집의 손자였다. 모두 노론 명문 집안의 자제들이었다. 그리고 백망은 이들을 따라다니는 칼잡이였다. 이들은 늘 패거리를 지어 다니며 사냥과 주색을 일삼는 한량들이었다. 요샛말로 하자면 오렌지족, 야타족이다.

목효룡은 원래 남인 집안의 천한 서얼 출신이었다. 남인은 이미 몰락한 붕당이고 신분 또한 서얼이니 출셋길과는 거리가 멀었다. 그러나 그는 신분 상승에 대한 뜨거운 야망과 팔랑개비처럼 잘 돌아가는 머리를 가지고 있었다. 그는 풍수에서 출셋길을 찾았다. 지관으로 점차 소문이 나면서 노론의 김용택, 이천기, 이기지와 가까이 했고, 백망이라는 칼잡이를 양갓집 한량들에게 붙여주었다. 그 무렵 그런 노력이 모두 물거품이 되고 말았다. 믿고 있던 오렌지족들의 아버지들이 김일경의 상소로 모두 벼슬에서 떨어진 것이다. 목효룡은 다시 팔랑개비 머리를 굴렸다. 그리하여 오렌지족들과 백망을 묶어서 삼급수 역모 사건을 만들어내기에 이른다. 그 아이디어를 가지고 곧바로 소론에 달려갔고, 소론은 목효룡의 기발한 아이디어를 채택하게 된 것이다.

서인 집안의 오렌지족 20여 명이 조기 두름처럼 줄줄이 엮여 갔다. 모두 한결같이 그런 일이 없노라 하다가 매 맞아 죽었다.

이이명은 남해에서 귀양살이 터를 잡기도 전에 한양으로 다시 불려갔다. 대역죄가 추가되었기 때문이다.

"노론 대신들의 손바닥에 쓴 '양養' 자는 이이명의 자字(양숙養叔)를 뜻하는 말로 이는 이이명을 왕으로 추대하려는 뜻입니다."

지난날 노론의 네 대신이 건저를 두고 회동했다. 누구를 건저하느냐? 주유와 공명이 의중을 손바닥에 적었던 것처럼 네 대신은 손바닥에 각기 글자를 적었는데 모두 '양養'을 적었다. 이 '양' 자는 연잉군의 아호 양성헌養性軒을 뜻했다. 곧 4자 회동에서 연잉군을 추대하기로 합의를 본 것이었다. 목호룡이 이 '양' 자를 이이명의 자 '양숙'으로 바꿔 고변을 넣은 것이다. 경종으로서는 그 '양' 자가 누구의 것이든 기분 나쁜 '양' 자였다.

경종은 용상을 쳤다.

"이이명의 목을 잘라라."

얼마 뒤 경종은 은전을 베풀어 사약을 내렸다. 몸뚱이에 목을 붙여준 것이다. 이때 이이명의 나이 예순넷이었다. 나머지 노론의 세 대신에게도 사약이 내려졌다.

'인仁과 의義'로 답안지를 채워 벼슬길에 나아갔지만, '인과 의'를 실행한 벼슬아치는 드물었다.

나는 노인이 쉬고 있는 곳으로 돌아왔다.

"어르신, 봉천사 터가 어디쯤 됩니까?"

"몰라."

"옛날 귀양집 터가 여기 있다고 들었습니다만…."

"집터? 저 언덕이 다 집터야. 우물도 있어."

땀을 식히고 다시 묘정비 언덕에 올랐다. 언덕배기 곳곳에 무덤들이 즐비

하다. 마치 공동묘지에 들어온 것 같다. 여기저기 집터의 흔적이 보인다. 검정이 묻은 돌들이 그 증거다. 우물도 두 개나 찾았다. 문득 의문이 일어났다. 한때 집터였던 이곳이 어찌 공동묘지가 되었을까? 이곳에 살았던 사람들, 명당자리를 무덤에 주고 다 어디로 갔을까? 마야의 문명처럼 미스터리다.

이이명이 처음 귀양 왔을 때 봉천 가까이에 초막을 짓고 살았다. 30년 뒤 두 번째 귀양을 왔을 때도 처음 살던 집을 수리하여 살았다고 한다. 김만중의 후손이 지은 《서포연보》에 보면 이런 이야기가 나온다.

일찌기 부군(김만중)이 귀양살이 하면서 초당에 매화를 두 그루 심었는데, 해마다 꽃이 피고 열매를 맺었다. 부군이 돌아가시자 두 그루 매화 또한 쓸쓸히 말라 죽어갔다. 이때 이 공(이이명)이 섬에 들어오게 되었는데 부군의 귀양집에 들렀다가 시들어가는 매화를 보고 자신의 귀양집 뜰에 옮겨 심었다. 그랬더니 매화는 다시 무성하게 자랐다.

이이명의 집터를 찾으려면 두 그루 매화나무를 찾아야 한다. 매화나무의 수령이 500년도 더 되지만, 200년 된 매화나무를 찾기가 쉽지 않다. 언덕을 내려오니 노인이 물었다.

"집터를 찾았는가?"

"예, 겨우 찾았습니다."

"그래, 그거 찾아갖고 뭐할 끼고?"

정치 9단 숙종

현종이 죽고 숙종이 어린 나이로 왕위에 올랐다. 숙종은 송시열에게 선왕의 묘지문을 짓게 하였다. 왕의 묘지문은 당대에 가장 명망이 높은 사람이 짓는 것이 관례였다. 이에 진주의 유생 곽세건이 상소를 올렸다.

"송시열은 일찍이 효묘(효종)의 국상시 기년설(1년상)을 주청하여 효묘와 선왕(현종)을 참람되게 하였습니다. 송시열은 효묘의 죄인이고 선왕의 죄인이니 전하겨옵서 마땅히 왕법을 세우셔야 될 줄 아옵니다.

또한 엎드려 청하건대 송시열에게 지어 올리게 한 묘지문의 명을 거두어 주옵소서."

서인들은 곽세건을 잡아와 국문(왕명으로 중죄인을 심문)을 해야 한다고 주청했으나 숙종은 이를 무시하고 오히려 송시열의 제자인 이단하로 하여금 선왕의 행장을 짓게 했다. 이단하를 통해 송시열의 잘못을 밝혀 송시열을 욕보이고 서인의 기세를 누르고자 함이었다. 이단하로서는 난감한 일이었다. 행장을 쓴다는 것은 곧 스승을 배신하는 것이 되고 자신 또한 서인으로부터 매장당할 것이기 때문이었다. 그래서 이단하는 행장을 애매하게 지었다. 기년설의 잘못을 말하되 그 당사자인 송시열의 이름을 적지 않은 것이다.

숙종이 크게 화를 내었다.

"스승이 있는 줄은 알고 임금이 있는 줄은 모르는가? 이 아무개를 삭탈관직하고 문밖으로 내쫓아라!"

이 해가 숙종 원년으로 숙종의 나이 열넷이었다. 이 일로 조정에 떨지 않은 자가 없었다고 한다. 숙종은 타고난 정치가였다.

조선시대 가장 귀양을 많이 보낸 임금을 꼽는다면, 단연코 숙종일 것이다. 숙종은 경신환국, 기사환국, 갑술환국, 세 차례의 환국을 일으켜 벼슬아치들을 무더기로 귀양 보내거나 죽였다. 경신환국에는 남인을, 기사환국에는 서인을, 갑술환국에는 또 남인을 귀양 보내거나 죽였다. 이런 환국을 통해 숙종은 신하의 힘을 누르고 강력한 왕권을 가지게 되었다. 숙종은 권력을 잘 다룬 정치의 달인이었다.

그 세 차례의 환국으로 많은 벼슬아치들이 남해도로 귀양을 왔다.

경신환국

첫 번째 환국인 경신환국은 숙종 6년(1680년)에 일어났다. 이는 남인이 화를 당하고 서인이 권력을 잡는 사건이었다.

동창이 밝았느냐 노고지리 우지진다.

소치는 아해는 상기 아니 일었느냐.

재너머 사래 긴 밭을 언제 갈려 하나니.

우리가 어릴 때 즐겨 외우던 남구만의 시조다.

한성 좌윤 남구만이 상소를 올렸다.

"대사헌 윤휴가 서도 금산에서 소나무 수천 그루를 베어 왕궁을 능가하는 집을 지었고, 영상 허적의 아들 허견이 아버지의 세력을 믿고 방자함이 심하여 청풍부원군의 첩을 때려 이를 부러지게 하였고, 또 양가집 유부녀를 겁탈하였습니다."

서인 남구만이 영의정과 대사헌을 탄핵했다. 남구만의 시조는 한가롭지만, 그의 탄핵은 늦가을 서리처럼 매서웠다. 숙종은 화를 내며 승지에게 엄히 조사케 했다. 그러나 허적이 남구만의 상소를 무고로 뒤집었다.

"허적이 돈수백배하고 삼가 상소를 올립니다. 윤휴가 소나무를 자른 것이 불과 몇 십 그루에 지나지 않으며, 신의 자식 견이 아녀자를 때린 것은 부부 싸움을 말리다가 그리된 것이고, 유부녀의 겁탈은 사실이 아닌 줄로 아옵니다. 삼가 집안을 다스리지 못한 죄를 받자와 영상의 자리에서 물러나고자 하오니 윤허하여 주옵소서."

상소를 받은 숙종은 석연치 않았지만, 영의정의 상소이고 보니 더이상 캐묻지 않았다.

남인은 남구만을 그냥 둘 수 없었다.

"전하, 남구만이 일을 지어내어 성총을 흐리게 하고 죄 없는 사람을 벌주자고 하였습니다. 남구만을 절도로 원배하심이 옳은 줄로 아옵니다."

숙종이 벌을 내리지 않을 수 없었다.

"남구만을 거제도로 보내라."

"전하, 거제도는 죄인 송시열이 귀양 가 있는 곳입니다. 결합이 있을까 두렵사옵니다. 남해도로 원배하심이 가할까 하옵니다."

거꾸로 남구만이 죄를 뒤집어쓰고 남해도로 귀양 가서 가시울타리에 갇혔다.

남구만은 1년 동안 남해에서 귀양살이를 했다. 어디에서 귀양살이를 했는지는 알려져 있지 않다. 그러나 남해 망운산과 금산에 올라 시를 지어 귀양살이의 흔적을 남기고 있다.

영의정 허적의 집에서 큰잔치가 벌어졌다. 잔치는 허적이 임금으로부터 궤장(조정에서 일흔이 넘은 대신에게 내리는 안석案席과 지팡이)을 받았고, 또 죽은 할아버지가 시호를 받은 것을 축하하는 잔치였다. 문무백관이 이 잔치에 참석했고 군사가 호위를 선 모습이 마치 궁궐의 잔치를 방불케 했다.

때가 봄이었는데 마침 이날 봄비가 몹시 내렸다. 숙종은 궁중의 기름천막을 허적의 집에 보내라고 명했다. 명을 받은 내관이 대답했다.

"기름천막은 이미 허 정승의 집에서 가져갔습니다."

"한명회도 감히 이런 짓은 못했다."

숙종이 크게 화를 내며 내관을 변장시켜 누가 연회에 참석했는지를 염탐케 했다.

"남인들은 빠짐없이 참석했고, 서인으로는 김만기를 비롯한 몇몇뿐이었습니다."

표정이 굳어진 숙종은 급히 김만기를 불러들였다. 패초(긴급 호출패)를 받은 김만기가 일어서자 잔치판은 일순간 파장이 되었다.

그날로 숙종은 남인이 가지고 있던 병권(훈련대장)을 빼앗아 장인 김만기에게 넘겨주었다. 이어서 송시열을 사면하고, 허견과 윤휴를 탄핵하다가 남해에 귀양 가 있던 남구만을 도승지로 불러들였다.

서인이 돌아왔고 남인은 도마 위의 물고기 신세가 되었다. 김익훈은 남인에 대해 강경 처벌을 주장했다. 그러자 서인의 젊은 선비들은 오히려 공작정치가 김익훈을 처벌해야 한다고 했다. 서인의 영수 송시열이 김익훈을 편들면서 서인은 노론과 소론 두 파로 갈라지게 된다. 노론에 속하는 사람으로는 송시열, 김만기, 김만중, 김석주, 김수항 들로 이들은 대개 조선 예학의 태두 김장생의 제자이거나 척신들이었다. 소론에 속하는 사람으로는 윤증, 박세채, 박태보, 남구만 들로 진보 성향의 인물들이었다. 노론은 권력에 대한 집착이 매우 강한 보수파였으며, 소론은 척신 배척, 당색 타파를 주장하는 개혁파였다. 노론은 남인을 대대적으로 숙청하여 씨를 말리자는 강경파였고, 소론은 죄 없는 사람까지 죽여서야 되겠느냐는 온건파였다. 강경파 노론이 득세함에 따라 남인은 떼죽음을 당했다.

허견은 병조판서 김석주와 어영대장 김익훈의 정치공작으로 능지처참을 당했다. 죄명은 이른바 '삼복의 변'이었다. 삼복의 변은 삼복더위에 변이 일어났다는 뜻이 아니라 허견이 인평대군(효종의 동생)의 세 아들 복창군福昌君, 복선군福善君, 복평군福平君과 더불어 역모를 꾀하다가 난리가 났다는 뜻이다.

허적은 뚜렷한 죄가 없어 풀려나는 듯했으나 김만중의 탄핵을 받아 사약을 받았다. 개망나니 자식을 둔 것이 그의 죄였다.

소나무를 베었던 윤휴는 사약을 받았다. 임금 앞에서 얼굴을 붉혔다는 것이 실록에 기록된 윤휴의 죄였다. 사실상 윤휴의 죄는 사문난적斯文亂賊이었다. 당시 학문의 주류는 주자학이었고 윤휴는 반주자학자였다.

"경전의 오묘한 뜻을 주자만 알고, 우리는 어찌 모른단 말인가" 하며 윤휴는 경전을 독창적으로 해석했다. 이에 송시열은 "왕양명이 주자에 불손하였다 하더라도 윤휴보다는 덜하였다" 하며 윤휴를 '사문(성리학)에 맞서는 도적'으로 몰았다. 주자에 맞서고 송시열에 맞선 것이 윤휴의 죄였다.

우의정 권대운은 판중추부사로 밀려났다가 노론의 집요한 탄핵 끝에 영해로 귀양을 갔다.

기사환국

두 번째 환국인 기사환국은 숙종 15년(1689년)에 일어났다. 이는 쫓겨났던 남인이 정계로 돌아오고 서인이 화를 당한 사건이었다.

남인에게 기사환국이라는 행운을 가져다준 사람은 장 희빈이었다. 장 희빈의 본디 이름은 장옥정이다. 장옥정은 어릴 적부터 자태가 빼어나고 성취에 대한 야망이 강했다. 허나 타고난 신분이 미천하여 그녀에게는 앞날이 없었다. 아버지는 일찍 죽었고, 어머니는 조사석 대감 집의 하인이었다. 그리하여 장옥정은 궁녀가 되기로 마음먹었다.

장옥정의 어미가 상전으로 모시고 있던 조사석 대감에게 연줄을 넣었고, 조사석이 대왕대비 조씨에게 연줄을 넣었다. 대왕대비 조씨는 인조 임금의 계비이고, 숙종 임금에게는 할머니가 된다. 조사석이 그런 조 대비에게 연줄을 넣을 수 있었던 것은 조 대비가 그에게 재종누나가 되었기 때문이다. 그리하여 장옥정은 소원대로 궁녀가 되었다.

숙종이 할머니인 대왕대비 조씨의 궁전을 드나들다가 장옥정을 보았다. 이 무렵 숙종은 왕비인 인경황후가 죽어 몹시 외로운 처지였다. 한눈에 숙종은 장옥정에게 빠져들었다. 정이 깊어지자 숙종은 장옥정을 별궁에 따로 거처하게 하고 자주 드나들었다.

서인들로서는 거슬리는 일이었다. 당시 서인의 당훈은 '숭용산림崇用山林'과 '국혼물실國婚勿失'이었다. 산림(재야)의 학자를 후대하고, 국혼(왕이나 세자의 혼사)은 우리 당에서 도맡는다는 것이다. 곧 권력의 변두리는 다른 당에 허용하겠지만 실권은 서인이 독점하겠다는 당의 정책이었다. 숙종의 첫째 부인 인경왕후가 서인 김만기의 딸이었고, 인현왕후가 서인 민유중의 딸이었다. 그리고 숙종의 어머니 명성왕후 김 대비 또한 서인의 공작정치가 김석주의 고모였다.

숙종의 어머니인 김 대비는 숙종의 혼사를 서두르고, 서인의 거두 송시열, 김석주, 김만기가 임금을 배알하기를 청했다.

"전하, 마침 병조판서 민유중의 여식이 대비전을 통하여 천거되었사옵니다. 간택 절차를 파하시고 이 자리에서 윤허하여 주옵소서."

상감으로서는 어이가 없는 일이었다. 간택 절차를 파하고 이 자리에서 임금의 혼사를 결정하라니. 간택 절차를 무시하고 왕비가 된 이가 바로 열다섯 살의 인현왕후였다. 계비 인현왕후 민 씨는 숙종의 사랑을 받지 못했다.

숙종은 정치적으로 맺어진 민씨를 꺼렸다. 규범적인 태도가 몸에 밴 양반가의 여성에게 매력을 느끼지 못했던 것이다. 오히려 민비와는 전혀 다른 분위기의 장옥정에 더 끌렸다. 어쩌면 자신을 억압하는 무리들에 대한 반감으로 장옥정을 더 가까이했는지도 모른다. 왕의 장옥정에 대한 총애는 점점 깊어지고, 그 사랑에 비례하여 품계도 올라갔다. 잔심부름을 하는 궁녀에서 내명부 종4품인 숙원이 되고, 숙원에서 다시 종1품 귀인이 되었다.

서인들은 불안해지기 시작했다. 장 귀인의 오라비 장희재가 남인에 줄을 대는 사람이 아닌가. 장 귀인이 장차 아들이라도 낳게 되면? 걱정스런 일이었다. 숙종은 아직 슬하에 아들이 없었다.

다음 해 숙종은 이조판서 조사석에게 우의정 벼슬을 내렸다. 파격적인 인사였다. 서인들은 이제 두려움을 느끼기 시작했다. 후궁 장 씨를 궁궐에 밀어넣은 사람이 바로 조사석이 아닌가. 서인은 이상한 소문을 만들어 세상에 흘렸다.

"조사석이 사사로이 궁녀 장 씨에게 연줄을 넣어 정승이 되었다."

조사석은 소문 때문에 벼슬에 나아가지 못했다. 이를 두고 대제학 김만중이 경연 자리에서 임금에게 아뢰었다.

"조사석이 소문 때문에 벼슬에 나아가지 못합니다."

"소문이라니?"

"우의정이 된 것은 장 귀인 때문이라고 세상 사람들이 말합니다. 오직 전하만 모르고 계십니다."

숙종의 수염이 부르르 떨렸다.

"후궁과의 인연으로 우의정을 임명했다면 내가 뇌물을 받았단 말이냐?"

김만중을 하옥시켰다가 평안도 선천으로 귀양 보냈다.

이런 가운데 숙종 14년 겨울, 장 귀인이 아들을 낳았다. 숙종이 왕위에 오른 지 14년 만인, 나이 서른에 첫아들을 보았던 것이다.

숙종은 자식 복이 없었다. 첫째 왕비인 인경왕후 김씨에게서 딸만 셋 낳다. 그러나 숙종이 바라던 아들은 결국 낳지 못하고 스무 살의 나이로 죽었으며, 그 세 딸마저도 얼마 살지 못하고 모두 죽었다. 계비인 인현왕후 민씨에게서도 아들을 얻지 못했다. 아들은커녕 딸도 낳지 못했다. 민비는 서른네 살로 죽는 날까지 아이를 하나도 낳지 못했다.

그러니 숙종의 기쁨은 이루 헤아릴 수 없었다. 두 달 뒤, 숙종 임금은 대신들을 불러 모았다. 장 귀인이 낳은 아들에게 원자 정호를 내리기 위해서였다. 원자 정호를 내리면 아기는 왕실의 종통을 이어받는 장자가 되고 머지않아 세자가 될 것이었다.

"오늘 왕자에게 이름을 내려 사직에 고하려 하오. 반대하는 자가 있다면 벼슬을 그만두고 물러가시오."

숙종은 왕자에게 '윤昀'이라는 이름으로 원자에 봉하고 종묘사직에 고했다. 아울러 장귀인은 내명부 정1품 빈에 봉해 장 희빈이라 했다.

원자의 이름을 내린 지 보름 뒤, 산림의 영수 송시열이 침묵을 깨고 나왔다. 이때 송시열의 나이 여든하나, 조정이 받드는 '봉조하(奉朝賀, 종2품 이상의 퇴직관리에게 내린 명예벼슬. 종신토록 녹봉祿俸을 받으며, 국가의 의식이 있을 때 조복朝服을 입고 참여한다)'였다.

"전하, 송나라의 신종이 후궁에서 일찍이 소생을 얻었으나 여유를 두었다가 훗날 태자(철종)로 책봉한 고사를 거울로 삼아야 합니다. 훗날 정궁(인현왕후)에서 왕자를 낳으셨을 때의 일을 염려해야 하옵니다."

아직 인현왕후 민비 나이 스물둘, 앞으로 왕자를 낳을 수 있으니 서둘지 말라는 말이었다. 또한 후궁 장 희빈에게서 난 아들로 대통을 이을 수 없다는 말이었다.

숙종은 진노했다. 이미 원자의 정호를 내리고 종묘사직에까지 고한 일을 두고 송시열이 다시 들고 일어나다니, 임금을 우습게 알지 않는가.

"산림의 우두머리가 일어나니 장차 그 수하들이 송사리 떼처럼 따르겠구나. 관을 벗기고 문밖으로 내쫓아라."

송시열은 제주도로 위리안치(죄인이 배소에서 달아나지 못하도록 가시로 울타리를 만들고 그 안에 가두어 둠)되었다.

숙종은 영해에 귀양 갔던 권대운을 영의정으로 불러들이고 민암, 목창명, 류명현 등 남인들을 불러들여 요직에 앉혔다. 서인에게 된서리가 내리기 시작했다.

가장 먼저 김익훈이 잡혀와 매를 맞아 죽었다.

영의정 김수항은 진도로 귀양 갔다가 사약을 받았다.

병조판서 이사명도 사약을 받았다. 이사명은 이이명의 친형이다.

판중추부사 남구만은 강릉으로 귀양을 갔다.

대제학 김만중은 선천에서 잠시 풀려났다가 남해도로 다시 위리안치되었다. 3년 동안 가시울타리 안에 갇혀 살다가 귀양지에서 죽었다.

사헌부 지평 심권은 송시열을 따른 죄로 남해도에서 6년 동안 귀양살이를 했다.

홍문관 부교리 이미명은 유언비어를 퍼뜨린 죄로 남해도에서 6년 동안 귀양살이를 했다.

양주목사 이이명은 경북 영해로 유배되었다. 송시열을 따른 죄였다. 영해에서 두 해 동안 귀양살이를 하고, 귀양지를 옮겨 남해도에서 3년 귀양살이를 했다.

다음 해 송시열은 국문을 받기 위해 제주도에서 한양으로 오던 도중 정읍에서 사약을 받았다. 그의 나이 여든셋이었다.

한편 인현왕후는 서민이 되어 궁궐에서 쫓겨났다. 남인의 세상이 되었는데 서인이 뽑은 민비를 그 자리에 둘 수 없었다. 민비가 미우니 서인이 밉고, 서인이 미우니 민비도 미운 것이다. 숙종은 민비 폐출을 고한 지 열흘 만에 장 희빈을 왕비로 책봉해 종묘에 고했다.

갑술환국

세 번째 환국인 갑술환국은 숙종 20년(1694년)에 일어났다. 이는 기사환국이 일어난 지 겨우 5년 만에 일어난 사건이었다. 남인의 세상이 끝나고 다시 서인(노론과 소론)의 세상이 돌아온 사건이었다.

남인의 지나친 욕심이 화를 불러일으켰다. 나아가 취했으면 물러설 줄 알아야 하는데, 남인에게는 물러서는 미덕이 없었다. 남인은 기사환국으로 살아남은 서인을 싹쓸이할 궁리를 냈다.

"김춘택이 무리를 모으고 있습니다. 환관과 외척가에 뇌물을 써서 궁궐을 탐문하고 있습니다."

노론 김춘택이 환국을 도모하고 있다고 남인이 고변을 넣은 것이다. 김춘택은 김만기의 손자로 인경왕후의 조카 되는 사람이다. 그런 배경으로 김춘택은 궁중에 연줄을 넣어서 일찍이 숙원 최 씨를 서인 편으로 끌어들였으며, 남인들에게 원한을 가진 공주들도 포섭했다. 심지어는 장 희빈의 오빠 장희재의 처와 간통하여 장 씨 집안과 궁중의 기밀을 몰래 빼내기까지 했다. 한마디로 김춘택은 정치공작의 달인이었다.

숙종은 고변이 심상찮음을 느끼고 국청을 열라고 명했다. 이때 영의정 권대운, 우의정 민암, 병조판서 목창명, 모두 남인들이 국청을 맡았다. 서인들의 운명이 물 마른 늪의 붕어 신세였다.

이때 서인들은 이판사판으로 역고변을 넣었다.

"우의정 민암과 병조판서 목창명이 역모를 꾸미고 있습니다. 그리고 장희재가 최 숙원의 생일날에 독이 든 음식을 넣어 최 숙원을 독살하고자 하였습니다."

최 숙원은 무수리 출신의 궁녀로 훗날 영조를 낳은 여인이다.

이 무렵 숙종은 왕비 장씨와 남인에게 염증을 느끼고 있었다. 장씨의 교만이 도를 넘었으며 내명부에서 말썽이 끊이지 않았다. 남인은 탁남 청남으로 나뉘어 싸웠으며 장희재는 권력남용으로 만인의 지탄을 받았다. 그리고 숙종은 새로운 미인(최 숙원)에게 흠뻑 빠져 있었다. 궁중에 다양한 정보통을 가진 서인은 이를 간파하고 죽기 살기로 역고변을 넣은 것이다.

서인들의 역고변은 어이없는 고변이었다. 영의정 권대운은 비웃으며 역고변자를 잡아넣어버렸다. 서인들이 도륙 날 순간이었다.

숙종이 최 숙원을 불러 물었다.

"사실이냐?"

"사실이옵니다."

최 숙원이 누구를 위해 아니라고 말하겠는가. 최 숙원은 왕비 장씨에게 갚아야 할 빚이 있었다.

왕비 장씨는 한때 미천한 궁녀였고, 최 숙원은 인현왕후의 무수리였다. 장씨, 최씨로서 두 사람은 궐 안을 오다가다 얼굴을 익힌 사이일 수도 있고, 앞날이 캄캄한 미천한 궁녀로서 어쩌면 함께 신세타령을 하는 벗 사이였을지도 모른다. 무수리 최씨는 궁녀 장씨가 숙원, 숙의를 거쳐 정1품 '빈'이 되는 과정을 지켜보았다.

어느 날 최씨가 홀로 등불을 환히 밝혀놓고 쫓겨난 인현왕후의 환궁을 빌다가 그만 숙종에게 들켜버리고 말았다. 숙종은 최씨를 벌하기는커녕 최씨와 하룻밤 잠을 자는 성은을 내렸다. 이 사실을 안 장 희빈은 최씨를 밧줄로 묶어놓고 심한 매질을 했다.

역고변이 있을 무렵 최씨는 이제 무수리가 아니라 임금의 하해와 같은 성총을 받는 종4품 숙원이었다. 최 숙원에게 있어 장 희빈은 이제 넘보지 못할 지존이 아니라 넘어서야 할 라이벌이었다. 장 희빈이 미천한 궁녀에서 '빈'이 되고 '비'가 되지 않았던가. 나라고 해서 그렇게 되지 말란 법이 있는가. 최 숙원에게 역고변 사건은 기회였던 것이다.

역고변이 있고 이틀 뒤, 숙종은 밤늦게 승정원에 비망기(명령서)를 내렸다.

"임금을 우롱하고 대신을 함부로 죽이는 모습이 통탄스럽다. 국청에 참여했던 대신들을 모두 삭탈관직하고 문밖으로 내치라. 민암과 금부당상을 외딴 섬으로 내치라!"

숙종의 갑작스런 변덕으로 남인은 날벼락을 맞았다. 반면 서인에게는 역고변이 기적을 일으켰다. 숙종은 귀양 갔던 서인들을 불러들였다.

강릉에 귀양 가 있던 남구만이 돌아와 영의정이 되었다. 남해도에 귀양 가 있던 심권은 수찬으로 등용되었다. 후에 병조참의를 하다가 전라도 관찰사가 되었다. 남해도에 귀양 가 있던 이이명은 이조좌랑으로 등용되었다가 후에 대사간이 되었다. 남해도에 귀양 가 있던 이미명은 호조참의로 등용되었다.

반면 남인들이 쫓겨나기 시작했다. 남인의 우두머리 우의정 민암은 목이 달아났다. 영의정 권대운은 벼슬이 떨어지고 남해도로 귀양을 갔다. 이듬해 여든의 고령이라 풀려나 고향으로 돌아갔다. 비록 당쟁에 휘말리기는 했으나 생활이 검소하고 청렴한 탓으로 천수를 누리고 죽었다. 산 햇수가 여든일곱이었다.

의금부의 우두머리 판의금부사 류명현 또한 벼슬이 떨어지고 남해도로 귀양을 갔다. 장희재와 짜고 인현왕후를 해치려고 한 것이 그의 죄였다. 2년 동안 귀양살이를 하다가 남해도에서 죽었다. 사약으로 죽거나 매 맞아 죽은 사람이 십수 인이었고, 70여 명이 귀양을 갔다.

한편 숙종은 왕비 장 씨를 희빈으로 강등시켜 별궁에 내치고 인현왕후를 궁중으로 불러들였다. 남인의 세상이 끝나고 서인의 세상이 되었으니, 남인의 왕비가 쫓겨나고 서인의 왕비가 곤위에 앉은 것이다. 인현왕후는 새로 곤위에 오른 지 7년 만에 죽었다. 서인들의 당훈 '국혼물실'에 의해 밀어넣기로 궁궐에 시집갔다가 슬하에 아들딸 하나 낳지 못하고 죽었다.

김춘택이 민비의 요절은 장 희빈의 저주 때문이라고 상소를 올렸다. 여기에 숙원 최 씨가 장단을 맞추었다.

"희빈 장 씨가 남 몰래 신당을 설치하고 종년 둘과 더불어 매일 중전이 죽기를 빌었습니다."

숙종은 제주도에 위리안치되어 있는 장희재를 먼저 목 졸라 죽이고, 이어 장 희빈에게 사약을 내렸다.

민비와 장 희빈은 같은 해에 죽었다. 태어난 곳 태어난 때는 다르되, 같은 곳에서 같은 해에 죽었다. 한 여인은 독수공방에 말라 죽었고, 한 여인은 사약을 마시고 죽었다. 한 여인은 서인의 줄로 궁궐에 들어가고, 한 여인은 남인의 줄로 궁궐에 들어갔다. 당이 흥함에 따라 함께 흥했다가 당이 몰락함에 따라 함께 쇠했다. 귀한 자리에 살았던 여인들의 비극적 삶이었다.

숙종은 쉰아홉에 죽었다. 임금 자리에 있었던 햇수가 46년이다. 세 차례의 환국을 실시하여 수백 명을 죽이거나 귀양 보냈다. 숙종은 감정 기복이 심하고 심성이 사나웠다. 그로 인해 많은 당쟁이 야기되었고 많은 정치인이 수난을 당했다. 그러나 탁월한 정치 수완으로 신권을 누르고 강력한 왕권을 창출했다. 그리하여 민생이 안정되었고, 나라가 태평스러웠다.

"조선은 당파 싸움으로 망했다."

나라잃은시대 식민사관에서 나온 학설이고 광복 후 앵무새 학자들에 의해 되뇌어진 학설이다. 굳이 학설이랄 것도 없다. 학자가 아닌 학생이라도 그런 정도 말은 할 수 있다. 붕당은 선조 때 동인-서인으로 시작된다. 동인은 남인-북인으로 나뉘고, 서인은 노론-소론으로 나뉘고, 다시 시파-벽파로 재편성되고, 19세기 순조 때 이르러 비로소 막을 내린다. 그동안 임진왜란, 병자호란, 이인좌의 난 등으로 나라가 몹시 어지러웠다.

그리하여 예부터 붕당론이 제기되어 왔다. 다음은 송나라 때 문인이자 정치가였던 구양수의 붕당론이다.

소인은 붕당이 없고, 군자만 붕당이 있다.
소인은 이利로써 붕당을 만들기 때문에 이익이 다하면 저절로 없어지고,
군자는 도道로써 붕당을 만들기 때문에 시작과 끝이 한결같다.

소인당은 저절로 죽고 군자당은 살아남는다는 말이다. 그렇다면 선조-순조에 이르는 약 300년 동안 생기고 사라진 붕당은 소인당인가 군자당인가? 일찍이 사라진 동인, 북인은 소인당이고 갈 데까지 간 서인, 노론은 군자당인가?

다음은 이익의 붕당론이다.

말이 불손하다 하여 싸우고, 얼굴빛이 공손하지 못하다 하여 싸우나, 붕당은 다만 밥그릇 싸움일 뿐이다.

붕당은 한마디로 밥그릇 싸움이라는 것이다. 조선시대 500개에 지나지 않았던 문관의 관직이 그 실질적인 증거다. 곧 도道는 빛 좋은 개살구이고, 이利가 실질이라는 것이다. 그렇다면 소인당도 없고 군자당도 없다는 말이다.

그러니까 붕당은 늘 문제일 수도 있고, 아닐 수도 있는 것이다. 문제는 권력의 중심에 있는 왕이다. 선조, 인조 때는 국난의 시대였고 숙종, 영조, 정조 때는 태평시대였다. 곧 군주의 역량이 어떠한가에 따라 붕당은 문제가 될 수도 있고, 되지 않을 수도 있는 것이다. 이것이 왕정 내지 군주정의 한계다. 그런 가운데서도 숙종은 '환국'이라는 권력 조정을 통해 붕당을 잘 다뤄 나라를 편안케 했던 것이다. 가히 숙종은 정치의 달인이라 할 만하다.

오히려 붕당정치가 끝남으로써 나라가 위태로웠다. 1800년 정조가 죽고 어린 순조가 즉위하면서 시파와 벽파가 극심한 권력투쟁을 벌인다. 순조의 장인이자 시파의 영수 김조순이 실권을 잡고 벽파를 싹쓸이하면서 붕당정치가 막을 내리고 세도정치가 시작되었다. 순조 때의 안동 김씨, 헌종 때의 풍양 조씨, 철종 때의 안동 김씨, 일당 독재 세도정치가 계속되면서 나라가 혼란스러웠다. 민란이 끊이지 않았고, 나아가서는 망국으로 치달았다. 붕당보다 일당 독재가 더 위험한 것이다.

남해 향교

새벽 일찍 눈을 떴다. 오늘은 향교 가는 날이다. 머리가 무겁다. 처음 학교 갈 때도 무척 머리가 무거웠었다. 왜 배우는 곳이 사람의 머리를 무겁게 만들까?

향교는 옛날 학교다. 옛날 학교에는 서당, 서원, 향교, 성균관이 있었다. 요새로 치면 서당은 사립초등학교, 서원은 사립중등학교, 향교는 공립중등학교, 성균관은 국립대학에 해당한다. 지역에 따라 향교도 대학으로 볼 수 있을 것이다. 향교가 그 지역의 학문 중심, 문화 중심이었으니. 그러니 유배를 오는 사대부들이 향교에 들르는 것은 자연스러운 일이었을 것이다.

향교에 가면 양반다리를 개고 앉아서 먼저 몇 가지 테스트를 받는다.

"본관은?"

"무슨 공파 몇 대 손인가?"

"가훈은?"

이거 제대로 대답 못하면 한천한 사람이 된다.

　새벽, 아직 문을 연 밥집이 없다. 어슬렁어슬렁 읍내를 걷다보니 정자나무 숲에 이르렀다. 앞에 큰 집은 관청인 듯하고, 주변에 작은 집들은 여염집들이다. 관청과 여염집 사이로 큰 돌담이 하나 있다. 고색이 창연한 것은 아니지만 척 보아도 돌담은 성벽이다. 아마도 이곳은 옛날 남해읍성이리라.

　무너진 돌을 딛고 돌담을 기어올랐다. 옆에서 보는 것만으로는 성에 차지 않는다. 뒷짐을 지고 성벽을 걸었다. 지그시 눈을 감고 냄새를 맡았다. 돌담에는 아직도 옛날 냄새가 배어 있다.

　"거 뭐하는 사람이요?"

　맞은편 여염집에서 할머니가 나오며 소리를 질렀다.

　"아, 아무것도 아닙니다."

　"내려오소!"

　남들은 잘도 올라가는데 나는 돌담조차 오르기 어렵구나.

　아침을 먹고 출타 준비를 했다. 수염을 기르는 것이 예법이었지만 요새는 말끔히 깎는 것이 예법이다. 도포를 입고 갓을 쓰는 것이 예법이지만 긴 바지로 대신했다. 의관을 정제한 후 말을 타고 여사를 나섰다. 남해문화원에 잠시 들렀다가 말을 봉강산 기슭으로 몰았다. 봉강산 자락 끝 양지 바른 곳에 남해향교가 있다.

바깥에 자전거를 세워놓고 안으로 들어갔다. 두 노인이 대청마루에서 선풍기를 틀어놓고 글을 쓰고 있다. 나는 정중히 절을 올리고 어디서 온 아무개라고 소개를 올렸다. "저 어른은 교장으로 정년퇴직을 했다네" 하고 옆 노인이 소개를 한다.

"그래 어떻게 왔는고?"

"예, 옛날 여기 귀양 온 사람들에 대해서 알려고 왔습니다."

"문화원에 가면 잘 알 낀데…."

"예, 문화원에 들렀다가 오는 길입니다."

잠시 멈추었다가 계속 글을 쓴다.

"김만중이 귀양 살다가 여기에서 책을 빌려갔다는 이야기가 있습니다만…."

"아, 그런 일이 있었던가…."

안경을 내렸다가 다시 글을 쓴다.

김만중이 귀양살이할 때 이 남해향교에서 《주자어류》 전질을 빌려다 읽었다. 날마다 완독했다가 뒤에 그 요점을 정리하여 《주자찬요》라는 책을 엮었다는 기록이 《서포연보》에 전한다. 옛날 향교는 공립도서관 역할까지 한 것이다.

"경안군이 남해에 귀양을 왔다고 들었습니다만."

대성 공자를 모신 남해 향교의 대성전. "공자가 죽어야 나라가 산다"고 할 정도로 아직도 공자는 우리의 삶 속에 강력한 영향력을 가지고 있다.

"..."

명륜당을 나와 대성전을 한 바퀴 돌고 동재에서 서재를 보면서 밖으로 나왔다.

유가는 차림새를 중요하게 여긴다. 불가나 도가와는 달리 유가는 형식을 중요시한다. 곧 유가는 형식주의다. 〈예기禮記〉에 "울음에도 법도가 있다"고 했다.

지리산 산천재의 남명이 평소 검소했다. 하루는 거친 베옷에 꾸미지 않은 말을 타고 들에 나갔다. 장사꾼과 서로 길을 비키라고 다투다가 장사꾼이 남명을 밀어 말 아래로 떨어뜨리고 욕지거리를 하고 갔다.

"사군자士君子가 옷차림이 허술하니 장사하는 놈에게도 업신여김을 당하는구나."

그 뒤부터는 화려한 옷과 말에 수행 종까지 화려한 치장을 했다.

"사군자는 외모 꾸미기에 응당 이와 같이 하여야 하느니."

그 뒤 진주 인근의 양반들 사회에서는 화려한 옷을 입는 풍속이 생겼다고 한다.

지금 세상 또한 명품에 목을 매는 세상이라지만 차림새가 문제인 것은 아닐 테고. 내 질문에 문제가 있을 것이다. 향교와 유배? 아무래도 관계를 맺기가 어렵다. 향교 하면, 예법이다. 주자가례, 관혼상제가 바른 물음이다. 하다 못해 제사상에 밤, 대추 놓는 법이라도 물어야 바른 물음이다.

경안군은 소현세자의 아들이자 인조의 손자였다. 장차 소현세자가 왕이 되면 대군이 되거나 세자가 될 수도 있는 귀하신 몸이었다. 왕손이 어떻게 이곳 남해로 귀양을 왔을까?

1636년(인조 14년) 병자호란이 일어났다. 인조는 무모한 전쟁을 벌이다가 한강의 삼전도에서 청 태종 앞에 무릎을 꿇었고, 소현세자와 봉림대군이 청나라에 볼모로 잡혀갔다. 소현세자는 9년 동안 심양에 있으면서 갖은 고초를 겪었다. 동시에 명나라가 청나라에 멸망하는 모습을 목격하고 현실에 대한 새로운 인식도 가지게 되었다. 청나라가 더이상 야만국이 아니고, 조선이 신봉하는 성리학이 시대에 뒤진 사상이라는 것도 알았다. 그리하여 청과 조선 사이의 관계를 원만히 하려고 애썼으며, 서양의 신문물에 관심을 가졌다.

인조는 이러한 소현세자가 의심스럽고 두려웠다. 청나라를 등에 업고 자신을 내쫓지 않을까, 고려 말 원나라에 볼모로 잡혀갔던 세자들처럼. 인조는 청 황제의 신임을 받고, 신문물에 눈을 뜬 소현세자를 아들이 아닌 정치적 경쟁자로 보았다.

1645년(인조 23년) 소현세자가 볼모 생활을 끝내고 조선으로 돌아왔다. 소현세자는 지구본, 천주상, 서양 서적과 청 황제로부터 선물 받은 벼루를 기쁜 마음으로 아버지 인조 앞에 내놓았다. 심기가 불편한 인조는 벼루를 소현세자에게 집어던졌다. 야사에는 소현세자가 벼루에 맞아 죽었다고 전하기도 한다.

실록에서는 소현세자가 병사한 것으로 기록되어 있다. 소현세자가 여독으로 아파서 드러눕자 인조가 어의를 보냈다. 며칠 뒤 소현세자가 죽었다. 일곱 개의 구멍에서 피가 나왔으며, 온몸에 푸른 반점이 있었다. 병사가 아니라 독살된 것이다.

인조는 세자빈에게도 강한 적개심을 가지고 있었다. 인조의 수라상에 독을 넣었다는 죄를 씌워 사약을 내렸다. 소현세자의 세 아들도 제주도로 귀양보냈다. 세 아들 가운데 첫째, 둘째는 귀양지에서 의문의 죽음을 당했고, 셋째 경안군만 겨우 살아남았다.

인조실록에 기록된 이야기다. 실록은 왕의 사후에 기록된다. 사관이 사실을 사초에 몰래 기록해두었다가 왕이 죽은 뒤에 실록에 싣는다. 만약 사초가 인조 생전에 발견되었더라면 사관은 매 맞아 죽었을 것이다.

소현세자의 아우 봉림대군이 왕이 되니 효종이었다. 한 신하가 경안군을 풀어주어야 한다는 상소를 올렸다가 매 맞아 죽었다. 그 뒤 효종이 명을 내렸다.

"경안군을 잘 돌봐주어라."

경안군 회는 제주도에서 이곳 남해도를 거쳐서 강화도로 옮겨졌다. 강화도에서 한 5년 귀양살이를 하다가 한양으로 돌아가 바람 앞의 등불같이 살다가 스물둘 나이에 죽었다.

향교 바깥 우물가에 동네 할머니들이 우스개를 하며 앉았다. 아직도 남아 있는 옛날 우물가의 수다이리라. 그러나 우물가에 물을 길러 온 것 같지는 않다. 향교에서 넘어오는 단풍나무 그늘을 받기 위해서다. 나는 할머니들 옆에 슬그머니 앉았다. 이 우물이 원래 향교 안에 있었다고 한다.

"물 한번 길어 묵을라 카모 생식겁을 했다 아이가!"

할머니들이 소녀처럼 까르르 웃으며 말했다. 샌님들이 성현을 모시고 예법을 논하는 향교 안에 아낙네들이 치맛자락을 흔들며 드나들었으니 그 꼴시가 오죽했겠는가. 그리하여 담장 너머에 새 우물을 팠다고 했다. 한 할머니가 영감쟁이 밥 챙겨줘야 한다며 일어섰다.

"이 불쌍한 할망구야. 지가 챙겨 묵구로 놔둬라."

다른 할머니들이 깔깔대며 놀렸다.

다정리 고인돌

8월 8일, 오늘은 고생하는 날이다. 여사에서 두 밤을 잔 것으로 편안한 날도 끝나고 읍내 구경도 끝났다. 장어국으로 아침을 든든히 먹고 남쪽을 향해 말을 몰았다. 오늘의 목적지는 남면에 있는 용문사다.

지나가는 길에 이동면의 다정리 삼층석탑과 지석묘를 구경하고, 삼동면의 난곡사에 들른다. 아침부터 해가 사람을 죄기 시작한다. 밀짚모자가 날아가지 않도록 끈을 단단히 죄고는 페달을 힘껏 밟았다. 아침나절에 길을 줄여 놓아야 점심나절 느티나무 그늘에서 낮잠이라도 한숨 당길 수 있다.

읍내에서 이동면 다정리까지, 30분 만에 가뿐히 해치웠다. 등이 촉촉이

젖었다. 한 다리를 땅에 디딘 채, 주먹으로 허벅지를 툭툭 치며 뭉친 근육을 풀었다. 삼층석탑이 퍼뜩 눈에 띄지 않는다. 자전거를 끌고 논에 물을 대는 사람처럼 논배미를 어슬렁거렸다. 분명히 지도에는 논배미 위에 삼층석탑이 그려져 있는데…. '금석마을'이라 새겨진 이정표 아래에 자전거를 세워놓고 지나는 사람을 기다렸다. 한더위라 개미 새끼 한 마리도 얼씬대지 않는다. 이 때 개미새끼 한 마리가 허벅지를 기어오른다. 딱 쳐서 튕겨버렸다. 이윽고 개미만 한 아이 하나가 얼음을 쫄쫄 빨며 지나간다.

"어이, 삼층석탑이 어디 있노?"

"몰라요."

"지석묘가 어디 있노?"

"몰라요."

요 녀석이 도시에서 온 녀석인가? 다시 불러 세웠다.

"애야, 커다란 돌덩어리 어디 있는지 모르니?"

"저 위에 있어요."

이 동네 아이가 맞긴 맞구나. 하, 그런데 요새는 시골아이들도 표준말 쓰네.

탑은 없고 큰 바위들이 논 가운데에 어지러이 널려 있다. 고인돌이다. 헌데 20세기 무덤이 두어 기 섞여 있다. 같은 무덤이긴 하지만 급수가 다른데….

'지석묘'란 말은 식자들이 붙인 말이고, 그냥 입말로 하면 '고인돌'이다. 고인돌이란 말은 고인故人, 곧 옛사람을 묻어 놓은 돌이라고 해석하면 그것은 유식이 병이 되는 사람들의 해석이고, 그냥 돌이 고인 상태로 있다고 해서 고

남방식 지석묘. 바둑판처럼 다리가 짧은 것이 특징, 영호남에 많이 남아 있다.

아름다운 백일홍과 고색창연한 지석묘가 잘 어울린다. 하지만 백일홍이 모시는 주인은 따로 있다

인돌일 뿐이다.

상대적 개념으로 선돌이 있다. 유식한 말로 '입석'이다. 누워 있는 돌이 있으니 서 있는 돌도 있는 것이다. 우리나라에도 조금 있지만 영국의 스톤헨지, 이스트 섬의 돌하르방이 유명한 선돌이다. 고인돌, 선돌 모두 선사시대 거석문화의 유적이다.

느티나무 그늘에 자전거를 세워 놓고 등걸에 기대었다. 아침부터 쫙쫙 죄는구나. 밀짚모자를 벗어서 배로 등짝으로 바람을 부쳐 넣었다. 멀리 산기슭으로 또 고인돌이 두어 개 보인다. 내가 앉은 느티나무 뒤쪽에도 하나, 일어섰다. 너머에 또 둘이 있다.

'이야, 여기가 완전히 구석기시대 공동묘지구먼.' 정신없이 사진을 찍는데, 와르르 웃는 소리가 들렸다.

"오데서 왔는기요?"

아줌마들이 떼거리로 밭에서 김을 매고 있다. 남의 동네에 왔으면 인사를 하라는 뜻이다.

"창원서 왔습니다."

"내나(일껏) 여기 사람이네."

"창원 사람이 우째서 여기 사람이고."

자기들끼리 핀잔을 주며 깔깔 웃는다.

"잘랑(보잘 것 없는) 그거는 찍어서 뭐할기요?"

"니는 무슨 그리 무식한 소리를 하노!"

"하모, 저기 지금 연구하는 거 아이가."

깔깔 웃는다.

나는 무릎을 꿇고 고개를 비틀며 조사를 했다. 고인돌 밑이 옴팍 비었다. 나는 고인돌을 툭툭 치며 중얼거렸다. '아, 누군가 오래 전에 도굴을 했구나.' 잡초를 손으로 뜯어내고 머리를 틈새에 처넣었다 뺐다 했다. 아줌마들이 두런두런한다. 나는 신중히 조사를 하고 심각하게 사진을 찍었다. 또 어디에 이런 바위가 있느냐고 아줌마들에게 물어보고는 자리를 떴다. 연구하기 힘들다.

이곳 마을 이름이 금석이다. 고인돌에서 따온 이름일런가? 나중에 알고 보니 먼 옛날 이 마을에 금석金石이라는 부자가 살았다고 해서 붙은 이름이 란다. 사람 이름이라면 금석이 아니고 김석이다. 김석이면 부를 때는 '돌'이라 불렀을 것이니 양반은 아니다. 그 '돌'이 고인돌에서 왔을 것이니, 결국 마을 이름은 저 고인돌에서 온 것이라 봐야겠지.

지도를 들고, 자전거를 타고, 온 들판을 헤매고 다녀도 삼층석탑이 보이지 않는다. 이럴 땐 처음으로 돌아가야 한다. 그것이 유배 정신이다. 빨리 돌아갈수록 좋다. 처음은 한 걸음이 어긋나지만 나중은 천 걸음 어긋나는 것이 인생사 아니던가.

역시 처음이 잘못되었다. 마을 노인으로부터 알게 된 답은 탑골이었다. 금석이 아니라 다천마을 탑골에 삼층탑이 있다고 했다.

억센 다리로 두어 바퀴 굴리니 곧바로 다천마을이다. 이제 탑골만 찾으면 된다. 살에 땀이 늬글늬글 하도록 바퀴를 굴렸으나 다람쥐 쳇바퀴 굴리기로 제자리를 맴돌았다. 이쪽이 탑골 같기도 하고 저쪽이 탑골 같기도 했다. 이제는 물어볼 사람도 없다.

옥수수밭 언덕 아래에서 배낭을 내렸다. 배낭에서 꿉꿉한 냄새가 난다. 여관에서 말리다가 만 빨래에서 나는 냄새였다. 양말, 속옷, 탈탈 털어서 옥수수나무에 걸쳐놓고 언덕에 기대어 누웠다. 땅에서 올라오는 찹찹한 기운이 좋다. 잠이 아른아른 들었다.

꿈결에 탈탈거리는 소리가 났다. 경운기 소리였다. 벌떡 일어나 옷을 걷어 배낭에 쑤셔 넣었다. 앞에서 영감이 운전을 하고 뒤에서 할멈이 흔들흔들 앉았다. 영감은 탱탱탱 장단을 맞추고 할멈은 너울너울 춤추며, 사이좋게 나들이를 나가신다.

내가 제비새끼처럼 입을 쫙쫙 벌려 대자 할아버지가 경운기를 끈다.

"뭐라꼬?"

"탑골예."

"길 따라 쭈우욱 안으로 들어가."

할아버지는 남까지 귀가 먼 줄 아는지 고함을 질러 일러주었다.

"뱀 조심해야 될 낀데."

할머니가 반바지 차림을 보고 말했다.

막대를 하나 주워 툭툭 치며 숲으로 들어갔다. 탑이 얼마나 작은지 발길에 채여서야 겨우 알아봤다. 아이구, 이걸 볼 거라고 한나절을 싸돌아다녔나. 실망스럽기 그지없다. 말로는 삼층이지만, 실제로는 이층밖에 되지 않는다. 한 층은 어떤 놈이 빼먹었나? 기단부는 땅 아래로 꺼져버렸고, 두 개의 탑신과 옥개석만이 상륜부석을 어쭙잖게 떠받치고 있다. 그래도 영검은 있는지

누군가 촛불을 켠 흔적이 있다.

신라 문무왕(7세기) 때, 원효대사가 이곳에 다천사茶川寺를 세우고 탑을 만들었다. 후에 다천사가 망하고 산 너머 용문사가 흥하자, 집 뚜껑은 뜯겨 용문사로 팔려가고 이 탑만 남았다고 한다.

고생에 비해서 얻은 게 없다. 그러나 나는 실망하지 않는다. 때로는 공짜로 먹을 때도 있으니.

냇가를 따라 다천마을로 내려갔다. 아름드리 정자나무들이 우거지고 쉼터가 잘 만들어져 있다. 한 할머니가 낮잠을 자고 있다가 나를 보더니 부스스 일어난다. 절을 꾸뻑 올리고 그늘로 들어갔다. 벌써 12시가 가까워 간다.

반대쪽 구석에서 내가 누울 자세를 취하자, 할머니는 비틀비틀 자리를 떴다. 아따 할매도 참, 시방 나를 남자로 생각하는감. 갈 사람은 가고 잘 사람은 자자. 사지를 쭉 뻗었다. 시골은 어디를 가도 정자나무가 있어 좋다. 이곳 남해는 유난히 정자나무가 많다. 천연기념물로 지정된 나무만도 다섯이고 보호수는 부지기수다.

저 정자나무 좀 보래이, 밑둥이 땅딸막하고 껍질이 울퉁불퉁 튀어나와 꼴불견이다. 그 둘레가 좀 크나, 몇 아름이나 되는 큰 기둥, 그러나 막상 그 속을 들여다보면 구멍이 뻥 뚫렸다. 낮이면 아이들이 숨바꼭질을 할 것이고, 밤이면 짐승들의 잠자리가 되겠지. 벌어진 틈에서 시커먼 진물이 줄줄 흐르고 온갖 벌레들이 붙는다. 참으로 쓸모없는 나무다.

저 나무를 보고 누가 탐을 내어 톱과 도끼를 갖다 대겠는가. 기둥으로 쓰

정자나무는 한결같이 굽었다. 곧은 나무는 젊었을 때 베어졌기 때문이다.

'열 번 찍어 안 넘어가는 나무 없다'는 속담을 신봉하는 사람들은 이 나무에서 교훈을 얻을 수 있을 것이다.

자니 굽었고 판자로 만들자니 속이 비었다. 집을 지을 수도 없고 배를 만들 수도 없는 나무다. 쓸모없는 것이 정자나무가 오래 사는 지혜다.

쓸모 있는 나무는 일찍 베어진다. 소나무는 기둥으로 베어지고, 오동나무는 가구로 베어지고, 버드나무는 젓가락으로 베어지고, 천수를 누리지 못하고 일찍 베어진다.

볼품없이 늙어지면서부터 비로소 정자나무는 쓸모를 드러낸다. 장마가 지면 비를 모으고, 가뭄이 들면 물을 내놓는다. 무더위가 오면 푸른 잎으로 대지를 식히고, 태풍이 불면 부드러운 가지로 거친 바람을 잠재운다. 이것이 장자의 '쓸모없음〔無用〕'의 '쓸모있음〔用〕'이다.

세상에는 일찍부터 재주를 드러내는 사람이 있다. 그 사람은 마치 줄기가 곧고 속이 단단한 나무와 같다. 그런 사람은 일찍 세상으로 나가 곳곳에 쓰임을 받는다. 그러다가 일찍 그 쓸모를 다한다. 여기 귀양 온 사람들은 일찍 쓸모를 드러냈던 사람들이다.

반대로 늙어서 쓸모를 드러내는 사람이 있다. 젊어서는 속이 성기고 겉이 투박하여 세상에 내놓아도 돌아보는 이가 없다. 비바람을 맞으며 긴 세월을 묵으면서 정자나무를 닮아간다. 정자나무를 닮은 사람을 군자라 이른다.

백이정 난곡사

이동중학교가 있는 무렵에서 칼국수를 먹고, 삼거리에서 왼쪽으로 길을 잡아갔다. 그 길은 삼동면 난음리로 가는 길이다. 계속 쉬지 않고 달리면 지족 창선 가는 길, 평평한 평지촌 비자당에서 멈춰 한숨을 돌리고 오른쪽 들판 오르막으로 길을 꺾었다. 낡은 자전거에 짧은 다리에 오르막에 절단 나는 것은 속옷이라, 착 달라붙는 속옷의 촉감이 영 개운찮다.

들판이 끝나가고 마을이 시작되는 곳에 엄청나게 큰 정자나무가 하늘로 솟았는데, 먼 곳에서도 그곳이 난곡사인 줄 알겠다.

백이정을 모신 난곡사 사당. 백이정은 개경에서 온 선진 문화의 전도사였다.

사당 앞 느티나무 그늘에 자전거를 세우고 밀짚모자를 벗었다. 난포바다에서 불어오는 바람이 나뭇잎을 따르르 흔드니, 실룽발룽 매미가 울어댄다. 마당의 큰 집이 도동재道東齋이고, 도동재를 돌아가니 이곳 주인격인 난곡사蘭谷祠다. 그 뒤로 엄청나게 큰 정자나무 한 그루가 도동재와 난곡사를 덮고 있다.

난곡사는 고려 말의 성리학자인 이재彛齋 백이정白頤正을 추모하는 사당이다. 아울러 이제현과 박충좌, 이희급의 위패도 함께 모셔놓고 해마다 제사를 지내는 사당이다. 조선에 성리학이 있는 줄을 모르는 사람이 없되, 백이정이 있는 줄을 아는 사람은 드물다. 너무나 오래되고 전해져 내려오는 기록이 없는 탓이다. 백이정은 성리학을 이 땅에 처음 들여온 사람이다.

백이정은 이제현과 박충좌에게 성리학을 전했고, 이제현과 박충좌는 스승의 학문을 이색, 정몽주에게 전했다. 스승의 학문을 세상에 전한 공으로 이제현과 박충좌는 스승과 더불어 이 난곡사에 배향되었다.

조선시대 사람 이희급은 어떻게 이 사당에 배향되었을까? 이희급은 이곳 난양에서 태어나서 세상에 이름을 떨친 사람이다. 임진왜란 때 함양 현감이 되었고, 정유재란 때 진도 벽파진에서 이순신 장군을 도와 왜적을 크게 무찔러 선무이등공신이 되었다. 가히 그 공을 높이 기릴 만하기에 남해 사람들은 선현들과 함께 위패를 모시게 되었다.

배낭을 내려놓고 도동재 대청에 앉았다. 바람이 도동재를 관통하여 뒤쪽으로 불어나간다. 도동道東, 도가 동쪽으로 왔다는 뜻이다. 백이정이 서쪽 중국에서 동쪽 배달의 땅으로 도를 가져온 사실을 기리어 도동재라 이름 지었다. 도동재에 부는 바람이 사람을 시원하게 만들었다.

백이정 선생은 고려 말에 태어나 도덕과 학술 문장을 안향 선생으로부터 배웠다. 그 정통을 이어받아 성리학을 펼치니 성리학의 연원은 선생으로부터 비롯되었다. 선생은 벼슬이 정승에 올랐다. 묘당에서 담소하면서 말하기를 일백 년 뒤에는 성리학이 크게 성하리라 하였다.

이는 난곡사 창건기에 기록되어 전하는 글이다.

성리학을 처음 배달 땅에 들여온 백이정이 어떻게 이곳 남해에서 살게 되었을까? 내가 남해여행을 떠나기 전에 이곳저곳을 찾아보아도 분명치 않았다. 죄를 지어 귀양을 왔다는 말도 있고, 은둔했다는 말도 있다. 당시의 역사를 더듬어 봄으로써 짐작할 수 있을 뿐이다.

백이정은 고종 34년(1247년)에 태어나서 충숙왕 10년(1323년)에 죽었다. 고려 말 '충忠' 자 항렬자를 쓰는 충렬왕, 충선왕, 충숙왕 임금 시대에 벼슬살이를 했으며 벼슬은 정승의 반열(상당군)에 이르렀다.

충렬왕, 충선왕, 충숙왕, 세 임금은 한결같이 임금이 될 감량感量이 부족했던 사람들이다. 임금이 되지 말아야 할 사람이 임금이 되었으니, 이는 벼슬아치들이 벼슬하기가 힘들었던 시대요 백성들이 배 채우기가 어려웠던 세상이었다.

충렬왕은 태자 시절 원나라에서 살다가 원 세조 쿠빌라이의 딸 제국대장

공주에게 장가를 든 임금이었다. 말하자면 국제결혼을 한 임금으로서, 충렬 왕의 묘호에 '충'자가 붙게 된 것은 그런 까닭에서였다. 충렬왕의 권세는 공주 의 치맛자락에서 나오는 바, 비교적 나라는 안정되었으나 임금은 사냥과 주 색에 빠져들었다. 장인의 권세를 지나치게 믿고 의지한 탓이었다. 충렬왕이 한 일이라고는 고려의 처녀와 과부를 원(몽고)으로 시집보내는 일이었다.

충선왕 또한 원나라에서 세자살이를 하다가 원나라의 계국대장공주에게 장가를 든다. 그리하여 아비와 아들이 나란히 원나라를 처갓집으로 두게 되 었다. 세자가 원나라에서 고려를 내려다보니 나라꼴이 말이 아니었다. 그리 하여 원나라의 힘을 등에 업고 주색에 빠진 아버지 충렬왕을 쫓아내고 스스 로 임금이 되었다. 바로 충선왕이다.

충선왕이 임금이 되어 얼마 동안은 쓸개 찾기 정사를 펼쳤다. 그러나 충 선왕의 권세 또한 공주의 치맛자락에서 나오는 바, 임금 노릇을 제대로 할 수 가 없었다. 이 틈을 타서 충렬왕을 따르던 무리들이 충선왕을 몰아내고 상왕 이던 충렬왕을 다시 임금 자리에 올렸다. 충선왕은 불과 일곱 달 만에 임금 자리에서 쫓겨나 원나라로 돌아갔다. 말하자면 정치적 망명이다.

충선왕을 따랐던 무리 또한 임금을 따라 원나라로 망명했다. 백이정도 그 가운데 한 사람이었다. 곧 망명정부의 신하가 되는 셈이다. 이때 그의 나이 쉰한 살이었다. 임금과 신하들은 무려 10년 동안 연경에서 망명생활을 한다. 이 무렵 원나라에서는 성리학이 크게 번성했다. 백이정은 이 새로운 학문을 경이의 눈으로 바라보았다. 장차 이 성리학이 세상을 크게 이롭게 할 것을 알 고는 그 이치를 깨치는 데 전념했다. 곧 망명생활이 유학생활로 바뀐 것이다.

한편 충렬왕은 아들인 충선왕을 원나라에 쫓아놓고도 늘 불안했다. 충선왕이 언제 다시 임금 자리를 넘볼지 모를 일이었다. 아비는 아들을 죽이기 위해 직접 원나라로 들어갔다. 그러나 오히려 아들의 뒤집기 한판에 걸려 왕권을 도로 빼앗기고 울화병이 나서 죽어버렸다. 10년 만에 충선왕은 다시 왕이되어 고려로 돌아왔다.

백이정도 충선왕을 따라 고국으로 돌아왔다. 이때 정주의 성리학 서적과 주자의 〈가례〉를 들여왔다. 백이정은 선진 학문 성리학을 제자들에게 가르쳤다. 이제현과 박충좌가 백이정을 따르는 사람이 되었다.

그런데 충선왕은 귀국한 지 두 달 만에 원나라로 다시 돌아가버렸다. 고려 왕실 생활이 체질에 맞지 않았던 것이다. 충선왕은 원 황실의 그늘 아래 왕의 자리를 누리는 것이 중요했지 정치에는 관심이 없었다. 원나라에 돌아가서는 연경의 저택에 만권당이라는 학당을 세웠다. 요수, 조맹부 등 원나라의 석학들을 불러들이고 백이정, 이제현 등 고려의 학자들도 불러들였다. 그러나 백이정은 다시 원나라로 가지 않았다.

충선왕이 원나라에 오래 머무르게 되자 세자를 따르는 무리들이 세자를 왕위에 앉히려고 했다. 충선왕은 세자와 그 무리들을 죽여버린다. 그리고 나서 왕위를 둘째아들 충숙왕에게 물려주고, 동시에 조카 왕고를 세자로 세웠다. 조카를 세자로 세운 것은 충숙왕을 감시하기 위함이었다. 충선왕 자신이 아비를 쫓아냈던 임금이다 보니, 그 자신 또한 자식을 믿지 못한 것이었다.

이리하여 고려에는 충숙왕파와 충선왕이 미는 왕고파로 두 개의 파당이 만들어졌다. 두 파당은 왕권을 위해 무려 10년 동안에 걸쳐 권력투쟁을 벌였

돌비석이 보수 중인 난곡사를 물끄러미 바라보고 있다.

고려말 도동재 난곡사는 남해 문화의 중심이었을 것이다.

다. 많은 대신들이 죽거나 귀양을 갔다. 백이정 또한 이런 아귀다툼 속에서 귀양을 갔을 것이다.

백이정은 남해군 난포로 귀양을 왔다. 난포는 신라시대에는 전야산군 난포현이었고, 지금은 난음이다. 개경으로부터 2,000리 길, 유배 2,000리면 중죄인이다. 무슨 큰 죄를 지었을까?

그냥 은둔한 것은 아닐까? 유배가 아니라 난포에 은둔한 것은 아닐까? 군이 유배가 아니더라도 그는 세상을 등지고 싶었을 것이다. 자식이 아비를 내쫓고 아비가 자식을 내치는 더러운 세상, 아비가 자식을 죽이고 싸움을 붙이는 개판 세상, 무슨 미련이 있었겠는가. 그런 세상을 그는 등지고 싶었을 것이다.

정승의 무덤을 자손들이 지키며 슬퍼해 한다. 남해를 본관으로 하였으며 남해인이라 하였다.

난곡사 상량문에 적혀 있는 글이다. 백이정이 노년을 난포에서 보냈고, 난포에서 죽었다는 기록이다. 또한 남해 백씨의 시조가 되었고, 그 후손들이 이곳에서 한동안 살았다는 기록이다. 귀양이든 은둔이든 다를 게 없다. 백이정은 그저 남해에서 살다가 죽었다.

머나먼 섬나라 남해, 개경 사람이 살기엔 외로운 곳이지만 세상을 등진 사람이 살기엔 풍요로운 곳, 권세와 부귀영화도 멀어졌지만 음모와 권모술수도 멀어진 곳이 이 섬나라 남해였다. 백이정은 일흔일곱 천수를 누리고 난포에서 죽었다.

백이정이 남긴 흔적으로 두 지명이 전한다. '살문'과 '군자정'이 그것이다.

600년 전, 한 노인이 식구를 거느리고 난음으로 이사를 왔다. 노인은 개경에서 큰 벼슬을 살았다고 한다. 노인은 재 너머 골짜기에 활터를 만들어 놓고, 한가로운 시간이면 활터를 드나들며 활을 쏘았다. 마을 사람들은 그 골짜기를 화살 쏘는 문이라는 뜻으로 '살문'이라 불렀다. 그 뒤에 문자를 틔운 사람이 화살 '시矢' 자를 써서 시문矢門이라 적었다. 지금 시문은 큰 마을이 되었다.

그리고 노인은 홈골마을 앞 회화나무 아래에 작은 정자를 하나 지었다. 여름이면 노인은 정자에서 시를 짓고 나직이 읊조렸다. 훗날 마을 사람들은 그 정자를 군자정이라 이름 붙였다. 학처럼 살아가는 노인이기에 군자라 생각했고, 정자 이름도 그렇게 지어 부른 것이다.

어떤 사람은 원래 정자 이름이 군자정이라고 말한다. 그것은 틀린 말이다. 유학자들에게 있어 '군자'는 무거운 말이다. 따라서 자기가 정자를 지으면서 정자 이름을 군자정이라 짓는 법은 없다. 또 어떤 사람은 이희급의 군자정이라고 말하는 사람도 있다. 이희급은 왜적을 무찌른 장수이지 군자는 아니다. 군자정은 이곳에 살았던 군자 백이정을 기리어 후세 사람이 지은 이름이다.

도동재를 나가 정자나무 아래에 섰다. 나무 그늘이 얼마나 넓은지 온 동네를 뒤덮는다. 할아버지는 코를 골고, 할머니는 도란도란 이야기를 주고받는다. 몇몇 젊은이들도 와서 낮잠을 즐긴다. 옛사람은 가고 나무만 남았다. 군자정은 스러져도 정자나무는 변함없이 푸르다.

팻말에 나무의 나이를 600살이라고 적어 놓았다. 600살이면 백이정의 나이와 맞먹는다. 백이정이 심었을까? 아닐 것이다. 허허벌판에 정자를 짓고 나무를 심지는 않았을 것이다. 정자보다 정자나무가 앞선다는 이야기다. 내가 그렇게 말하니 한 어른이 성을 내며 말했다.

"이 나무는 틀림없이 백 정승이 심었어."

거기서 나는 이상한 석상을 하나 보았다. 아래에 '천작대인天作大人'이라는 글을 새겨놓았다. '하늘이 큰 인물을 낸다.' 좋은 말이기는 한데… 석상의 주인은 송시열이었다. 송시열의 석상이 어이하여 이곳에 있을까? 근래 후손이 세운 듯한데, 혹시 연좌에 걸린 자손이 이곳에 귀양 와서 살게 되었을까? 송시열은 덕원, 용천, 장기, 거제에서 귀양살이를 했으며 제주도를 끝으로 사사되었다. 이곳 남해섬에 유배를 온 적은 없지만 많은 정적을 이곳으로 유배 보냈다.

난곡사 관리인을 찾아 나섰다. 난곡사 남새밭에서 김을 매고 있는 할머니가 일러주었다.

"마을 안 가게 가서 물어보소. 키가 크다마 하요."

정말 키가 크다마했다. 후손인가 물으니 아니라고 했다. 뜻있는 남해 사람들이 모여 난곡사를 관리하고 있는데 자기는 그런 사람 가운데 한 사람일뿐이라고 했다. 매년 제사를 지낸다고 했다. 키 큰 사람이 아주 키가 작았을 때는 그 행사가 굉장했다고 한다. 남해에서 갓을 쓴 이는 모두 모였고, 배 건너 하동 땅에서도 오고 멀리 진주 땅에서도 왔다고 했다. 갓쓴이가 점점 줄어들어 이제는 향교 어른들 몇몇 분만이 참석할 뿐, 관리비를 모으기조차 힘들다

송시열 석상. 한때 당쟁의 중심에 있었던 인물로 많은 정적을 이곳 남해로 유배 보냈다.

고 했다. 그런데 얼마 전에는 충청도 사람들이 버스를 대절해 사당에 참배하
고 갔다고 했다. 그 사람들은 박충좌의 후손들이었다고 한다.

"백 정승의 무덤이 어디 있다고 들었습니다만."

"남면 우지막골에 있어요."

용문사 벽장 속에 잠든 삼혈포

난등마을에서 대밭말로 해서 효부비가 있는 문고개에 올라 한숨을 돌렸다. 화계리에서 내리막이 끝나고 용소에서부터 용문사 가는 오르막이 시작된다. 이미 점심으로 먹은 밀가루 음식의 기운은 바닥이 났다. 서른 걸음에 한 번 쉬고, 스무 걸음에 한 번 쉬고, 나중에는 열 걸음에 한 번 쉬며 절골로 올라간다. 자동차들은 뿡뿡 소리를 내며 절로 가고, 나는 할딱할딱 자전거를 끌며 골로 간다.

귀양을 온 류의양이 용문사를 구경한 대목이 나온다.

금산 서쪽 편을 바라보니 용문사가 있더라. … 대천이 있어 큰 가뭄에도 물이 마르지 아니한다 하고 골짜기 오구에 십여 간 너머나 터져 있으니 짐짓 산성을 만들음직한 땅일러라. … 성을 쌓고 창고를 지어 곡식을 저축하여 두었다가 완급에 충무공 같은 이를 맡겨두었더라면 물에 나가서 싸우고 성에 들어와서 지키면….

과연 그 말처럼 골짜기가 깊고 물이 많아 산성을 쌓고도 남음이 있겠다. 자전거를 세워놓고 계곡으로 들어가 옷을 벗었다.

용문사는 남해에 남아 있는 절 가운데서 가장 오래된 절이다. 용문사의 뿌리는 보광사였다. 보광사는 신라시대 원효대사가 세운 절이다. 원효대사가 남해 금산에 올랐다가 산의 기운이 예사롭지 아니하여 산 이름을 보광산이라 하고, 기슭에 보광사를 지은 것이다.

조선 중기 백월당이라는 중이 이 보광사에 와서 중살이를 했다. 백월당이 암자를 돌아다니다가 호구산 골짜기에 큰 절이 들어설 만한 자리가 있다는 것을 알았다. 기운이 쇠한 보광사를 헐어 이 후구산 골짜기로 옮겨와서는, 이름 또한 골짜기의 '용연'이라는 못에서 '용龍' 자를 따서 용문사라 지은 것이다.

절을 채 한 바퀴 돌기도 전에 소나기가 쏟아졌다. 봉서루 넓은 대청마루에 앉아 비 그치기를 기다렸다.

임진왜란 때 이 용문사에서 많은 승병이 나왔다. 서산대사와 사명대사의 뜻을 받들어 용문사 승려들이 싸움터에 나아가 나라를 구했다. 숙종 임금에 와서 용문사가 지난날 나라를 지키는 데 큰 공을 세웠다 하여 수국사守國寺로 지정하고, 임금이 위패와 연옥등, 촛대와 번幡 등을 하사했다.

나라잃은시대에 왜인들이 이 절의 보물인 연옥등과 촛대를 빼앗아 가버렸다. 지금 남아 있는 보물은 숙종 임금의 하사품인 수국사 금패와 궁중매듭인 번만 전한다고 한다. 그리고 고려 때의 불상으로 짐작되는 석상과 조선 말엽에 만들어진 목판본도 이 절이 가지고 있는 보배로운 물건이다. 또한 삼혈포라고 하는 희한한 물건이 이 절에 소장되어 있다 한다.

비 그치는 기색이 나자, 아래채 방문이 열리고 신도와 스님이 밖으로 나온다. 신도는 부부인 듯한데 젊다. 신발을 신은 신도는 허리를 굽혀 절을 하고, 마루에 선 스님은 빙그레 웃으며 합장을 한다. 스님이 신도보다 더 젊어보였다. 맑은 눈, 하얀 얼굴이 더욱 스님을 젊게 보이게 만들었다.

스님은 방으로 들어가고 신도는 우물가로 갔다. 나도 갑자기 목이 말라 우물로 갔다.

"여기 자고 갈 수 있겠습니까?"

신도에게 물었다.

"아, 주무시고 갈 모양이죠."

"예, 비도 오고 날도 저물고 해서."

"될 겁니다. 더러 자고 가고 합니다. 주지스님한테 신분을 밝히고 부탁하시면 될 겁니다."

그 남자는 마치 자기가 주지스님인 양 시원시원 대답했다. 방도 비어 있을 거라고 했다. 아까 방으로 들어갔던 스님이 주지스님이란다. 요새는 얼굴에 주름살 하나 없어도 주지스님이 되는구나.

유서 깊은 용문사. 김만중의 유배 시 가운데 '용문산'이란 단어가 나온다. '용문사가 있는 산'이란 뜻
으로 썼을 것이다. 김만중은 이 용문사에 올라 마음을 추스렸을 것이다.

용문사 대웅전. 부처를 만나러 절에 갔다가 대웅전만 보고 오기 일쑤다.

비가 또 부슬부슬 내리기 시작했다. 조만간에 그칠 비가 아니었다. 다시 봉서루에 앉았다. 빛바랜 대웅전 단청을 감상하며 주지스님 나오기를 기다렸다. 조금 뒤 어떤 신도가 와서 주지스님을 불렀다. 신도는 연신 합장을 하며 스님 말씀을 듣고 내려갔다. 내 차례다.

"스님!"

나는 정중히 합장을 올리며 스님을 불렀다.

"스님, 저는 자전거로 여행을 하는 사람입니다. 하룻밤 묵어갈 수 있겠습니까?"

스님은 잠시 뜸을 들였다. 사람을 가늠하고 있다.

"방이 없어요."

카랑카랑한 목소리였다. 목소리가 수련의 정도가 대단함을 말해주었다. 나는 벌써 기가 눌렸다.

"비도 오고 날도 저물어가고 해서…."

"가는 사람, 오는 사람 어떻게 다 재워주겠어요."

뒷짐을 지고 먼 산을 보며 말했다.

돌아서는 주지스님을 누군가 또 불러 세웠다. 신도였다. 아마도 상당히 존경을 받는 스님 같다. 빗방울이 다시 들었다. 스님이 빗방울을 피해 봉서루 처마 안으로 들어왔다. 신도가 볼일을 끝내고는 우산을 펴서 계단을 내려갔다. 내 차례다.

"스님!"

돌아서는 스님을 불렀다.

"여기, 삼혈포가 있다고 하던데 구경 좀 할 수 있을는지요."

"볼 수 없어요."

먼 산을 보며 대답했다. 잠시 뜸을 들였다가 다시 말했다.

"거 말이에요. 얼마 전 하동 쌍계사에 도둑이 들어 탱화를 오려갔다고 해서 말썽이 되었어요. 하여튼 요즘 물건이 있는 줄 알기만 했다 하면 바로 털어가버려요."

"예?"

"아, 그렇다는 말이지요."

"…"

"벽장 속에 있는데, 꺼내는 것이 보통 귀찮은 게 아니란 말이지."

스님이 혼잣말을 하고는 자리를 떴다.

내 차림을 봤다. 이번에는 정말 차림새에 걸렸다. 맨발, 샌들, 반바지, 수염, 배낭에 밀짚모자, 김삿갓 몰골에 걸렸다. 적각(赤脚, 맨발), 두타頭陀의 수행불자 토굴에 와서 몰골 때문에 문전박대 당하는구나. 김삿갓의 시 한 수.

해거름 사립문 두드리며 서 있노라니
주인은 세 차례나 나와서 손사래를 친다
소쩍새도 이 야박한 풍속을 알았는지
소쩍 소쩍 숲에서 노래 불러 전송하네

'야박한 풍속[風俗薄]', 스님의 탓도 아니고 내 탓도 아니다. 그저 풍속의 탓이다. 소쩍새의 배웅을 받으며 용문사에서 때 이른 하산을 했다.

　삼혈포가 왜 박물관으로 가지 않고 벽장 속에 있을까? 구멍이 셋 달린 화승총이라면 단혈포에서 육혈포로 가는 중간 단계에 있는 총이다. 언제 누가 만들었을까? 도요토미 히데요시가 조선 침략에 엄두를 낼 수 있었던 것은 최신식 무기를 손에 넣었기 때문이다. 파란 눈의 장사꾼이 가져온 단혈포를 개량에 개량을 거듭한 끝에 성능이 탁월한 조총을 만들어냈던 것이다. 내쳐 삼혈포까지 만든 것일까? 아니면 왜구가 남기고 간 조총을 보고 조선의 철물 장인이 기발한 아이디어를 낸 것일까? 아무튼 삼혈포는 박물관으로 가야 한다. 박물관에서 뭇사람들에게 아이디어를 제공해야 한다.
　배에서 꼴꼴 소리가 났다. 물 맞은 병아리 꼴로 마을로 내려갔지만 마을에서도 내가 잘 곳은 없었다. 해거름, 비가 가끔씩 떨어지는 것이 사람의 마음을 처량하게 만들었다. 길가 소나무밭에 쪼그려 앉아 지도를 폈다. 월포에 파라솔 그림이 있다. 파라솔 그림이면, 먹고 잘 곳이 있다는 말이다. 급히 페달을 밟으나 자전거는 나아가지 않는다.

　길은 바닷가를 따라 오르막 내리막으로 산기슭에 붙어 있다. 우르르 파도 소리가 들려오고 폭발음과 함께 파도가 허옇게 하늘로 터진다. 으이이 으이이, 소나무에 지나가는 해풍소리가 심상찮다. 오늘밤 무슨 일이 벌어질 것만 같다.
　반달처럼 굽은 월포해수욕장, 자전거를 세우고 갯바위에 올라갔다. 작은

비경의 월포 몽돌해수욕장. 갈 때마다 손님은 나 혼자였다. 경사가 급하여 물때를 잘 맞추지 못하면 몽돌맛을 보기 어렵다. 그래서 비경의 해수욕장이다.

몽돌이 해변에 쫙 깔렸다. 비경의 몽돌해수욕장이다. 남해에는 상주해수욕
장만 있는 줄 알았는데…. 먼 훗날을 위해 남해 사람들이 감추어둔 해수욕장
이로구나. 산 같은 파도가 몽돌에 터지는 광경이 장관이다. 몽돌 사이로 하얀
물이 빠져나가면, 바그르 바그르 몽돌밭이 소리를 낸다. 바그르 바그르, 소
리가 듣기 좋다.

　한 민박집에 가니 주인이 여기는 다 찼다며 나를 데리고 뒷집으로 간다.
빈집이었다. 오랫동안 비워 놓았는지 곰팡이 냄새가 났다.
　"이불은요?"
　"여름인데 어떻겠는기요."
　싫었지만 민박을 겸하는 횟집으로 갔다. 부산 손님이 모두 예약했는데 태
풍으로 방이 비게 되었다고 한다.
　태풍이 오니 밤도 빨리 왔다. 도다리 회를 한 접시 받아놓고 술병을 땄다.
들려오는 파도소리에 잔을 기울였다. 머무는 곳에 따라 밤의 소리가 달라진
다. 용문사라면 밤새소리, 풍경소리, 스님 염불…, 몽돌밭에는 파도소리, 바
람소리, 술잔에 술 떨어지는 소리….

왜구 침탈의 역사를 말해주는 임진산성

새벽이 왔다. 파도소리도 가라앉았다. 동네 사람들이 방파제로 나간다. 간밤에 해수욕장으로 내려가는 계단이 내려앉아버렸다. 몽돌밭에 나무조각, 쓰레기가 수두룩하다. 방파제 너머 고구마밭도 성치 못하다. 파도가 방파제를 넘은 것이다. 쥐어뜯은 고구마 줄기는 마치 지난밤에 멧돼지가 고구마밭 서리를 한 듯하다. 사람들이 청소를 하며 말을 주고받는다.

"이만하기 다행이다."

"올 태풍은 약하다."

이 정도가 약하면 강할 때는 어느 정도란 말인가? 태풍이 섬사람들을 이리 때리고 저리 때리고, 어느덧 섬사람은 강해졌고 태풍을 두려워하지 않게되었다. 나는 평소 남해 사람들이 강하다는 말을 많이 들었는데, 오늘 그 까닭을 알 듯하다.

오늘은 남면을 한 바퀴 도는 날이다. 남면은 남해섬 남쪽 끝에 있는 땅이다. 남해섬의 생김새가 '아낙이 아기를 안고 있는 형상'이라 하니, 남면은 여인의 엉덩이에 해당하는 땅이라. 이 남면에서 볼거리는 당항리의 삼층석탑, 임진성, 백 정승의 묘, 끝에 붙은 가천의 암수바위와 다랑이논이다.

태풍이 지나간 새파란 하늘에 불덩어리가 혀를 낼름거리며 솟아오른다. 불덩어리가 등에 떨어질세라 당항리를 향해 바삐 내뺐다.

고개에 서니 마을이 한눈에 보인다. 당항마을이다. 숲이 우거진 아름다운 마을이다. 내리막을 죽 그어서 마을회관 앞에 자전거를 끽 세웠다. 그 앞에 선 삼층석탑의 처지가 퍽 부끄럽다.

한 노인이 논에서 물자리를 보고 있다. 절을 올리고 여쭈니 자상히 일러준다.

"저 숲이 옛날에 절골이요. 절이 뜯겨 저산 너머 용문사로 폴려가고(팔려가고), 탑만 숲에 남아 있었던 기라. 그래 이리로 옮겨놓은 기요."

"저 산 이름이 뭡니까?"

"우리사 늘 호랑이 코빡이라 했지."

호구산을 이 마을에서는 그렇게 부르는 모양이다.

"코빡산이 험한데, 어떻게 절을 옮겨 갔습니까?"

"지게로 지고 갔어. 질(길)이 있어. 젊었을 때 우리가 나무하러 댕겨샀제."

노인을 따라 논둑에서 나와 마을 쪽으로 들어갔다. 내가 담쟁이덩굴이 붙은 돌담에다 카메라를 들이대니 한 소리 하신다.

"인자 돌담을 허물어삐고 벽돌을 쌓을 기다."

"돌담이 보기가 좋지 않습니까?"

"우째 돌담이 보기 좋은고, 이 사람아."

어째서 돌담이 보기 좋은가? 순간 돌로 머리를 한 방 얻어맞은 것 같았다. '너희 도시는 전부 시멘트로 처발라놓고 시골에 와서 돌담이 좋다고? 시골이 너희들 봉이냐?' 점잖은 노인의 말씀에 뭔가 감정이 담겨 있는 것 같다.

나는 자전거를 몰아서 아까 내려왔던 고개를 다시 올랐다. 그곳이 옛날 산성 자리라고 했기 때문이다. 이곳의 밭 언덕은 모두 돌이었다. 돌을 마치 성곽 쌓듯이 쌓았다. 산성 쌓는 비법이 이 언덕에도 그대로 전해진 모양이다. 그러나 뚜렷한 산성의 자취는 없었다. 더 내리막으로 가니 작은 못이 하나 있고, 그 위에 아름드리 바위들이 몇 개 포개져 있다. 마지막으로 성터를 지키고 있는 돌이었다.

여기가 바로 고진산성 터다. 예상치 않게 만나게 된 성이다. 고진산성은 길을 묻다가 우연히 알게 된 성일뿐이었다. 그렇게 남해에는 성이 많다. '마을이 있는 곳에는 반드시 성이 있다.' 한때 남해는 성곽의 고을이었다.

홍덕으로 빠져서 양지 삼거리에 섰다. 오른쪽 산비탈로 거대하게 보이는 돌무더기가 임진산성이다. 성을 바라보며 가파른 배치고개를 차고 올랐다.

돌담이 벽돌담보다 더 아름답다고 하면서 돌담을 무너뜨리는 모순 속에서 우리는 살고 있다.

이미 정오가 지났다. 자전거를 끄는 데만도 힘이 부친다. 하지만 마땅히 점심을 먹을 데도 없다. 경운기 한 대가 시끄러운 소리를 내면서 스쳐간다. 앞에는 젊은이가 운전을 하고 뒤에는 노인이 앉았다. 노인이 나를 보더니 기사의 어깨를 두드리며 경운기를 세운다.

"젊은이, 자전거를 싣게."

"괜찮습니다. 바로 요 위 임진성에 갑니다."

"그래도 타게. 가팔라서 욕본다."

한 번 더 사양하고 자전거와 몸을 실었다.

"더운데 큰 고생하네."

듣기가 민망했다. 어르신께서 내가 무슨 큰일이라도 하러 다니는 사람인 줄 아는 모양이다. 고갯마루에서 내렸다. 노인은 더 타고 가자고 했다. 어디로 가자는 말씀일까? 조용히 집으로 돌아가라는 말씀인지. 자전거를 길가에 세워두고 밭 사이로 난 길을 더듬어 올라갔다.

임진산성을 이름대로 풀면 임진왜란 때 만들어진 산성이 된다. 임진산성의 다른 이름으로 '민보성'과 '잔뗑이성'이 있다. 민보성은 백성들이 싸워 지킨 성이라는 뜻이고, 토박이 이름 잔뗑이성은 산 잔등이에 붙은 성이라고 해서 붙인 이름일 것이다. 이름만 듣고도 성의 유래를 알 수 있을 듯하다.

그러나 임진성이 처음 만들어진 연대는 고려시대로 거슬러 올라가고 또 신라시대까지로 거슬러 올라간다. 임진산성만 그런 것이 아니라 남해에 있는 성들은 대개 그렇게 역사가 오래되었다. 왜구 침탈의 역사가 오래 되었음을 말해준다.

　왜구가 오면 산성으로 들어가 지키며 싸웠다. 왜적의 수효가 많으면 큰 성으로 피난 가기도 하고, 때로는 섬을 떠나기도 했다. 그 정도가 심할 때는 사람들이 모두 섬을 떠나 남해섬이 거의 텅텅 비게 된 적도 있다. 고려 말에 와서는 고을의 등급이 남해군에서 진주 소속의 남해현으로 강등되기도 했으며, 공민왕 때는 섬 건너 하동으로 행정관서를 옮겨가기도 했다.

　이순신 장군의《난중일기》에 적힌 기록도 그러한 예가 된다.

임진년 5월 2일(1592년 6월 11일)

맑다. 송한련이 남해에서 돌아와서 하는 말이 "남해 현령, 미조 첨사, 상주포 만호, 곡포 만호, 평산포 만호, 하나 같이 왜적이 온다는 소문을 듣고 달아나버렸다. 군기물 등도 흩어져 남은 것이 없다"고 했다. 놀랍고도 놀라운 일이다.

　미조, 상주포, 곡포, 평산포는 모두 수군이 주둔하는 해군기지였다. 첨사와 만호는 그 해군기지의 대장으로서 각각 그 품계가 종3품, 종4품의 높은 벼슬이었다. 이렇듯 바다와 섬을 지키는 관리와 장수가 있었지만 모두 남해를 버리고 도망을 쳤다.

　누가 누구를 믿고 따르겠는가. 남해 사람들은 스스로 살길을 찾아야만 했다. 그리하여 산성을 쌓기 시작했다. 대국산성, 임진산성, 고진산성, 비란산성, 남해읍성, 고현산성. 이들은 내가 직접 눈으로 본 산성들이고 그 밖에도 열 개가 넘는다.

이 성을 밟을 때는 '백성이 지킨 성'이라는 뜻의 '민보성'이라는 이름에 주의를 기울여야 한다.

'남해의 성들은 어느 때 누가 쌓았는지 정확히 알 수 없다'고 말한다. 분명한 것은 왜구가 드나들기 시작하면서 성을 쌓기 시작했고, 왜구가 사라지기 시작하면서 성 쌓기도 끝이 났다는 사실이다. 남해의 산성은 왜구와의 끈질긴 투쟁 가운데서 생겨났다. 남해산성은 왜구의 도전에 대한 남해 사람들의 응전의 역사였다. 남해성은 도전과 응전의 역사적 산물이다.

'남해 사람은 모질다.'

'남해 사람은 단결력이 강하다.'

흔히 뭍에 사는 사람들은 이렇게 말한다. 그 말처럼 남해 사람들이 강하고 강하여 세상에 나가 성공한 사람들이 많다고 한다.

나는 성을 따라 걸었다. 남쪽으로 서니 아래에 열 길 낭떠러지다. 서쪽으로는 칡넝쿨이 성을 에워쌌다. 나는 나뭇가지를 하나 꺾어서 칡넝쿨을 휙휙 쳤다. 사방이 낭떠러지라 지키기 좋은 산성인 것이다. 임진산성은 백성이 싸워 지킨 민보성이다. 백성들이 왜구를 어떻게 막아냈을까? 추측컨대 이런 모습이 아닐까?

근처 산꼭대기에서 시력 좋은 망꾼이 망을 본다. 또 먼 바다에서는 어부가 고기를 잡으면서 망을 본다. 멀리서 이상한 배가 나타났다. 그 배는 조선배와 모양이 달랐다. 바다에서 망을 보던 사람은 깃발을 흔들고, 산 위에서 망을 보던 사람은 봉화를 올린다. 고기 잡던 어부나 농사짓던 농부는 일손을 멈추고 재빨리 마을로 돌아온다. 식량을 이고 지고, 가축을 몰고 산성으로 피난을 간다. 왜구가 성벽으로 기어오르면 죽창으로 찍고, 호박돌로 깐다.

백 정승의 묘

점심때가 지났다. 양지 삼거리로 돌아와 해성중고등학교가 있는 오리마을로 들어갔다. 오리마을에도 마땅히 끼니를 해결할 만한 곳이 없다. 다리목에 있는 가게에서 식혜를 마시며 우지막골을 물었다.

길을 가리켜주는 주인의 말이 희한하다.

"다리에서 쭉 가소."

"오른쪽입니까, 왼쪽입니까?"

"산비탈로 쭉 올라가소."

그런 말을 듣고 갔다가 고생한 일이 한두 번이던가. 과학적으로 물었다.

"몇 시 방향입니까?"

"쭉 가다가 일하는 사람한테 물어보면 안다칸께네요."

말투가 너 오늘 고생 좀 해보란 것인데, 그런 양반한테 더 물어볼 수도 없고. 일하는 농부에게 기대를 걸 수밖에 없다는 생각을 하면서 가게를 나섰다.

'우지막牛趾幕골', 소마굿간골이라는 뜻 같았다. 골짜기가 소마굿간처럼 생겨먹었다는 뜻인지, 옛날에 소마굿간이 있었다는 뜻인지, 하여튼 유별난 이름을 가진 곳을 찾아간다.

다리에서 골짜기로 들어가라고 했겠다. 골짜기가 소꼬리처럼 길고 깊다. 오른쪽도 산비탈, 왼쪽도 산비탈, 갈림길에 이르러 자전거에서 내렸다. 두 갈래 길, 프로스트의 두 갈래 길이 나타났다.

지금 이 순간 두 길이 똑 같이 놓여 있고, 오른쪽 길은 잡초가 무성하여 아무런 발자국이 없고, 왼쪽 길은 사람이 걸은 자취가 많은 길이었다.

몸이 하나니 두 길을 동시에 가지 못하는 것을 안타까워 하면서, 한참을 서서 멀리 바라보다가 걸은 자취가 많은 왼쪽 길을 택했다.

점점 오르막이 높아지고 길이 좁아졌다. 개소리가 들리고 큰 집이 하나 보인다. 축사였다. 붉은 큰 소가 일곱 마리, 송아지만 한 개가 두 마리. 아하, 그래서 우지막골이었구나.

숲속으로 난 오솔길마다 고개를 넣어 기웃거려 보지만 정승의 묘는 보이지 않는다. 정승 묘는커녕 동네 구장 묘 같은 것도 하나 없다. 어디에 숨어 계시는가. 이 어른은 살아서도 숨고 죽어서도 숨고, 숨기를 잘하는 분이로구나.

길이 끝났다. 막다른 길에 지프가 한 대 있고, 그늘에 사람이 하나 자빠져 있다. 조금 후 두 사람이 숲에서 나온다. 나를 보더니 죄지은 사람처럼 놀란다. 뭐하는 사람들일까? 손에는 갈고리를 들었다. 땅꾼인가?

"백 정승 묘가 어디 있습니까?"

묻는 말에 답할 생각은 안 하고 후다닥 일어나 짐을 챙긴다. 그 짐은 춘란이었다.

'이 사람들, 자연훼손죄로 경찰서에 잡아넣어버려.'

"혹시 큰 무덤 하나 못 봤습니까?"

"저 안에 무덤이 하나 있기는 있는데…."

내 카메라를 보더니 슬슬 짐을 챙겨서, 붕붕 아래로 내빼버렸다.

난초꾼들이 가리킨 길을 따라 올랐다. 갈수록 길은 희미해지고 숲이 우거졌다. 찔레꽃 가시가 종아리를 삭삭 긁는다. 한 발 한 발, 내딛는데 아무래도 기분이 좋지 않다.

"따르르 따르르."

헉, 독사다. 엉덩방아를 찧었다. 따르르, 방울뱀처럼 꼬리를 떨며 뱀이 나를 노려본다. 세모 대가리에 시커먼 줄무늬로 보건대 살모사다. 탁, 발을 굴렀다. 그러자 도망가기는커녕 혓바닥을 낼름거리며 대가리를 빳빳이 치켜든다. '독사 대가리 치켜들 듯이'라는 말이 바로 여기서 나왔구나. 주위를 둘러봤지만 마땅히 두들길 만한 게 없다. 고심 끝에 개처럼 엎드려 입김으로 독사를 제압했다. 기분이 찝찝하여 길을 끝냈다.

오리나무 가지를 하나 꺾어 툭툭 치며 개울로 내려갔다. 바위 위로 구슬 같은 물이 굴러간다. 옷을 하나씩 벗어 던지며 개울로 뛰어들었다.

물어볼 사람이 없다. 두꺼운 그늘 밑에 우의를 깔고 누웠다. 일하는 농부한테 물어보면 된다고 했는데, 이 시간에 일하는 농부가 어디 있겠는가? 뱀이 발을 깨무는 꿈을 꾸다가 벌떡 일어났다. 머리를 흔들며 시계를 보니, 3시가 넘었다. 자전거를 탔다. 내리막에 푸른 바람이 허파로 들어온다.

다시 두 갈래 길.

사람들이 많이 다닌 길을 걸었다가 허탕치고, 훗날을 위해 남겨놓았던 길로 돌아왔다.

그 길은 풀이 무성하고 내 발길을 부르는 듯하다.

다시는 헤매지 않으리라 생각하면서, 아무런 발자국이 없는 길을 택했다.

논에서 한 노인이 느릿느릿 움직이고 있다. 마치 백로 한 마리가 노닐고 있는 듯하다.

"어르신, 백 정승 묘가 어디 있습니까?"

"저기 오동나무 끝."

바로 저 위, 오동나무 끝에 걸린 길이라고 했다. 한낮 내내 엉뚱한 곳에서 헤맸다. 사람들이 많이 다닌 길로 갔다가 많은 시간을 허비했다. 내 지난날의 삶처럼. 해는 한낮을 지나 서산으로 가고 있다. 지금 나는 석양에서 머뭇거리고 있다.

노인이 논에서 논두렁으로 나왔다.

"무덤이 어떻게 생겼습니까?"

"돌무덤이야."

"백 정승이 어떤 사람입니까?"

"그냥 백 정승이제. 우리 어릴 때부터 장(계속) 백 정승이제."

더 늦기 전에 길을 떠나라, 하고는 노인은 총총 사라졌다.

전문가가 아니더라도 이 무덤이 예사로운 무덤이 아니라는 것을 단박에 알 수 있다. 자연석으로 네모난 무덤을 크게 쌓고 그 무덤 둘레에 또 네모난 석축을 쌓아 무덤을 둘러쳤다.

어느 시대 무덤일까?

가야시대의 무덤은 아니다. 가야시대의 무덤은 높은 언덕이나 야산 꼭대기에 땡긋하게 흙으로 무덤을 쌓았으며 봉분이 몹시 크다. 경남 함안이나 창녕에 가면 허다하게 볼 수 있다. 그리고 지리산 자락 산청에 가면 구형왕릉이 있다. 언덕 비탈에 자연석만으로 층층이 쌓은 매우 큰 돌무덤이다. 여기 무덤은 이도 저도 아니다.

경주에서 본 신라시대의 무덤도 아니다. 이 무덤의 봉분은 신라 왕릉의 봉분에 비해 훨씬 작고 가야의 봉분보다도 작다.

조선시대의 무덤도 아니다. 조선시대의 무덤은 봉분이 매우 작고 돌을 적게 쓰는 것이 특색이다. 세조 임금이 '돌 많이 쓰지 말라, 농사일도 바쁜데…' 해서 그게 법이 되었다. 현대인들이 쓰고 있는 무덤은 조선시대를 계승한 것이다.

이렇게 제하고 나니 남는 것은 고려시대다. 이 무덤의 주인은 고려시대 사람이요, 고려시대 사람 가운데서도 신분이 매우 높았던 사람일 것이다. 문외한인 내 판단이다.

세상을 살다보면 언제나 만나게 되는 두 갈래 길. 대개 한 길은 길이 잘 나 있고, 한 길은 걸어간 자취가 없는 길이다.

잡초가 무성한 길. 두 갈래 길 가운데 내가 선택하는 길은 언제나 사람들이 잘 다니지 않
는 길이었다.

백 정승 돌무덤 현장 자연으로 돌아가고 있는 중이었는데 복원이라는 이름으로 잠시 정지되었다.
백 정승을 통해서 배울 게 있다고 생각하는 후세 사람들이 그를 붙잡은 것이다.

무엇보다 중요한 증거는 노인의 말이다. 허연 노인이 소 치러 다니던 아이 시절부터 '백 정승의 묘'라고 귀에 못이 박이도록 들어왔으니 백이정의 묘가 분명하다. 혹, 꼭 백이정이 아니더라도 백씨 성을 가진 벼슬아치의 무덤임에는 틀림없다. '떡은 떼고 말은 보탠다'는 속담이 있듯이, 백씨 성을 가진 군수가 묻혔는데 그게 내려오다가 백 판서가 되고, 백 판서가 백 정승이 되는 수도 있으니.

해가 저물고 있다.

우리는 왜 이토록 무덤에 집착할까? 30년이면 흙이 될 사자死者에, 가야 시대부터 지금에 이르기까지 왜 그토록 많은 에너지를 쏟았을까? 조상을 명당자리에 심어서 얻고자 하는 바가 무엇인가?

서양의 성인께서 하신 말씀을 새겨들을 일이다.

"죽은 자들로 하여금 저희 죽은 자를 장사하게 하라."

갈 길은 멀고 해는 저물고. 자전거를 타고 내리막길을 달렸다. 내리막길은 그저 먹기다. 자전거는 오르막과 내리막의 차이를 확실하게 느끼게 해준다. 오른 만큼 내려가고 내려간 만큼 올라간다. 벌써 오리다리를 지나, 오르막 내리막을 반복하면서 평산리 성내, 성외마을을 지나간다. 마을 이름으로 보건대 여기에도 성이 있었던 모양이다. 신촌, 유구를 돌아가니 임포가 나온다. 임은 '깨 임荏' 자니, 토박이 말로 하면 '깨나루'다.

북쪽에는 옥녀봉, 남쪽에는 구름산, 그 사이 동쪽에 군자골이 있으며, 서쪽에는 떡시루를 닮은 시루봉이 있다. 옥녀가 구름산을 보며 시루봉으로 군자를 봉양하는 땅의 형세다. 그런 땅이어서 그런지 이곳에는 신선이 좋아한다는 깨가 잘 자랐고, 마을 이름도 깨나루가 되었다.

깨나루마을로 내려가는 언덕이 진깨모이고, 그 진깨모 언덕에서 한 노인이 소 꼴을 베고 있다. 노인은 저기 깨나루에 산다고 했다. 그런데 그곳은 포구가 아니라 골짜기다. 그렇다면 노인은 깨나루가 아니라 깨밭골에 사신다.

"어디서 왔는고?"

노인은 낫을 언덕에 꽂아놓더니 담배를 한 대 피워 문다.

"내가 스무남 살 먹었을 때 일본으로 보국대를 끌려갔어."

물어보지도 않은 보국대 이야기를 꺼냈다.

"돈도 한 갯춤 (주머니) 가지고 갔는데, 돈을 가지고 간들 뭐하겠어. 사 먹을 데가 없는데. 거기 공장에서 일을 시키는데, 하루에 한 끼를 먹었어. 그걸 먹고는 죽을 맛이었제. 우리보담 더 고생한 놈들이 양놈들이야. 큰 체구로 일도 우리보담 더 시키는데 묵는 거는 없고, 쓰러지는 놈이 부지기수였어. 아, 이러다가 나도 죽겠다 싶어서 밤중에 도망을 쳤어…."

노인은 생판 처음 보는 사람을 붙들고 이야기보따리를 풀어놓는다. 해가 시루봉으로 뉘엿뉘엿 넘어갔다. 항촌까지 가야 하는데, 한창 이야기에 열을 올리는 노인을 두고 젊은 사람이 뜰 수도 없는 노릇이고.

"도망가다가 잡히면 죽지 않습니까?"

"하모 죽지, 내가 다 알아보고 도망을 친 기라. 도망을 가가지고는 돌 깨는 공장에 취직을 했어. 그 돌 깨는 공장에는 벌이도 좋고 묵을 것이 얼마든지 있었어. 첫날 함바(숙소)에서 밥을 먹는데 흰쌀밥으로 시켰지. 얼마나 밥에

포원이 졌던지, 세 양푼을 먹었어. 밤에 난리가 난기라. 배가 아파서 데굴데굴 굴렀어. 야 이거, 왜놈한테 잡혀 죽는기 아니라 배 터져 죽는구나 싶었지."

"일본놈들이 잡으러 안 왔습니까?"

나는 잡으러 오는 것에 관심이 많았다. 일본 순사를 피했다면 노인은 대단한 사람이 된다. 항일 투사가 따로 있는가.

"안 잡아. 나 같은 사람 잡아서 뭐하게."

노인의 이야기는 끝이 없었다. 지나가는 김삿갓에게 무슨 할 이야기가 그렇게 많은지. 외로웠던 것이다. 철새 김삿갓이 아니라 텃새 노인이 외로웠던 것이다. 노인이 한숨 돌리는 틈을 타서 재빨리 백 정승 이야기를 끼워 넣었다.

"백 정승 묘에 가 봤습니까?"

"하모, 어릴 적에 가 봤제. 우리가 소 먹이러 가면 소를 쳐 놓고 놀았거든. 그런데 저녁이 되어 소를 찾으면 소가 없을 때가 있어. 그러면 난리가 나지. 어른들이 등불을 들고 소 찾으러 가는 기라. 저기 뒷산이 옥녀봉이야. 옥녀봉 너머에 묘가 있는데, 소가 거기까지 간단 말이세. 그래 가보면 이놈의 소가 백 정승 묘에 앉아서 여물을 치고 있는 기라."

내가 한 마디를 물으면 노인은 열 마디로 대답했다. 백 정승 무덤 옆에 또 돌무더기가 있는데, 그것은 말의 무덤이라고 했다. 가만히 생각해보니 옆에 돌무덤이 하나 더 있었던 것 같기도 하다. 생전에 타고 다니던 말이 죽자 그 말을 정승 무덤 옆에 묻었다는 것이었다. 율곡에 노인의 친구가 있는데, 그 친구한테서 들은 이야기라고 했다.

그 친구라는 노인이 백 정승의 후손이라고 했다. 오래 전 그 노인이 무덤에서 은수저를 한 벌 주웠다. 그 은수저를 방안 선반에 얹어 놓았는데, 도둑놈이 그걸 알고 한밤중에 훔쳐서 달아났다. 그 도둑놈이 전라도 남원인가 여수인가로 내빼다가 기차에 부딪쳐 죽었다고 했다.

시루봉의 산 그림자가 진깨모 언덕을 덮었다. 이러다가는 오늘 해 동안에 항촌까지 가기는 글렀다. 깨밭골 노인은 듣는 사람의 처지를 아는지 모르는지 이야기를 그칠 기색이 없다.

"어르신 때문에 길을 놓쳐버렸습니다."

"그래, 잘 됐어. 찬은 없지만 우리 집에서 하루 묵어. 나하고 이약도 하고 말일세."

노인은 안심이 된다는 표정으로 일어섰다. 조금만 틈을 주었다가는 달아날 것 같은 김삿갓을 붙잡았으니, 이제 느긋해진 것이다. 소 꼴을 경운기에 싣기 시작했다. 나도 가만히 있지 않았다.

"자네가 일은 좀 해본 사람이네."

"밥값을 해야 되지 않겠습니까?"

노인의 집은 오래된 기와집이었다. 대청에 앙상한 할머니가 앉아 있다.

"누고?"

할머니가 나를 보고 묻는다.

"누기는, 손님이제. 하룻밤 자고 갈 끼다."

할머니는 귀가 어둡고 거동을 못했다. 움직일 때는 엉덩이로 기어 다녔다. 할아버지가 부엌으로 가서 밥을 챙기는 동안, 나는 경운기에 실려 있는 소 꼴을 내려 헛간으로 옮겼다. 앞뒤 헛간에 소가 서너 마리나 되었다.

"자녀분들은예?"

밥상에 앉으면서 할아버지에게 물어보았다.

"객지로 다 나갔지, 뭐."

할머니가 할아버지보다 훨씬 늙어 보였다. 할머니는 두어 숟가락을 떠다 말고 벽에 기대앉았다. 무릎에 걸친 두 팔이 마치 마른 나뭇가지처럼 앙상했다. 안노인의 모습에 어머니의 모습이 겹쳤다. 잘 익은 열무김치가 목에 걸려 넘어가지 않는다. 아, 자식이 있으면 뭣하랴. 자식이 많이 있다고 한들 무슨 소용이 있겠는가. 애써 기른 자식들은 다 어디로 갔는가. 진자리 마른자리 가려가며 키웠건만, 크고 나니 뻐꾸기 새끼 둥지 떠나듯이 다 떠나버렸구나. 세상의 모든 어머니는 자애롭지만, 세상의 자식들은 무심하기만 하구나.

방이 두 개였다. 그러나 하나만 거처하고, 하나는 쓰지 않는 방이었다. 창고처럼 짐이 가득 들어 있었다. 노인이 같이 자자고 했지만 길손이 잘 수 있는 방은 없었다. 노인은 어디에 재워줄 요량을 하고 길손을 데리고 온 것일까?

노인에게 그런 것은 중요하지 않았다. 중요한 것은 함께 이바구를 나눌 사람이었다. 젊은이 오늘 나한테 잘 걸렸어, 밤새 이바구를 나누자꾸나. 앞뒤 생각하지 않고 길손을 데리고 온 것이다.

노인의 성은 유 씨였다. 한때 이 깨밭골에서 아주 잘살았다고 했다. 오래된 기와집으로 보건대 노인의 말이 틀리지 않을 것이다. 어릴 때 내가 제일 부러워한 집이 바로 이런 기와집이었다. 어릴 때 본 기와집은 다 부자였다.

밥을 먹고 일어섰다. 한 끼의 밥만으로 충분하다. 노인은 나를 잡으며 대청에서 자도 되고, 부엌에서 자도 된다고 했다. 일흔이 훨씬 넘은 바깥노인이 밥을 하고 안노인의 수발까지 드는 집에서 젊은이가 하룻밤 신세를 진다면 경위 없는 짓이 아니겠는가. 나는 모질게 마음을 먹었다.

"어르신, 항촌에 가면 잘 데가 있습니다."

나는 신발을 신었다. 노인이 대문으로 따라 나오며 사람을 붙잡는다. 배낭에서 손전등을 꺼내 들었다. 그러고는 등을 돌린 채 자전거를 대문 밖으로 끌어냈다. 그러자 노인은 더이상 말이 없다. 작별인사를 했지만 노인은 내 인사를 받지 않았다.

길은 내리막길이었다. 뒤에서 부르는 소리가 들렸다. 돌아보면 안 된다. 내리막길에 페달을 힘껏 밟았다. 사촌을 지나 선구를 넘어 캄캄한 밤중에 도착한 곳은 항촌이었다. 자전거를 채 세우기도 전에 여관 안주인이 뛰어나온다.

"오데서 자전거를 타고 왔을까이?"

"깨밭골에서 왔어요."

"깨밭골이라고예?"

안주인 친정이 깨밭골이라고 했다. 헉, 깨밭골 사람. 유 씨 노인의 집에서 밥을 얻어먹고 왔다고 했더니, 그 집 딸과 친구라고 했다.

"오늘 적선했습니더. 그 할배가 입담 좋기로 소문난 사람입니더이. 오늘 모처럼 좋은 말벗을 잡았는데, 이렇게 떠나 왔삐리서(와버려서) 노인이 많이 서운했겠습니더."

여관 안주인도 만만찮은 사람이었다. 얼른 계산을 하고 2층으로 올라갔다.

머리를 많이 쓰는 사람은 바다를 가까이 해야 한다. 지자요수知者樂水의 현대적 해석.

그랬다. 노인은 내가 자고 가기를 간절히 바랐다. 그렇지만 새파란 젊은이가 어찌 노인의 신세를 지겠는가. 그것은 정말 체면 없는 짓이다. 그냥 오기를 잘했어.

그것은 진실이 아니다. 사실은 불편한 잠자리가 싫었다. 헛간에서 폴폴 날아오는 소똥 냄새가 거슬렸고, 대청으로 윙윙 날아다니는 모기떼가 두려웠다. 벽에 기대앉아 있는 안노인의 모습에 가슴 시렸다. 따뜻한 물로 씻으니 몸과 마음이 개운해졌다. 바로 내가 바라는 바였다. 노인을 위하는 척했지만 사실은 나를 위해서 떠나왔던 것이다.

피곤했지만 잠이 오지 않는다. 밤바다로 나갔다. 외등 불빛에 검은 바닷물이 일렁거린다. 깨밭골 안노인의 모습이 일렁거리고 어머니의 마지막 모습이 일렁거렸다. 밤바다는 사람을 우울하게 만든다.

가천 암수바위

가천을 들러서 남해 금산까지 가는 것이 오늘 하루의 여정이다.

명바끔 자갈 해수욕장, 너래등 기암절벽 위에서 멀리 바다를 보니 다도해가 그림 같다. 아래를 굽어보니 푸른 것은 자갈이고 허연 것은 솟구치는 파도다. 자갈밭에는 해수욕이 좋겠고 갯바위에는 낚시가 좋겠다. 거뭇거뭇 검은 갯바위에 빨간 점은 무엇인고? 벌건 태양 앞에 웃통을 벗고 낚시하는 사람이다.

문득 벼랑에 마을이 하나 걸려 있으니, 곧 가천마을이다. 앗따, 이 동네좀 보소. 바닷가 산비탈에 붙은 동네가 마치 절벽에 붙은 제비집 같네요. 산

가천 다랑이 논. 산골 다랑이 논은 많지만 바닷가 다랑이 논은 드물다.

비탈에 층층이 논이고 층층이 집이다. 어이하여 가천 사람들은 이곳에 터를 잡았는고? 바닷가 가파른 산비탈에도 명당자리가 있을까?

골목길을 따라 내려가니 바위가 하나 우뚝 솟았다. 소문난 가천 암수바위다. 쭉 뻗어 오른 위용은 뭇 사람들을 압도한다.

암수바위라면 짝이 있다. 그 짝이 되는 바위가 언덕에 엇비스듬히 누웠다. 갸름한 머리에 퉁퉁한 몸매, 마치 사람이 언덕에 누워 있는 듯하다. 하늘 향해 비스듬히 선 바위를 숫바위라 부르고 언덕에 기대어 누운 바위를 암바위라 불러, 사람들은 두 바위를 가천 암수바위로 짝을 맺어주었다.

내가 감상을 하고 있는 사이에 여러 사람들이 다녀갔다. 보는 사람들의 표정이 가지각색이다. 어떤 사람은 싱글벙글하고, 어떤 사람은 넋을 빼고 바라본다. 어떤 사람은 고개를 끄덕끄덕하고, 어떤 사람은 탄식을 한다.

이 암수바위의 점잖은 이름은 '미륵바위'다. 예부터 아이를 못 낳는 여자들은 절에 가서 미륵부처에게 빌었는데, 이 암수바위에 빌다보니 점잖은 이름이 이 바위로 옮겨져 미륵바위가 된 것이다.

새로운 구경꾼이 들어왔다. 젊은 남자가 안내를 하고 부부인 듯한 남녀는 설명을 들으며 뒤를 따른다.

"이게 전국대회에 나가서 일등 한 바위입니다."

안내자가 큰소리로 말했다. 사람들은 껄껄 웃었다.

"우리 동네에도 이런 바위가 하나 있었는데, 건너 창선 청년들이 와서 처박았어요."

나는 귀가 솔깃했다.

뭇사람의 흥미를 끌며 서 있는 가천 암수바위. 성 그 이전의 근원적인 물음을 유도하기
위해 지금까지 서 있다.

"어느 동넵니까?"

"진목입니다."

"아, 며칠 전 진목에서 하룻밤 잤는데…. 그 바위가 어디쯤에 있습니까?"

"바닷가라서 동네 사람이 아니면 잘 몰라요."

마을 사람들은 그 바위를 역시 숫바위라 불렀다. 숫바위는 진목 바닷가에 우뚝 솟아서 건너편 창선섬을 향해 머리를 내미는 형상이었다. 어느 날 창선마을 청년들이 우르르 몰려와서는 숫바위를 바다 속으로 밀어넣어버렸다. 진목 동네 청년들이 따졌다.

"남의 동네에 와서 뭐하는 짓이요!"

"이 바위 때문에 우리 동네 처녀들이 바람이 난다 말이요."

그 이후 창선마을 처녀들의 바람기가 가라앉았다. 그런데 이번에는 진목 마을 청년들이 힘을 쓰지 못했고, 장가 못 가는 청년들이 늘어났다. 나중에는 청년들이 하나 둘 마을을 떠났다는 슬픈 이야기였다.

동서고금을 막론하고 해학과 만담에는 성性이 빠질 수 없다. 그만큼 성이 재미있는 것이다. 그런데 왜 성이 재미있을까?

가천 암수바위에서 더 아래로 내려가니 벼랑이었다. 산더미 파도가 밀려와 절벽과 만나는 모습이 장관이다. 풍경 때문에 가천마을이 생겼을까? 허나 배를 델 수가 없다. 가천에는 조각배 하나 델 수 있는 곳이 없다. 선착장이 없다면 가천은 어촌이라 말하기 어렵다. 선착장이 없으니 배가 없을 것이고, 어촌에서 배가 없다면 살기 어려운 마을이었을 것이다. 나는 벼랑에 붙은 다랑이 논을 떠올렸다. 마을이 저 땅에 생존을 걸었다면 살기가 팍팍했을 것이다.

나는 다시 마을 안쪽을 향해 거슬러 올랐다. 마을 가운데서 이상한 탑을 보았다. 무엇일까? 한참을 기다리니 이윽고 허연 노인이 괭이를 들고 지나간다.

"어르신 저기 뭡니까?"

"빱꾸디기!"

"예?"

"빱꾸디라 카는 기라."

여러 차례 물어서 그것이 밥을 묻어두는 '밥구덩이'인 줄 알았다. 보통은 '밥무덤'이라고 부른다. 다른 고장과는 달리 남해에서는 동제를 지내고 나면 그 밥을 구덩이에 묻는 풍습이 있다. 깨끗한 사람이 깨끗한 참종이에 싸서 깨끗한 곳에 묻어두는 것이 동제의 풍습이다. 그런데 이 가천마을은 유별나게 밥을 묻었다. 마치 절에서 탑을 쌓아 사리를 넣어 두듯이 탑을 쌓고 탑꼭대기에 밥을 묻어두는 것이다.

이 마을에서는 동제를 두 번 지낸다고 한다. 이 밥구덩이에서 한 번 지내고, 저 아래 미륵바위에서 또 한 번 지낸다고 한다. 밥구덩이 동제는 시월 보름이고, 미륵바위 동제는 시월 스무사흘이다. 그 날짜를 꼽아보니 물때와 딱 맞아떨어진다. 시월 보름이면 물이 가장 많이 들고 나는 사리고 스무사흘이면 물의 움직임이 거의 없는 조금이다.

빗방울이 든다. 누가 나를 부른다. 삐죽이 열린 대문 안에서 할머니, 아주머니들이 손짓하여 나를 부른다. 여기 와서 비를 피하라는 뜻이다. 인사를

포구가 아닌 바닷가 벼랑 위에 자리를 잡은 이상한 가천마을.

풍어와 무사를 기원하는 남해의 밥무덤 풍속.

선명한 황토 색깔은 지금도 이 풍속이 계속되고 있음을 말해준다.

하고 고추를 널어놓은 마루에 걸터앉았다.

"낚시 왔는기요?"

"아닙니다."

할머니들이 말을 주고받는다.

"오늘 낚시하는 사람들, 우염(위험)할 낀데."

"요맘때 놀(큰 파도)이 많이 오는데."

"고 사람들 갱물 짠 줄을 모르는 기라."

지난여름 갯바위에서 도시사람이 낚시를 하다가 놀에 휩쓸려 죽었다고
했다. 갱물이 짜다는 말은 바닷물이 무섭다는 뜻이었다. 내가 낚시꾼인 줄
알고 주의를 준 것이었다.

미륵바위 이야기를 슬며시 꺼냈다.

"요새도 미륵바위에 절하러 옵니꺼?"

"요새는 좀 뜸하네."

한때 미륵바위에 빌러 오는 사람이 너무 많아 귀찮을 정도였다고 한다. 멀
리 부산이나 대구에서도 소문을 듣고 오고, 낮에도 오고 밤에도 오곤 했다고
한다.

어떤 사람은 무당을 데리고 와서 아예 푸닥거리까지 했다고 한다. 지금도
발길이 영 뜸한 것은 아니라고 했다. 고기 잡으러 가는 사람이 배를 대놓고
빌고 가기도 하고, 아이 못 낳는 사람이 빌고 가기도 한다고 했다. 하지만 그
영검이 옛날만은 못하다고 한다.

미륵바위에 전해 내려오는 전설이 있다.

때는 지금으로부터 200여 년 전, 이 고을의 원님이었던 조광진의 꿈에 한 노인이 나타났다.

"내가 가천에 묻혀 있는데 사람과 짐승의 통행이 잦아 괴롭구나. 나를 일으켜주면 반드시 좋은 일이 있으리라."

다음 날 고을 원이 아전을 데리고 가천으로 가서 꿈속에서 보았던 곳을 파보니 과연 암수바위가 나왔다. 암미륵은 누운 채 그냥 두고, 숫미륵만 일으켜 세웠다. 그날이 음력으로 스무사흘이었다. 고을 원은 바위 이름을 미륵바위라 봉하고 논 다섯 마지기를 제답으로 받쳐 해마다 제사를 올리게 했다. 마을 사람들은 마을의 안녕과 풍어를 빌기 위해 오늘날까지 이 풍속을 이어오고 있다.

1920년께 욕지 어선이 이 가천 앞바다에서 표류했다. 이때 미륵노인이 피시시 구름을 일으키며 나타났다.

"나는 미륵 세상에서 인간을 구하기 위하여 왔도다다다!"

두려움에 떨며 죽어가는 어부들을 구해주었다. 그후 어부들은 미륵노인에게 은혜를 갚기 위해 해마다 찾아와서 제사를 지냈다고 한다.

미륵바위 옆에 한 할머니가 살았다. 그 할머니는 미륵바위 지킴이었다. 누가 시켜서가 아니라 스스로 그렇게 한 것이었다. 하루도 빠짐없이 촛불을 켜고, 빗질을 하고, 낯선 사람들의 출입을 금하여 부정 타는 것을 막은 것이 40년이었다. 그러나 이제 출입을 막는 사람이 없다. 지킴이 할머니는 벌써 세상을 떠났고, 할머니가 살았던 집도 빈집이 되어 잡초가 무성했다. 뭇 사람들이 드나들며 바위를 감상한다.

비가 그쳤다. 가파른 마을을 오르다가 건너편 학교로 갔다. 학교는 가천에서 가장 넓은 땅이다. 그러나 아이들은 이 마당에서 공놀이 한 번 제대로 못하고 졸업했을 것이다. 그나마 그때가 이 학교의 전성기였을 것이다. 무성한 잡초로 보건대 이제는 다니는 아이도 없는 듯하다.

가천에서부터는 계속 내리막이었다. 중촌, 서촌을 지나니 숙호, 숙호를 지나니 어제 묵었던 월포해수욕장이다. 남면을 한 바퀴 빙 돌아왔다. 비가 떨어지면 물이 되고, 물이 증발하면 구름이 되고, 구름이 비가 되는 것처럼 한 바퀴 돌았다. 곧장 직선으로 직선으로 나아가지 않고 둥글게 둥글게 한 바퀴 돌았다. 나는 자전거를 타면서 돌고 도는 세상의 이치를 배운다.

자전거와 자동차, 장차 자전거는 흥하고 자동차는 망할 것이다. 자전거는 돌고 돌아간다. 페달을 밟으면 다리에 힘이 오르고, 다리에 힘이 오르면 몸이 튼튼해지고, 몸이 튼튼해지면 다시 페달을 힘껏 밟을 수 있다. 이것이 자전거의 돌고 도는 이치이고, 자전거의 미덕이다.

자동차는 돌지 못한다. 자동차는 기름을 먹여야 힘을 쓴다. 기름은 엔진에서 연소가 되고, 그 찌꺼기는 연기가 된다. '타고 남은 재가 다시 기름이 됩니다'라는 말은 한용운의 시에 나오는 말이고, 실제로 재나 연기가 다시 기름이 되는 일은 없다. 자동차는 자꾸 새로운 기름을 먹고 자꾸 새로운 연기를 만든다. 새로운 기름을 만들기 위해서는 새로운 유전을 개발해야 하는데 유전은 화수분이 아니다. 이것이 자동차의 돌고 돌지 못하는 이치이며, 자동차의 비극이다.

용문사 가는 용소를 지나니 벌써 허기가 진다. 신전 삼거리 오르막을 차고 오르니 입에서 허연 연기가 난다. 엊그제 낮잠을 한숨 당긴 곳이다. 나와 같이 낮잠을 잔 청년은 어디로 갔을까? 어제 그 낮잠을 다시 한 번 당길까? 꼬르르, 갑자기 배가 비명을 지른다. 배한테 못할 소리를 했구나. 가자, 원천으로 가자. 원천에서 물 좋은 여관을 잡아서 참하게 씻고 배불리 먹자.

나는 다시 바퀴를 굴렸다. 오르막이 다하니 내리막, 내리막이 다하니 오르막, 땀이 나고 땀이 식고, 고통과 희열을 반복하면서 바퀴가 돌아간다.

쇠는 불에 녹고, 불은 물에 꺼지고, 물은 흙에 먹히고, 흙은 나무에 먹히고, 나무는 쇠에게 베이고, 해가 돌아가고, 달이 돌아가는 것처럼 바퀴는 돌고 돌아간다.

원천이다. 내 생각대로 여관들이 많다. 그러나 겉모양새를 보아하니 내 주머니를 만만찮게 우려낼 것 같다. 문안으로 빼꼼 머리만 밀어넣었다가 주인의 말이 떨어지기 무섭게 뛰어나왔다. 머리가 어질어질했다. 아무래도 오늘 더위를 마신 듯하다. 한 군데 더 들어가 보고는 미련 없이 떴다.

아, 저 여관들은 누구를 위한 여관인가? 지치고 목마른 자가 쉴 수 없다면 어찌 여관이랴. 이 아름다운 바닷길에 러브호텔만 있는 것이 정당한가? 김삿갓 길손이 머물 수 있는 값싼 주막(게스트하우스)은 왜 없는가?

나는 다시 바퀴를 돌렸다. 등에서 찐득찐득한 게 배어나왔다. 땀이 아니라 기름일 것이다. 들어간 게 없으니 기름이 분해되어 나온다.

지금 여기, 멈춰야 한다는 것을 알았지만, 나는 멈추지 못하고 있다. 조금만 더, 조금만 더, 하며 죽을힘을 다해 바퀴를 굴리고 있다.

차 대신 배가 한 척씩 있는 벽작개

소막골을 지나니 오르막, 물속으로 자맥질하는 오리처럼 궁둥이를 치켜들고 발판을 밟았다. 그러나 속력은 점점 줄어들고 결국 자전거는 멈추고 말았다. 입에서 시커먼 연기가 났다. 질질 끌어서 전망이 좋은 언덕 위에 섰다. 곧 죽어도 전망이다. 물 건너 작은 섬이 노도다. 노 젓는 뱃사공의 노를 만드는 섬이라 하여 노도라는 이름이 붙었고, 삿갓처럼 생겼다 해서 삿갓섬이라고도 한다.

언덕에서 곧장 아래로 내리박으며 마을로 내려갔다. 마을 이름이 벽련碧蓮이다. 마을이 푸른 연꽃처럼 생겼다는 뜻인가? 그러나 이곳 사람들은 그냥 벽작개라 부른다.

자전거를 세워두고 걸어서 마을을 한 바퀴 돌았다. 정자나무가 마을 가운데에서 숲을 이룬다. 아름드리나무로 보건대 하루아침에 이루어진 마을이 아니다. 정자나무 사이로 민박집들이 보이고 이쪽저쪽 횟집이 세 개나 되었고, 여관도 하나 있다. 방파제에서는 마을 사람들이 나와서 기중기로 배를 바다에 띄운다. 엊그제 태풍을 피하기 위해 바다에서 건져냈던 배들이다. 웬 배가 이리도 많은고? 벽작개마을에는 집집마다 차 대신 배가 한 척씩 있는 모양이다.

여관이 아닌 민박집을 골라 들어갔다. 민박집도 만만찮다. 성수기가 지났다며 반값으로 부른 가격이 2만 원이었다. 나는 5천 원을 깎아서 짐을 풀었다.

"노도 들어가는 배가 언제 있습니까?"

"낚시 갈 낀가?"

"아닙니다, 사진 찍으러 갑니다."

"내일쯤 들어가는 배가 있을 끼거마는."

오늘은 없고 내일쯤이면 낚싯배가 들어갈 것이라고 했다. 노도에는 정기 연락선이 없다. 드나드는 사람이 없기 때문에 그런 것이 아니라 집집마다 자가용 배가 있으니 연락선이 다닐 필요가 없는 것이다.

목욕을 하고 마을 입구에 있는 횟집으로 갔다. 아까 보아두었던 집이다. 집은 허름해도 그 집의 수족관이 내 마음에 들었다. 쥐고기, 베도라치, 노래미, 문조리, 모두 자연산이다. 그 볼품없는 이름들이 자연산임을 보증한다.

이 집 아저씨 구릿빛 얼굴을 보아하니 횟집 주인보다는 고기를 잡는 어부쪽에 가깝다. 역시 직접 고기를 잡기도 한다고 했다. 원래 고향이 노도였다. 조상 대대로 노도에서 고기를 잡아오다가 이제 큰 섬으로 나와 새로운 사업을 시작한 것이다.

"원래 양아리의 1번지는 노도입니다."

노도, 벽작개, 작은량(소량), 큰량(대량) 순으로 양아리의 번지수가 매겨져 있었는데, 얼마 전 행정개혁인가 개핵인가 하면서 거꾸로 매겨버렸다는 것이다.

"빌어먹을 놈들이 노도를 1번지에서 말번지로 바까뻤어!"

노도 원주민은 분노했다. 그런데 번지에 1번과 말번에 무슨 차이가 있지? 성적순이나 살기 좋은 동네 순이라면 모를까? 어느 동네가 가장 살기 좋은 동네였을까? 그건 잘 모르겠지만, 가장 살기 안 좋은 동네 1번지는 알겠다. 노도다. 귀양터였으니. 유배 2,000리 정도의 성적은 받아야 족히 입주가 가능한 섬이었다.

옛날옛날 한 옛날, 노도에는 일은 하지 않고 늘 놀면서 먹고사는 할아버지가 살았다. 그 할아버지를 가리켜 노도 사람들은 '노자묵고 할배'라 불렀다. '노자니 할배'라 부르기도 했다. 섬 아이들에게 그 할배는 이상한 할배였다. 다른 할배들은 바닷가에 나가 고기를 잡거나 밭에 나가 김을 매는데, 이 할배는 늘 집안에 틀어박혀 있었다. 가끔 아이들은 꼴 베러 갔다가 할배가 하는 짓을 지켜보았다. 어떤 날은 종일 꼼짝 않고 글을 읽었고, 어떤 날은 노자니언덕에 올라가서 물끄러미 바다만 바라보았다.

다음 날 아침은 민박집에서 먹었다. 안주인은 연신 '찬이 없어서' 하며 미안스러워 했다. 그 없는 찬 가운데 내가 맛있게 먹은 것은 갈치회였다. 채소를 섞어 초고추장으로 무쳐내는 갈치회로 나는 밥을 두 그릇이나 먹어 치웠다.

갈치회는 아무 곳에서나 먹을 수 있는 음식이 아니다. 횟집에 가서 '갈치회 주소!' 하면 콩과 보리를 가리지 못하는 사람이 된다. 갈치회는 이런 어촌 민가나 어촌 횟집에서만 먹을 수 있는 바닷가 음식이다. 갈치라는 족속은 성질이 급해 물을 떠나면 곧바로 뻐덩뻐덩 해진다. 그러니 바닷물에서 건져내자마자 칼질을 해야만 회로 먹을 수 있는 것이다.

오늘 노도 들어가는 배가 없으면 어쩌나? 주인어른이 그런 쓸데없는 걱정일랑 말고 낮잠이나 자라고 했다.

"안 되모 내 배로 실어줄 테니까, 푹 주무시게."

오전 내내 빈둥거리다가 점심때를 맞았다. 역시 안주인은 '찬이 없어서' 하며 밥상을 내놓는다. 이번에는 된장찌개였다. 곁들여진 감자 맛도 일품이지만 된장 자체가 맛이 있었다. 된장국을 밥에 비벼 두 그릇을 해치웠다. 엊그제 놓친 끼니를 이 집에서 완전히 만회했다.

낮잠이 드는가 싶은데, 소리가 들렸다.

"배 들어간다!"

나는 배낭을 들고 후닥딱 뛰었다. 중년 남자 넷, 여자 넷 짝을 지어 대구에서 낚시를 왔다고 했다. 짐을 얼마나 가져왔는지 배가 두 번을 왕래해야 한다고 했다. 대구 사람들이 노도에서 아예 살림을 차릴 모양이다.

"노도에 민박집이 있습니까?"

내가 사공에게 물었다.

"집집마다 다 민박을 하요."

10분도 안 걸려 배가 노도에 닿았다. 언덕 위에 한 어른이 선창을 내려보며 앉아 있다. 보아하니 저 어른을 피해갈 도리가 없다.

"마을의 공동 민박집에 묵을 수도 있으시다."

그 어른이 말했다. 꼭 우리 집에 묵지 않아도 좋다는 말이다. 그렇게 말하는데 내가 어찌 다른 집으로 가겠는가.

구릿빛 얼굴에 갓 쉰을 넘긴 듯한 나이, 역시 노도 토박이였다. 하긴 이런 외딴섬에 토박이가 아니면 어떻게 살겠는가. 어른의 성은 김씨였다. 김씨는 13대째 노도에서 살아온 사람이었다. 다른 두 집안과 함께 가장 먼저 노도에 터를 잡았다고 했다. 13대면 300년이다. 아마 임진왜란 이후에 들어왔을 것이다. 그렇다면 김씨의 윗대 어른은 이곳에 귀양 온 사람을 잘 알았을 것이다.

'노자묵고 할배'의 섬, 노도

　　짐을 풀자마자 '노자묵고 할배'가 살았던 흔적을 찾아 나섰다. 마을 뒷길, 능선을 따라 올랐다. 시멘트 포장길이 끝나는 곳에 정수탱크가 있고 거기서부터 두 갈래 길이다. 윗길과 옆길, 직각으로 두 길이 벌려 있다.

　　"옆길은 집터로 가고, 윗길은 노자니 멧등(뫼)으로 가는 길이요."

　　김씨가 그렇게 일러주었다. 나는 먼저 윗길을 잡았다. 희미한 길로 잡초가 우거지고 찔레 가시가 종아리를 훑어간다. 소나무 숲이 우거지면서 길이 끝났다. '서포 김만중의 무덤터'라고 쓰인 작은 비석 하나가 소나무들로 둘러싸였다. 여기가 바로 노자니 할배의 무덤자리다. 김씨는 '노자니 멧등이'라고도 불렀다. 노자묵고 할배가 묻힌 곳이라는 뜻이다. 김만중이 처음 묻혔던 자리다.

"이 무덤 터에는 이상하게도 나무가 자라지 않으시다."

노도 토박이 김씨의 말처럼 둘레에는 소나무가 우거졌지만 무덤자리에는 나무가 전혀 없다. 사무친 한이 땅에까지 맺혔더란 말인가.

소나무 그늘에 앉았다. 찌르르 찌르르 풀벌레가 운다. 한이 맺히기로야 김만중만 한이 맺혔겠는가. 류명현 또한 이 남해섬에서 모진 한을 품고 죽었다. 죽은 해가 숙종 29년, 그때 나이 예순이었다. 김만중이 숙종 18년에 죽었으니, 류명현은 김만중보다 9년 뒤에 죽은 것이다.

류명현은 숙종 원년에 부수찬이 되고 숙종 4년에 전라도 관찰사가 되었다가 남인이 실각하자 권대운 등과 함께 벼슬에서 떨어졌다. 숙종 15년 기사환국으로 남인이 다시 살아나자, 형조판서에 올랐고 이듬해 다시 이조판서가 되었다. 숙종 20년 갑술옥사로 남인의 세력이 땅에 떨어지자, 류명현의 벼슬도 떨어지고 흑산도로 유배되었다. 잠시 풀려났다가 숙종 27년 이곳 남해도로 귀양 와서 두어 해 귀양살이를 하다가 죽었다.

남해 어디에서 귀양살이를 하고 어디에 묻혔는지는 알려져 있지 않다. 이 노자니 언덕에 묻혔던 '노자묵고 할배'가 바로 류명현일지도 모른다.

류명현은 김만중과는 반대쪽 길을 걸었던 사람이다. 김만중이 떨어지면 류명현이 올라가고 류명현이 올라가면 김만중이 떨어졌다. 숙종 원년 김만중이 남인 우두머리 허적과 윤휴를 탄핵했고, 이런 김만중을 류명현이 탄핵했다. 그로 인해 김만중은 동부승지 벼슬이 떨어지기도 했다. 두 사람은 조정에서 눈을 부라리고 싸우다가 모두 이곳으로 와서 죽었다.

《서포연보》에 보면 김만중이 죽자 남해에 가매장했다가 두어 달 뒤 그 자손들이 시신을 고향으로 옮겨갔다고 했다. 이 빈 무덤 자리가 그 가매장을 했던 자리가 아닐까? 그렇게 본다면 이곳이 서포가 묻힌 자리일 가능성이 높다.

노자니 언덕을 내려와서 정수장의 갈림길에 다시 섰다. 정수장의 물은 모두 이 골짜기에서 흘러든 물이다. 노도의 생명수다. 이곳에 집이 들어설 수 있는 입지조건인 것이다.

옆길을 파고들었다. 이번에는 집터를 찾아간다. 칡넝쿨이 우거진 가운데 누가 길을 뚫어놓았다. 김씨의 말로는 얼마 전 KBS에서 촬영을 하면서 길을 냈다는 것이다. 요새 이 노도가 부쩍 유명해졌다고 한다.

몇 년 전에는 서양 사람 하나가 이 노도를 답사하고 갔다고 했다. 그 사람은 아마 프랑스 학자 부세Bouchez였을 것이다. 부세는 김만중에 흠뻑 빠진 사람이다. 김만중의 작품에 관한 여러 편의 논문을 발표했으며 한국에도 가끔 드나드는 동양학 학자다. 프랑스 학자가 조선시대의 소설가를 연구하기 위해 노도에 드나든다? 그렇다면 우리가 노도를 너무 무심히 여긴 것은 아닐까?

그러나 길은 중간에서 끝이 났다. 여기 짬에서 촬영을 하고 돌아간 모양이다. 나도 돌아섰다. 샌들을 벗고 장화와 낫을 빌려 중무장을 하고 다시 돌아왔다. 끊어진 길에서부터 칡넝쿨을 쳐냈다. 이곳은 아마 오래 전에는 밭이 있었을 것이다. 사람이 밭을 버리기가 무섭게 가장 먼저 칡이 이 땅을 점령해버렸다. 칡은 인간을 공격하는 자연의 선봉이다.

노를 만드는 섬 노도. 삿갓처럼 생긴 삿갓섬. 유배 2,000리 정도의 성적은 받아야 족히 입주할 수 있었던 외딴섬이다.

나는 칡넝쿨에 정복당한 유적을 찾기 위해 칡을 공격했다. 왼쪽으로 베고 오른쪽으로 베고 나중에는 마구잡이로 휘둘렀다. 갑자기 다리가 뜨끔했다. 낫이 장화를 뚫고 정강이를 찍어버렸다.

칡밭에서 물러나 오리나무 그늘로 들어갔다. 장화 덕에 상처는 그리 깊지 않았다. 우선 침을 발라 소독을 했다. 웃옷을 훌렁 벗어 제꼈다. 바닷바람이 땀을 씻어간다. 멀리 벽작개, 작은량, 큰량이 한눈에 보인다. 전망이 좋은 곳이다. 유배객이 산다면 외롭겠지만 은둔한 사람이 산다면 말년을 보낼 만한 곳이로다.

서포 김만중은 숙종 15년(1689년)에 이곳으로 귀양 왔다가 숙종 18년 이곳에서 죽었다. 3년을 여기에서 살았으며 그동안 〈사씨남정기〉 〈구운몽〉과 〈서포만필〉을 지었다. 조선시대의 소설가 김만중이 이곳 노도에서 어떻게 살다가 어떻게 스러져 갔는가?

옷을 입고 낫과 모자를 챙겼다. 오늘은 졌다. 하지만 내일 다시 돌아오겠다. 길 위에도 고구마밭, 길 아래도 고구마밭, 노도에는 고구마밭이 많다. 어스름 고구마밭에는 아직도 일손을 거두지 못하는 한 아낙네가 있다.

민박집으로 들어섰다. 아저씨는 어디서 한잔 하셨는지 얼큰하다. 아직도 아주머니가 돌아오지 않았다고 투덜거린다.

"이 여편네, 고구마밭을 매고 있나 쫓고 있나!"

고구마밭의 그 아주머니가 이 집 안주인이로구나. 어둑 녘에 돌아온 아주머니는 아저씨를 몹시 몰아부쳤다.

"빽, 일할 생각은 안 하고 대낮부터 술이나 마시고."

그러다가 낯선 손님을 보더니 슬며시 소리를 낮추고 부엌으로 들어간다.
오늘 이 아저씨 내 덕 본다.

다음 날 아침을 먹자마자 민박집을 다시 나섰다. 늦게 나가면 하늘 또한 적
군이 되기 때문이다. 장비도 보완했다. 어제 다리를 찍은 낫에다가 지게 작대
기를 더했다. 초장부터 과감하게 치고 들어갔다. 이 밭 저 밭을 베고 두들겼
다. 비석이 있어 표가 난다고 하던데…. 그러나 비석도 집터도 보이지 않았다.

걱정했던 땡볕이 나타나면서 나는 낫과 작대기를 집어던지고 항복했다.
나무 그늘에 퍼져 앉았다. 도대체 어느 구석에 비석을 감추고 있을까?

한 노인이 염소를 몰고 나온다. 나는 꾸벅 절을 하고 내가 하고 있는 짓을
설명했다. 노인은 준비나 해놓은 듯이 대뜸 말했다.

"저어쪽 산비탈로 돌아가.

그 아래 우물이 있고 그 옆에 비석이 있어. 그라고 집 뒤 바위에는 검정 자
국도 있어."

손가락으로 하늘과 땅을 가리키며 설명했다. 노인은 천문과 지리를 꿰뚫
은 제갈공명이었다.

"짜다라(그다지) 볼 것도 없는데 요새 사람들 거 뭐하러 댕기샀는고(다니
는가)?"

여기에 오는 사람이 한둘이 아닌 모양이다. 내가 창과 칼을 들고 앞장서
자 못 미더운지 노인이 뒤를 따른다.

"젊은이 혼자서는 못 찾을 끼요."

김만중이 귀양살이하던 초당. 문학 작품을 구상하는 데는 유배 초당만 한 것이 없다.

초당 옆의 우물. 이 우물이 초당 복원의 근거가 되었다.

노인은 뒤쪽에 서서 이리저리 일러준다. 드디어 작은 비석이 하나 드러났다.

돌비석, 300여 년 전 한 노인이 귀양살이하던 곳이다. 그 넓이가 열 평을 채 넘지 못한다. 그것뿐이었다. 조선시대 소설가, 여기서 3년 귀양 살고 비석 하나로 남았다. 한양 한 세도가의 한평생 영화와 몰락이 여기 한 개의 돌덩이로 남았다. 이틀에 걸쳐 그토록 헤매었던 것은 한 개의 돌멩이였다. 나는 돌멩이를 한 번 만져보고는 우물가 동백 그늘로 들어갔다(근래 김만중 초당이 복원되었다).

우물가에 앉았다. 잡초가 무성한 가운데 맥문동이 홀로 보라색 꽃을 피웠다. 노인이 예부터 전해지는 우물이라고 했다. 어릴 때 소를 먹이러 오면 토끼처럼 우물가에서 놀았다고 했다. 지금도 샘은 변함없이 솟는다. 하지만 이제 물을 먹는 사람은 없고, 개구리들만 드나들 뿐이다.

아래로 바다가 한눈에 들어왔다. 건너 벽작개 위로 금산이 아지랑이 속에 일렁거리고 멀리 다도해가 아스라하다. 이따금 들리는 소리는 뱃고동 소리요, 쉼 없이 들리는 소리는 파도소리로다.

권문세가 김만중 집안

김만중을 찾아 이 책 저 책 뒤지다가 놀라운 것을 발견했다. 김만중의 형이 숙종 임금의 장인이었고, 증조할아버지가 사계 김장생이었다. 김장생은 조선 예학의 태두다. 예사로운 집안이 아니었다. 그리하여 나는 아예 광산 김씨 족보를 뒤져보았다. 김만중과 관계있는 부분만 뽑아서 적어본다.

❶ 김장생 ▸ 김만중의 증조할아버지

　　❷ 김집(판중추부사) ▸ 김만중의 큰할아버지

　　❷ 김반(참판) ▸ 김만중의 할아버지

　　　　❸ 김익겸 ▸ 김만중의 아버지

　　　　　　❹ 김만기(숙종 장인/판서) ▸ 김만중의 형님

　　　　　　　　❺ 김진구

　　　　　　　　　　❻ 김춘택

　　　　　　　　　　❻ 김보택(참판)

　　　　　　　　　　❻ 김운택(참판)

　　　　　　　　　　❻ 김민택(교리)

　　　　　　　　❺ 김진규(판서)

　　　　　　　　　　❻ 김양택(영의정)

　　　　　　　　❺ 인경왕후(숙종 왕비)

　　　　　　❹ 김만중(우참찬)

　　　　　　　　❺ 김진화(목사)

　　　　　　　　❺ 김진상(판서)

　　　　❸ 김익훈(참판) ▸ 김만중의 작은아버지

　　　　　　❹ 김만채(참판)

　　　　❸ 김익경(대사헌) ▸ 김만중의 작은아버지

위의 가계는 김만중의 증조할아버지인 김장생을 1대로 보았을 때 같은 번호가 같은 세대다. 이 족보에서 보는 바와 같이 김만중·김만기 형제의 아버지가 김익겸이고, 김익겸의 아버지가 김반이고, 김반·김집 형제의 아버지가 김장생이다.

김장생은 율곡 이이로부터 학문을 정통으로 이어받은 수제자였다. 스승의 학문 가운데서 특히 '예禮'를 깊이 공부하여 '예학禮學'이라고 하는 새로운 학풍을 일으켜 조선 예학의 창시자가 되었다. 김장생의 예학을 이어받은 이가 김집이었고, 김집의 학문을 이어받은 이가 송시열, 송준길이었다.

이이 → 김장생 → 김집 → 송시열, 송준길

이는 하나의 학통이기도 하지만 서인의 종통이기도 했다.

김만기, 김만중의 어머니가 윤씨 부인이었고 윤씨 부인의 4대조 할아버지가 윤두수였다. 윤두수는 선조 임금 때 영의정을 지낸 서인의 우두머리였다. 김만중의 집안은 조선 중기 최고의 권문세도가였고, 당파로 보자면 골수 서인이었다.

그러나 김만중은 엄청난 불행 속에서 태어났다. 아버지 김익겸이 병자호란 중에 순절했기 때문이다.

오랑캐가 강화도 바다를 건너오자 생원공(김만중의 아버지)은 강화성을 죽음으로 지키고자 하였다. 결국 강화성이 함락되었고, 생원공은 김상용(척화파 김상헌의 아우)과 함께 남문에서 장렬히 분사하였다. 이튿날 서 부인(김만중의 할머니)도 자결하였다. … 윤 부인(김만중의 어머니)은 바깥 마을에 있었으므로 뒤에 소식을 들었다. '갯가로 가서 배를 얻으면 살 것이요, 얻지 못하면 마땅히 물에 몸을 던져 적에게 욕을 보지 아니함이 옳으리라' 하였다. 다행히 배를 구하여 다섯 살 난 서석공(김만기)을 데리고 배를 탔다. 부군(김만중)이 피난가는 배 위에서 태어나니 어릴적 이름을 선생船生이라 하였다.

《서포연보》에 나오는 글이다. 병자호란 중에 아버지는 전사하고 할머니는 자결했다. 어머니 윤씨 부인은 어린 만기를 안고 배로 피난을 가다가 배 위에서 만중을 낳은 것이다.

만기, 만중 형제는 외가에서 자랐다. 그러나 의지하던 할아버지와 외할아버지마저 일찍 죽어 집안이 곤궁하기 이를 데 없었다. 윤씨 부인이 손끝에 피가 맺히도록 바느질을 하여 생계를 꾸렸다고 한다.

그러나 김익겸의 의로운 죽음은 후손들에게 크게 음덕을 끼친다. 김만기의 딸이 세자빈으로 간택되고 뒤에 왕비가 되었다. 바로 숙종 임금의 첫째 왕비 인경왕후다. 김만기는 광성부원군에 봉해지고 훈련대장, 병조판서를 거치면서 서인의 실세가 되었다. 김만중은 홍문관대제학, 병조판서를 거쳐서 종1품 우참찬의 벼슬에 이르렀다. 그 뒤로 벼슬을 한 후손들이 구름처럼 일어났다. 모두 김익겸의 음덕이었다.

김만중과 윤선도

1443년 세종대왕이 한글을 창제하고 이어 〈용비어천가〉를 지었다.

불휘 기픈 남간 바라매 아니뮐째 곶 됴코 여름 하나니
새미 기픈 므른 가마래 아니 그츨째 내히 이러 바라래 가나니
-2장

    21세기 우리는 풍요로운 말글살이를 하고 있다. 폰으로 문자를 주고받으며 컴퓨터로 댓글을 누리고, 문학작품을 쓰거나 즐긴다. 15세기의 뿌리 깊은

나무에서 지금 맛있는 열매가 열렸다. 15세기에 깊은 샘에서 흘러나온 샘물이 지금 바다가 되었다.

그 열매가 열리는 데는 500년의 세월이 필요했다. '내가 이루어져 바다에 가나니', 중간에 수많은 '내'가 있었기에 오늘 바다에 이를 수 있었던 것이다.

빼어난 '내'를 꼽는다면?

시조로는 고산 윤선도가 으뜸이고, 가사로는 송강 정철이 최고다. 소설로는 교산 허균과 서포 김만중이 뛰어났다. 송강, 고산, 교산, 서포, 모두 우리말글을 잘 부려 써서 아름다운 말글을 후세에 전해주었다. 그 공을 잊지 않기위해, 더욱 계승 발전시키기 위해 선인들의 작품을 국문학사에 기록해두고후손들에게 가르치고 있다.

김만중이 남해로 귀양을 와서 지은 책 가운데 《서포만필》이 있다. 그《서포만필》에 보면 놀랍게도 정철과 허균에 대해 논평한 글이 나온다.

송강의 〈관동별곡〉과 〈전·후사미인곡〉은 조선의 이소다. 이 세 노래는 표현이 속되지 아니하고 감정을 꾸밈없이 잘 드러내었으니, 자고로 조선의 참문장은 이 세 편뿐이다.

이것은 정철의 가사를 두고 김만중이 논평한 글이다. 정철의 가사를 두고초나라의 충신 굴원이 귀양 가서 지은 명문장 '이소離騷'에 비유하며 참문장은이뿐이라 했으니, 김만중이 정철의 글에 대해 최고의 찬사를 보낸 것이다.

허균의 글이 사대부 사이에 널리 읽히고 있다. 그 글의 품격은 그다지 높지 않으나 글재주와 담긴 정서는 보통 이상이다. … 만약 허균이 진송시대晉宋時代에 태어났더라면 범울종이나 은중부와 같은 사람이 되었을 것이다.

이것은 허균의 글을 두고 김만중이 논평한 글이다. 범울종은 진나라 때에, 은중부는 송나라 때에 문명을 날린 사람이다. 그러나 두 사람은 모반을 했던 사람이다. 허균 또한 역모죄로 능지처참을 당했으니 김만중의 허균에 대한 평가는 호평이라 보기 어렵다. 정철은 선조 때 사람으로 당색이 서인이었으며, 허균은 광해군 때 사람으로 당색이 동인이었다.

김만중은 《서포만필》에서 윤선도에 대해 언급한 것이 없다. 당시 윤선도가 보잘것없는 사람이었을까, 아니면 시대가 맞지 않은 것일까? 두 사람의 신원을 조사해보니 놀랍게도 두 사람은 얼굴을 맞대고 같은 시대를 함께 살았던 사람들이 아닌가. 뿐만 아니라 한때 김만중이 윤선도를 탄핵하기까지 했다.

김만중이 1637년에 태어나 쉰여섯에 죽었고, 윤선도는 1587년에 태어나 여든다섯에 죽었다. 그러니까 윤선도가 김만중보다 50년 앞에 태어난 것이다. 윤선도가 쉰이 되는 해에 김만중이 태어난 것이다. 윤선도가 여든다섯 살로 죽는 해에 김만중이 서른다섯이었으니, 노인과 청년으로 두 사람은 함께 조례에 참석했을 것이다. 윤선도는 남인, 김만중은 서인이었으니, 남인의 원로와 서인의 애송이로서 두 사람은 잠시 눈을 부라리며 경복궁을 드나들었을 것이다.

두 사람의 행적을 살피면서 나는 이들의 성격이 비슷하다는 것을 발견했다. 시조를 썼던 사람과 소설을 썼던 사람, 문학을 한 사람이라 그런지 두 사람은 닮은 점이 있다.

두 사람 모두 성품의 곧기가 대쪽 같았다. 마음에 품은 바가 있으면 상대를 가리지 아니하고 거침없이 내뱉었다. 윤선도는 남인의 선봉에 서서 서인을 탄핵했으며, 김만중은 서인의 선봉에 서서 남인을 탄핵했다. 윤선도는 서인의 우두머리 송시열을 탄핵했으며, 김만중은 남인의 우두머리 허적과 윤휴를 탄핵했다. 말하자면 윤선도는 남인의 대변인이었고, 김만중은 서인의 대변인이었다. 그러다 보니 두 사람은 상대 당의 집중 공격의 대상이 되었으며 자주 귀양을 갔던 것이다.

그런 곧은 성품 탓으로 두 사람 모두 평생 동안 세 차례에 걸쳐 귀양살이를 했다. 윤선도는 함경도 경원, 경북 영덕, 함경도 삼수에서 20여 년 동안 귀양살이를 했으며, 김만중은 강원도 고성, 평안북도 선천, 경남 남해에서 5년 동안 귀양살이를 했다.

김만중이 윤선도를 어떻게 탄핵했으며, 두 사람이 어떻게 비슷한지 당시 행적을 통해서 더듬어본다.

김만중이 서른두 살 되던 해에 윤선도를 탄핵했다.

"간사한 무리들이 조정을 조롱함이 있을까 두렵습니다."

간사한 무리란 바로 윤선도와 권시를 일컬음이다. 10여 년 전 윤선도가 송시열을 죽이고자 했고, 윤선도가 서인에게 되레 몰리게 되자 권시가 윤선도의 편을 들어 구해준 일이 있었다. 송시열을 따르는 김만중이 그런 해묵을 일을 꺼내어 윤선도와 권시를 싸잡아 탄핵한 것이었다. 이때 윤선도의 나이 여든둘, 지난날 송시열을 탄핵한 죄로 삼수에 귀양을 갔다가 막 풀려나 보길도에서 마지막 여생을 보내고 있는 중이었다. 그런 윤선도를 김만중이 다시 걸어넣을 작정이었던 것이다. 윤선도가 송시열을 탄핵한 데 대한 끈질긴 보복이었다. 그러나 현종은 김만중의 상소에 비답(신하의 상소에 대해 임금이 내리는 답)을 내리지 않았다.

지난날 어떤 일이 있었기에 김만중이 윤선도를 그토록 끈질기게 탄핵을 했을까? 이야기는 10여 년 전으로 거슬러 올라간다.

효종 임금이 죽었다. 효종 임금이 죽자 조정에서는 아직 살아 있는 효종의 어머니(계모) 조대비의 복상을 1년상으로 할 것이냐, 3년상으로 할 것이냐를 두고 의견이 둘로 나뉘었다. 이른바 '예송 논쟁'이었다. 서인의 송시열, 송준길은 1년상을 주장했고, 남인의 허목, 윤휴는 3년상을 주장했다. 효종이 비록 둘째 아들이지만 왕권을 계승했다는 점에서 보면 종통을 이은 것이 된다. 그러나 죽었지만 엄연히 장자인 소현세자와 조카들이 있다는 점에서 보면 한 집안의 적통은 되지 못한다. 종통을 이었다는 측면에서 보면 3년상을 치러야 하지만, 적통을 잇지 못했다는 측면에서 보면 1년상을 치러야 하는 것이다. 현종은 송시열의 손을 들어주었다.

남인의 우두머리 허적이 윤선도를 찾아갔다.

"윤 승지는 송시열의 기년상(1년상)을 어떻게 생각하시오?"

송시열을 탄핵하라는 말이었다.

"윤 승지에게는 이이첨의 기세를 꺾은 병진소의 기개가 있잖소?"

윤선도로서는 곤혹스러운 일이었다. 광해군 때 이이첨을 베어야 한다는 병진소丙辰疏를 올렸다가 아버지는 벼슬이 떨어졌고 자신은 경원에서 8년 동안 귀양살이를 했던 것이다. 이번에도 깃대를 메고 앞장을 서라는 말이었다.

"윤 승지 힘을 내시오. 송시열, 송준길만 꺾으면 서인은 장수 잃은 졸개요."

윤선도가 상소를 올렸다.

"송시열이 기년상으로 선왕(효종)을 능멸했습니다. 종통을 물려받았음에도 적장자가 될 수 없다면 선왕이 가짜 임금이란 말입니까? 송시열이 사가의 법도로 왕실의 법도를 어지럽혔으니, 그 죄를 엄히 물어야 합니다. 항간에 조선이 송시열의 나라라는 소문이 떠돌고 있습니다."

윤선도가 송시열을 죽이기 위해 칼을 뽑은 것이다. 중도파인 권시가 달려와서 말렸다.

"공의 말이 너무 거칠어 듣고 있자니 등에 식은땀이 납니다."

"나 같은 늙은이가 아니면 어찌 불충한 무리를 경계할 수 있겠소."

이때 윤선도의 나이 일흔셋, 벼슬은 종4품 동부승지였다. 윤선도가 남긴 시는 아름답지만 정적에게 내뱉는 말은 서릿발이 돋았다. 윤선도는 남인의 선봉 돌격대였다.

이 상소를 들은 송시열을 비롯한 서인들은 간담이 서늘했다. 효종이 가짜 세자라면 금상인 현종도 가짜 왕이 되는 것이고, 그렇게 되면 송시열은 임금을 능멸한 죄로 목이 달아나게 된다. 서인의 화살이 일제히 윤선도에게 날아갔다.

"윤선도가 음흉한 상소로 대신들을 모함하였습니다. 마땅히 사약을 내려야 하옵니다."

그 기세가 마치 늙은 곰에게 달려드는 승냥이 떼와 같았다.

권시가 중간에서 간하였다.

"윤선도는 사심 없이 말하는 선비일 뿐입니다."

현종이 윤선도를 벌하였으나 목숨은 살려주었다.

"내 큰 벌을 내릴 것이로되 선왕(효종)의 사부로 차마 그러지 못하겠구나. 선도를 삼수로 내쳐라."

일흔셋이면 이미 세상의 시비를 초월할 나이, 그러나 윤선도는 옳다고 믿으면 상대를 가리지 않고 목숨을 걸고 간하였다. 윤선도는 그런 사람이었다.

김만중 또한 그런 사람이었다. 김만중이 윤선도를 걸었지만 정작 걸고 싶은 상대는 남인의 우두머리들이었다.

김만중의 나이 서른일곱, 임금의 경연 자리에서 서인의 우두머리 허적을 탄핵했다.

"송준길이 허적의 모함으로 한을 품고 땅속에 묻혔습니다. 허적이 또 송시열을 음해하고 있으니, 허적은 결코 군자가 아닙니다."

이때 김만중의 품계가 종5품, 벼슬이 홍문관 부교리였다.

현종 임금이 화를 내며 말했다.

"네가 어떻게 아느냐?"

"허적이 다른 사람을 부추겨 중신을 음해하고 있습니다."

임금이 자리를 치며 말했다.

"지난 국상 때 윤선도가 송시열을 탄핵한 것을 두고 말하는가."

"허적은 심성이 곧지 못합니다. 허적을 멀리 하셔야 합니다."

"김 아무개가 수상 가는 것을 우습게 여기는구나. 내 이런 작태를 그냥 두고 볼 수 없도다. 김 아무개의 벼슬을 떼고 문초하라."

김만중은 벼슬이 떨어졌고, 이듬해 금성(강원도 고성)으로 귀양을 갔다. 허적은 자기 때문에 김만중이 귀양을 간 사실이 마음에 걸렸다.

"전하, 신하가 간하는 것은 마땅히 해야 될 일입니다. 김만중이 간하다가 귀양을 갔으니, 주상의 영명한 덕에 누가 되지 않을까 염려됩니다. 또한 김만중은 효성이 지극한 효자로 여든에 가까운 홀어미를 두고 객지에서 귀양살이를 하고 있는 모습이 불쌍하기 짝이 없습니다."

"만중의 효성이 그토록 지극한가?"

임금은 잠시 생각하다가 만중을 풀어주라고 했다. 김만중은 1년 만에 풀려났다.

현종이 죽고 숙종이 즉위했다. 선왕의 묘지문을 써야 하는데 숙종이 누구에게 쓰게 하면 좋겠는가 하고 물었다. 왕의 묘지문은 학덕을 두루 갖춘 사람이 쓰게 된다. 서인의 주청으로 숙종은 송시열에게 묘지문을 쓰게 했다. 이에 진주의 유생 곽세건(곽재우의 종손자)이 상소를 올렸고, 이에 남인들이 호응하여 들고 일어났다.

"전하, 시열은 효종대왕을 인조대왕의 서자로 만들어 왕통을 무너뜨린 자입니다. 이런 죄인에게 어찌 선왕의 묘지문을 짓게 할 수 있겠습니까? 거두어

주옵소서."

숙종이 남인의 손을 들어주었다.

"송시열을 멀리 귀양 보내고, 송준길의 관작을 삭탈하라."

이미 죽은 송준길의 관작을 빼앗고 송시열을 거제도로 귀양 보냈다. 이에 김만중이 소매를 걷어붙이고 나섰다. 이때 그의 벼슬은 정3품 호조참의였다.

"전하, 선왕(현종)께서 과연 송시열과 송준길의 죄를 소급해서 벌하길 바라겠사옵니까? 청컨대 하명을 거두어주옵소서. 그렇지 않으면 소신에게도 벌을 내려주십시오."

임금은 비답 없이 동부승지로 자리를 옮기라고 명했다. 좌천이었다. 김만중은 분을 삭이며 때를 기다렸다.

마침 경연에서 남인의 우두머리 윤휴가 성현의 이름을 부르는 것이 잘못된 일이 아니라고 했다. 이는 '주자朱子가 범접할 수 없는 교조가 아니라 한 사람의 학자 주희朱熹에 지나지 않는다는 윤휴의 생각을 표현한 것이다. 김만중이 이때를 놓치지 않고 걸었다.

"예로부터 성현을 부모와 같이 우러러 왔습니다. 이제 윤휴가 성현의 이름 부르기를 꺼리지 않으니 이런 망발이 어디에 있겠습니까? 청컨대 사문(성리학)을 해치는 무리들을 멀리 해야 될 줄 아옵니다."

숙종은 도리어 김만중이 파당을 일삼는 인물이라며 벌을 내렸다.

"김 아무개는 선왕 때 영상 허적을 모함하였으나 다행히 관대한 처분을 받았다. 이제 또 사소한 일로 어진 신하를 모함하다니, 파직하고 문초하라."

김만중이 마흔넷에 대사간이 되었다. 허적을 탄핵하다가 귀양을 간 지

7년 만이었다. 이때 허적이 아들 허견의 역모죄로 연좌되었다. 그러나 허적은 죄가 뚜렷이 드러나지 않아 풀려났다. 이에 김만중이 허적을 걸었다.

"자식의 일을 아비가 모를 리 없습니다."

허적은 사약을 받았다. 일찍이 허적은 자기로 인해 김만중이 벌 받는 것을 마음 아프게 생각하고 귀양살이에서 풀어주었다. 그러나 7년이 지나서 김만중은 사약으로 갚아주었다. 김만중은 그런 사람이었다.

이렇듯 두 사람의 행적이 비슷했지만 마지막 가는 길은 달랐다. 윤선도는 20여 년 동안 귀양살이도 했지만 20여 년 동안 스스로 물러나 은둔 생활도 했다. 나아감이 있었다면 물러남도 있었던 삶이었다. 그로 인해 윤선도는 보길도 부용동에서 여생을 즐기다가 여든다섯에 죽었다. 김만중은 세 차례에 걸쳐 5년 동안 귀양살이를 했지만 한 번도 벼슬에서 뜻을 버린 적이 없었다. 마지막 귀양지 남해도에서 한을 품고 죽었다. 나이 쉰여섯이었다.

김만중의 목적소설 〈사씨남정기〉

예조판서, 병조판서를 거쳐서 김만중의 나이 쉰에 종1품 우참찬, 판의금부사에 올랐다. 김만중의 전성기였다. 이해에 형 김만기가 죽었고, 아들 진화가 진사에 장원 급제했다. 기쁨과 슬픔이 교차되는 한 해였다.

이 무렵 숙종의 장 희빈에 대한 총애가 점점 커져갔다. 총애가 깊어진다는 것은 숙종과 남인의 관계가 두터워진다는 것을 뜻했다. 서인으로서는 걱정스런 일이었다. 설상가상으로 숙종이 조사석에게 우의정 벼슬을 제수해버렸다. 조사석은 장 희빈이 궁궐에 들어갈 수 있는 길을 열어준 사람이었다. 이대로 가다가는 머지않아 서인의 세상이 끝장날 것이 불을 보듯 뻔했다.

그때 이상한 소문이 떠돌아다녔다.

"조사석이 장 희빈에게 연줄을 넣어 정승이 되었다."

조사석이 장 희빈에게 뇌물을 넣고 장 희빈이 임금에게 청탁을 넣어 조사석이 정승이 되었다는 소문이다. 놀라운 소문이었다. 조사석으로서도 불편한 소문이지만 임금이 들으면 숨통이 막힐 소문이었다. 이는 서인이 퍼뜨린 것이었다. 장 희빈과 조사석을 이간질시키고, 장 희빈과 숙종 임금을 이간질시키고자 서인이 슬며시 세간에 흘린 소문이었다.

조사석은 그런 소문 때문에 벼슬길에 나아가지 못했다. 그러나 숙종은 조사석이 출사하지 않는 까닭을 몰랐다. 다만 대간들의 탄핵으로 그런 줄로만 알고 있었다.

서인들의 소문 흘리기는 일단 성공했다. 요새로 치면 언론에 흘려서 여론을 환기시키는 일이었다. 그러나 서인들은 벙어리 냉가슴 앓듯이 끙끙 앓았다. 정작 중요한 것은 그 소문의 진상을 임금의 귀에 흘려 넣는 것이었다. '여론이 이러하니 장 희빈을 궁궐에서 내치고 조사석을 파직시켜야 합니다.' 그렇게 탄핵을 해서 두 사람을 궁궐에서 내쫓는 것이 서인이 바라는 바였다. 그러나 그 일은 쉬운 일이 아니었다. 그들 사이에 임금이 걸려 있기 때문이었다. 조사석이 뇌물을 썼다면 임금은 뇌물을 받은 사람이 되는 것으로, 자칫 잘못했다가는 줄줄이 목이 달아날 일이었다. 목을 내놓고 간한 사람이 있었으니, 바로 김만중이었다.

김만중: 전하, 조사석이 벼슬길에 나아가지 못하는 까닭은 세상의 효잡스런 소문

때문인가 합니다.

숙종: 효잡스런 소문이라니?

김만중: 전하겨옵서 후궁을 가까이 하시니 헛된 소문이 생긴 것이옵니다. 여색을 멀리하고 몸을 바르게 하시면 소문은 저절로 사라질 것입니다.

숙종: 말을 돌리지 말고 사석이 출사하지 못하는 까닭을 아뢰라.

숙종의 얼굴이 후끈 달아올랐다.

김만중: 소문이란 그저 떠돌아다니는 말입니다. 터무니없는 소문을 전하께 아뢴다면 조사석이 더욱 난처해지지 않겠습니까?

숙종: 나만 몰랐구나! 세상이 다 아는 일을 나만 몰랐구나. 나는 여태 대간들의 탄핵 때문에 사석이 출사하지 못하는 줄로만 알았네. 그 소문을 밝혀라.

김만중: 전하겨옵서 이토록 채근하시니 신이 감당하기 어렵습니다. 소문은 조사석이 장 귀인의 어미를 통해 장 귀인에게 연줄을 넣어 정승이 되었다고 합니다.

숙종의 수염이 부르르 떨렸다.

숙종: 그렇구나. 조사석이 그래서 조정에 나오지 못했구나. 그래 조사석이 뇌물을 넣었다면 뇌물은 누가 받았단 말인가. 아, 통탄스럽구나. 나같이 박덕한 사람이 임금 노릇을 하고 있다니. 임금이 돈을 받고 벼슬을 판다고 하다니, 부끄럽기 짝이 없구나. 처음 말을 꺼낸 사람이 있을 것이야. 소문의 뿌리를 밝혀라.

김만중: 전하의 하교로 소문을 아뢰었을 뿐인데 어찌 소문의 근원을 대시라 하옵니까?

숙종: 아무리 임금이 어리석고 덕이 없다지만 임금을 이토록 의심할 수 있는가? 말한 사람을 대라.

김만중: 공중에 떠다니는 말을 신이 어떻게 알고 말씀드리겠습니까?

숙종: 뇌물을 받았다는 더러운 이름을 얻게 된다면 너희들이라고 해서 가만있겠는

가. 이것은 결코 내버려둘 수가 없는 일이야. 바른 대로 대어라.

김만중: 소신은 그저 황망할 뿐이옵니다. 의금부에 가서 벌을 기다리고 있겠습니다.

그렇게 해서 김만중이 선천으로 유배되었다. 그해가 숙종13년(1687년)이
었고, 김만중의 나이 쉰하나였다. 1년 뒤 선천에서 풀렸다가 다시 남인의 탄
핵을 받아 남해도로 위리안치되었다.

김만중은 불안했다. 여색으로 인해 임금의 성총이 흐려지지는 않을지, 그
로 인해 서인들의 세상이 영영 오지 않을지 걱정되었다. 무엇보다 억울했다.
정적들로부터 모함을 받아 귀양살이를 하는 자신이 억울했다. 자신의 억울
함을 밝히고 임금의 잘못을 일깨울 방법이 없을까?

그리하여 서포는 소설을 쓰기로 마음먹었다. 이른바 '목적소설'이다. 서포
는 문학의 위력을 잘 알고 있었다. 그것은 일찍이 송강의 〈사미인곡〉〈속미인
곡〉에서 보았다. 또한 그 소설은 한문이 아닌 국문으로 써야 한다는 것도 알
고 있었다. 〈서포만필〉에서 "시문詩文을 쓸 때 우리말을 버리고 남의 나라 말
을 쓴다는 것은 마치 앵무새가 사람 말을 흉내 내는 것과 다를 바 없다"라고
했다.

그 목적소설이 〈사씨남정기〉다. 김만중의 종손자 김춘택이 "작은 할아버
지의 〈사씨남정기〉는 부녀자들을 위해 국문으로 지었다"고 했다. 곧 김만중
은 읽을 대상을 생각하고 소설을 썼던 것이다.

〈사씨남정기〉의 줄거리

유연수는 15세에 장원급제하여 한림학사에 제수되고, 묘혜 스님을 통해 어질고 덕이 많은 사 소저를 부인으로 맞이한다. 그러나 사 부인은 아이를 낳지 못하였다. 사 부인이 유 한림에게 첩 얻기를 권유한다. 유 한림은 사 부인과의 정이 두터운지라 첩 얻기를 사양한다.

사 부인이 교씨를 불러들여 첩으로 맞아들이게 한다. 교씨가 아들을 낳고, 점점 욕심이 많아지고, 사악해진다. 교씨는 유 한림의 서사인 동청과 결탁하여 사씨를 모해한다. 드디어 교씨는 자기가 부리는 여종으로 하여금 자기가 낳은 아들 장주를 죽이게 하고, 이를 사씨 부인의 소행이라고 유 한림에게 일러바친다.

유 한림이 노하여 사 부인을 쫓아내고, 교씨를 정실부인으로 들인다. 사 부인은 쫓겨나 시댁 선산에서 지낸다. 교씨 부인이 보낸 칼잡이 냉진의 화를 피하여 다시 묘혜 스님이 있는 수월암으로 피신한다.

유 한림도 교씨와 동청의 모함을 받아 엄 승상에 의해 행주로 유배간다. 동청은 엄 승상의 도움으로 계림의 태수가 된다. 동청은 칼잡이를 보내어 유 한림을 죽이게 한다. 칼잡이를 피하여 강물에 몸을 던진 유 한림은 기적적으로 묘혜 스님에 의해 목숨을 건지게 되고 사씨 부인을 만난다. 유 한림은 사씨에게 과거의 잘못을 뉘우치고 사죄한다.

엄 승상이 횡포를 부리다가 천자의 벌을 받게 되고 동청도 추방되어 죽는다. 유 한림은 좌승상으로 오르게 되고, 교씨는 붙들려 저잣거리에서 매 맞아 죽는다.

소설 〈사씨남정기〉에 나오는 인물들과 현실 속의 인물들이 비슷하다. 유연수는 숙종이오, 사씨는 인현왕후요, 교씨는 장 희빈이요, 엄 승상은 조사석이다. 사씨 부인의 현덕함이 인현왕후와 비슷하고, 교씨의 교활함이 장씨와 비슷하고, 유연수를 탄핵하는 엄 승상은 조사석과 비슷하고, 교씨에 빠져 사리분별이 흐려진 유연수는 숙종 임금과 비슷하다.

김만중이 〈사씨남정기〉를 지을 무렵, 현실은 발단을 넘어서 겨우 전개 부분을 지날 때였다. 장 희빈이 후궁으로 겨우 자리를 잡고 곧 아기를 낳으려고 하는 단계였다. 줄거리 가운데 유연수가 세자 책봉으로 사면을 받는 것처럼, 장 희빈이 낳은 왕자의 탄생으로 김만중이 선천 유배에서 풀려난다. 현실은 여기까지이고 나머지 위기, 절정, 결말까지 가려면 아직 10여 년의 기간이 남았으며, 김만중은 그 결말을 보지 못하고 죽는다.

그런데 놀랍게도 〈사씨남정기〉의 위기, 절정, 결말이 그대로 현실에서 일어난다. 서포가 장차 일어날 일을 미리 짐작한 것이었을까? 아니면 우연일까? 그보다는 숙종이 〈사씨남정기〉를 읽은 것은 아닐까?

현재 전해지는 〈사씨남정기〉의 이본이 80여 종에 이르고, 아류 작품들도 전하고 있다. 이로 보건대 〈사씨남정기〉는 당시 베스트셀러였다. 숙종이 궁녀가 읽어주는 〈사씨남정기〉를 들었다는 이야기도 있다. 유 한림이 죄 없는 사씨를 쫓아내는 장면에서는 "천하에 나쁜놈!"이라고 했다는 것이다. 숙종이 〈사씨남정기〉를 읽었고 매우 감동을 받았으며, 그 감동을 행동으로 옮겼다는 것이다.

유배지에서 어머니를 위해 지은 〈구운몽〉

영의정 김수항이 상소를 올렸다.

"김 아무개의 집에는 여든에 가까운 노모가 있습니다. 그 형(숙종의 장인 김만기)은 이미 죽고 하나 남은 아들은 귀양살이를 하고 있습니다. 김 아무개의 죄가 무겁다 해도 비와 바람의 가르침이 그의 죄를 뉘우치게 만들었을 것입니다. 왕자의 탄강을 맞아 너그러이 살펴주십시오."

숙종 14년 김만중은 아이러니하게도 장 희빈이 낳은 왕자 덕으로 선천 귀양터에서 풀려났다.

한 달 전, 장 희빈이 아들을 낳았다. 숙종 나이 서른에 처음 안아보는 아들이었으니 그 기쁨은 이루 말할 수 없었다. 석 달 뒤 숙종은 대신들을 모아 장 희빈이 낳은 아들을 원자로 정했다.

원자가 된다는 것은 왕실의 정통을 이어받는 맏아들이 된다는 뜻이고, 장차는 세자가 되고 임금이 된다는 것을 뜻했다. 이는 서인의 세상이 끝났음을 뜻한다. 때를 만난 남인의 대간들이 상소를 올렸다.

"전 판서 김 아무개는 송시열의 심복입니다. 지난날 경연 자리에서 임금을 속이고 희빈을 욕되게 하였으니, 그 일을 생각하면 지금도 뼈가 시립니다. 청컨대 김 아무개를 나라의 변두리로 내치옵소서."

숙종은 김만중을 다시 잡아들이게 했다.

"지난날 임금 앞에서 끝내 바른 대로 아뢰지 않은 것이 통탄스럽다. 남해도로 내쳐 다시는 가시울타리에서 나오지 못하게 하라."

숙종 15년 김만중은 선천 귀양터에서 풀려난 지 1년 만에 남해섬으로 위리안치되었다. 같은 달 사위 이이명이 경북 영해로 귀양을 떠났다. 같은 달 숙부 김익훈이 매를 맞고 죽었다. 조카들도 유배되었다는 소식을 남해에서 듣는다. 장조카 김진구(이하 김만기의 아들)는 제주도로, 작은 조카 김진규는 거제도로, 곧이어 셋째 조카 김진서는 진도로 유배되었다.

이에 김만중이 남해에서 시를 지어 읊었다.

푸르고 아득한 바다에 세 섬이 구름 끝에 있으니,

蒼茫三島海雲邊

방장산, 봉래산, 한라산이 가까이 잇닿아 있구나.

方丈蓬瀛近接聯

숙부와 조카, 형과 아우가 나누어 차지하고 있으니,

叔姪弟兄分占遍

사람들이 보기에 신선 같다 하겠네.

可能人望似神仙

서포는 효자였다. 병자호란 때 아버지는 분사했고, 할머니는 자결했다. 어머니 또한 자결하고자 했으나 다섯 살 난 아들(김만기)과 배 속의 아이(김만중)를 위해 뜻을 이루지 못했다. 서포의 어머니는 글을 좋아하고 뛰어난 사람들의 언행 배우기를 즐겼다. 평생 옷을 소박하게 입었으며 즐거운 모임에는 발을 들이지 않았다. 자식이 공부에 게으르거나 나쁜 짓을 하면 사정없이 매를 들었다. 훗날 두 아들이 출세를 했어도 항상 검소했으며 허영을 부리지 않았다. 신사임당이 어질고 부드러운 어머니 상이라면 서포의 어머니는 엄격하고 강인한 어머니 상이라 할 만하다. 이런 어머니에 대한 서포의 효성은 지극했고 정적들까지 감동할 정도였다.

서포의 나이 쉰하나, 어머니의 생일날 어머니를 그리워하며 시를 지었다.

오늘 아침 어머니를 그리는 시를 쓰자 하니

今朝欲寫思親語

글씨를 쓰기도 전에 눈물이 먼저 앞을 가리네.

字未成時淚己滋

김만중의 유배 시 가운데 "푸르고 아득한 바다에 세 섬이 걸렸으니"라는 시가 있다. 바로 노도 앞바다에서 그 시가 나왔다.

용문사 석교. 〈구운몽〉에 성진이 용궁에 갔다가 술을 한잔 얻어먹고 돌아오다가 석교에서
8선녀를 만난다. 용문사의 석교가 그 모티프라고 벽작개의 이장님이 귀띔해주었다.

몇 번이나 붓을 적셨다가 다시 던져 버렸던고

幾度濡毫還復擲

문집에서 남해 시는 마땅히 빼어버려야 하리.

集中應缺海南詩

　서포는 편지로 자주 문안 인사를 드렸다. 《서포연보》에 "글을 지어 부쳐서 윤 부인(김만중의 어머니)의 소일거리로 삼게 했다"는 구절이 나온다. 그 글은 아마 〈구운몽〉일 것이다. 이즈음 서포는 끝이 다가오고 있음을 느꼈다.

　　양소유 어릴 때부터 재주가 총명하여 열여섯에 장원급제,

　　싸움터에 나가서는 공을 세우고 이름을 날리며,

　　여덟 명의 여자를 아내로 맞아들이며,

　　승상 벼슬에 태사 벼슬을 더하여 상으로 오천 호를 봉하다.

　김만중은 열여섯에 장원급제했고, 서른다섯에 경기도 암행어사를 제수받았으며, 마흔아홉에 예조판서 병조판서, 쉰 살에 우참찬 판의금부사가 되었다. 비록 싸움터는 아니지만 붓을 들어 정적을 무찔렀던 것이 크고 작게 몇 차례이던가? 양소유가 바로 김만중이었다.

　양소유, 허연 백발로 맞이한 생신날, 불던 통소를 던지며 탄식한다.

　"북으로 바라본즉, 거친 풀 사이에 희미한 자는 곧 진시황의 아방궁이요, 서로 바라본즉, 저문 구름이 산에 싸인 자는 곧 한무제의 무릉이요, 동으로

바라본즉, 옥난간 머리에 의지할 사람이 없는 자는 곧 현종황제 양귀비로 더불어 노시던 청호궁이니, 슬프다. 이 세 인군이 다 만고 영웅이시라, 이제 어디 있나뇨?"

이제 어디 있나뇨? 양소유는 꿈속에서 깨어나 성진이 되고 성진은 다시 꿈을 깨어 김만중이 된다. 한갓 꿈이었다. 모두가 공空이었다. 부귀공명은 물거품처럼 스러졌고, 지금 이 순간 시들어가는 육신만 남았다. '야망의 성취에서'가 아니라 '야망의 좌절'에서 비로소 깨어난 것이다.

다음 해 서포는 어머니가 돌아갔다는 부고를 받았다. 마루에 앉았다가 부고를 듣고는 마당 아래로 몸을 던지며 까무러쳤다. 귀양살이 집에서 위패를 모셔놓고 매일 곡을 했다. 그 곡소리가 정녕 처량하여 지나던 사람이 곡이 끝날 때까지 차마 걸음을 떼지 못했다 한다.

어머니가 돌아가신 이후 서포는 점점 병이 깊어졌다. 남쪽 땅이라 덥고 습기가 많아서 기침과 혈담이 나날이 심해졌다. 집안 형님에게 편지를 썼다.

"그 많던 사람들 다 어디로 가고 없습니다. 인생은 진실로 한바탕 꿈인가 합니다."

모시고 있는 사람이 탕약을 올리자 물리쳤다.

"내 병이 어찌 약을 쓸 병인가?"

이날 서포는 숨을 거두었다. 나이 쉰여섯이었다.

벽작개의 바위그림

점심 무렵, 벽작개로 나와 다시 민박집에 짐을 풀었다.

민박집 노인이 말하기를 다리방이라는 곳에 글자가 새겨진 바위가 있다고 했다. 나는 눈이 번뜩 뜨였다. 노인을 따라나섰다. 다리방이란 곳은 밭이었다. 이리저리 둘러보아도 다리는 없다. '방'에는 잠자는 방, 동네 방坊이란 뜻이 있지만, 다리방하고는 관련이 없을 듯하다. '배다리 방舫'도 있는데, 그렇다면 혹시 이곳이 옛날 선착장이었을까?

노인이 나뭇가지를 하나 꺾어 툭툭 치며 밭으로 들어갔다. 잠자리처럼 뱅뱅 돌다가 끝내는 못 찾고 마을로 내려가 다른 노인을 한 분 모시고 왔다. 그 노인은 우리가 있는 곳에 닿기도 전에 길가의 한 바위를 가리켰다.

이상한 표시였다. 문자도 아닌 것이 그림도 아닌 것이, 거북이 등처럼 금이 갈라졌다. 어떻게 보면 바위가 열을 받아 쩍쩍 갈라진 금 같기도 하다. 하지만 홈과 곡선으로 보건데 저절로 갈라진 선은 아니다. 낙서 치고는 에너지 소모가 무척 많았을 것 같고, 무슨 의미가 있을까?

몇몇 학자들이 다녀갔는데 어떤 학자는 태양을 그린 것이라 했고, 어떤 학자는 번개를 그린 것이라 했다고 한다. 다리방 근처의 지적도를 그린 것은 아닐까? 땅 소유 문제로 분쟁이 생기자 촌장이 석수를 시켜 등기부를 그린 것은 아닐까? 내가 그렇게 말하자 노인이 씩 웃었다.

선사시대 암각화는 대개 세 가지가 있다. 사슴, 고래 등 동물을 그려, 먹고사는 문제를 표현하는 것이 첫째고, 태양과 같은 절대적 존재를 그려 종교적인 생활을 표현하는 것이 둘째고, 셋째는 기억의 보존문제였다. 곧 초기 단계의 언어. 첫째와 둘째는 단순하고 셋째는 복잡하다. 바위 선들이 단순하니 이 암각화는 당시 사람들의 종교적 표현이 아닐까?

"우리 어릴 때만 해도 이 다리방에 사람들이 많이 살았어. 아주 옛날부터 살았다고 해."

노인이 작대기로 근처를 가리키며 말을 이었다.

"저기에 조개껍데기가 나오곤 했어."

밭을 갈다보면 조개껍데기가 나온다고 했다. 다리방은 선사시대부터 사람이 살았던 곳이다.

벽작개의 암각화. 무한 상상력을 불러일으킨다. 이 암각화가 이곳의 토지 등기부 격이다.

"저쪽 양지에도 그림이 있어."

노인이 가리켜준 대로 건너편 언덕 양지마을로 올라갔다. 작은 바위에 희미한 기호가 새겨져 있다. 이번에는 다리방 바위와 같은 금이 아니라 분명한 기호였다. 새 발자국 같기도 하고 사슴뿔 같기도 했다.

양아리 고대문자

다음 날 천천히 민박집을 나섰다. 오늘은 금산을 올랐다가 일찌감치 상주에 가서 짐을 풀고 해수욕이나 하자.

금산을 오르는 길은 세 길이 있다. 남해 상주해수욕장에서 오르는 길, 복곡저수지로 오르는 길, 오늘 내가 오르고자 하는 양아리 길이 그 세 길이다. 첫째 길은 땀 흘리며 올라가는 등산로이고, 둘째 길은 땀 안 흘리고 올라가는 찻길이고, 셋째 길은 옛길이다. 류의양, 남구만이 올랐던 길은 셋째 길일 것이다.

마을 이장님이 벽작개는 오래된 포구라고 했다. 고목나무가 있고 다리방이 있고 암각화가 있는 것으로 봐서 그 말이 맞을 것이다. 그런데 이곳이 어업의 전진기지나 수군 진영이었다는 말은 없다. 앞은 바다고 뒤는 금산이다. 오로지 남해 금산으로 가는 포구가 아니었을까? 암각화는 금산을 오르는 길가에 있다.

지금 내가 양아리 길로 금산에 오르는 것은 '서불과차' 암각화를 보기 위해서다.

자전거를 길가 숲에 박아놓고 노인이 일러준 길을 타기 시작했다.

"왼쪽 편에 논이 있어. 논을 따라 올라가다 보면 곰바위가 보여. 곰바위 그 어름에서 왼쪽 편이야."

논을 지나고, 곰인지 개인지 이상한 바위를 지나고, 계곡을 하나 건너서 왼쪽 편 오솔길에서 바위그림을 찾아냈다. 오솔길이라 눈썰미가 없는 사람은 지나치기 쉽다.

흔히 이 암각화를 '서불과차徐市過此' '서불과지徐市過之'라 해석한다. '市'를 사람 이름으로 쓰면 '시'로 읽히지 않고 '불'로 읽힌다. 우리말로 풀면 '서불이 이곳을 지나다'라는 뜻이다. 그런데 이건 한자가 아니다. 내 눈에는 그림으로 보인다. 좋게 보아도 기호에 지나지 않는다. 아직 체계화되지 않은 원시 단계의 기호.

'서불과차'는 후세 사람들의 관성적인 해석일 것이다.

서불徐市은 중원 땅 진시황 때의 방술사였다. 서복徐福으로 기록되어 있기도 하다. 진시황이 중원을 통일하고 장생불사를 갈망했다. 서불이 상소를 올

서불과차의 속설을 가진 양아리 암각화. 암각이 '서불과차'의 뜻은 아니지만 그 속설로 인해 서불이
이곳을 지났다는 근거는 될 듯하다.

렸다.

"동해 바다 건너 삼신산에 신선이 살고 있는데 동남동녀를 데리고 가서 모셔오고자 합니다."

이에 진시황은 크게 기뻐하며 동남동녀 3,000을 뽑아주었다. BC 210년 서불이 배 60여 척에 5,000명의 일행과 함께 진황도를 출발했다. 그 일행 가운데는 각 분야의 장인들이 많았다. 이는 서불이 처음부터 돌아갈 생각이 없었다는 것을 말하고 있다.

서불의 행적이 남해안 곳곳에 전해지고 있다. 거제도 사람들이 말하기로 거제 해금강 절벽에 '서불과차'가 새겨져 있었는데 사라호 태풍 때 뜯겨 날아갔다고 한다. 제주도 한라산에도 서불의 설화가 전해진다. 서쪽으로 돌아가는 포구 '서귀포'라는 이름도 서불 설화에서 유래했다고 한다.

어즈버 생각하니
서불의 무리들이 지나친 일을 했다.
신하된 몸이 망명도 하는 것인가?
신선을 못 보거든 수이나 돌아왔더라면
주사舟師의 근심이 없었을 텐데.

박인로의 가사 〈선상탄〉에 나오는 구절이다. 서불이 씨를 퍼뜨려 왜구가 생겼다는 것이다. 곧 서불이 남해를 거쳐 일본으로 갔다는 것이 박인로의 추측이었다. 심지어 미국 서부에까지 서불의 행적이 이르고 있다. 아메리카 인디언 슈족이 서불의 후손이라는 것이다.

이렇듯 서불의 행적이 문학작품과 전설에 남아 있다 보니 양아리의 석각을 서불에 갖다 붙여버린 것이다. 이 암각화는 벽작개의 양지에 있는 암각화와 비슷하다. 그러니 둘은 동시대에 새겨진 선사시대의 기호로 보는 것이 맞을 것 같다.

'서불과차'를 일축하는 기록이 있다. 그것은 20세기 초 계연수가 엮은 《환단고기》라는 역사책이다. 《환단고기》에 양아리 고대문자에 대한 기록이 두어 차례에 걸쳐 나온다. 먼저 '신시본기'에 나오는 말을 옮겨본다.

환웅천황은 신지혁덕에게 문자를 만들라고 명령하였다. 신지혁덕이 맡은 바 직책은 왕을 보좌하며 명령을 전하는 것이었는데 다만 목소리로 전하였으며 문자를 기록하여 보존하지는 못하였다.

하루는 여러 사람들과 함께 사냥을 나갔다가 문득 나타난 사슴을 보고 화살을 쏘려고 하였으나 눈 깜짝할 사이에 사라져버렸다. 이에 사방을 수색하며 산과 들을 지나 평평한 모래밭에 이르러 비로소 사슴의 발자국을 찾았다. 발자국이 어지럽기는 하였지만 사슴이 달아난 방향을 확실하게 알 수 있었다.

이에 신지혁덕은 고개를 숙이고 침묵하다가 크게 말하였다.

"기록으로 보존하는 방법은 오로지 이뿐이라! 오로지 이뿐이라!"

이렇게 문자가 환웅천황 때에 만들어진 것을 말했다. 그리고 그 흔적이 남해도 낭하리郎河里의 계곡에 남아 있고, 만주 경박호 선춘령과 우수리 강

사이 바깥쪽 바위에 그 글자가 새겨져 남아 있다고 했다.

그 말은 '소도경전'에도 나온다.

대변설의 주석에 "남해현 낭하리의 계곡 바위 위에 신시의 옛 조각이 있다. 그 글은 '환웅이 사냥을 나갔다가 삼신에게 제사를 지냈다'라는 뜻이다" 하고 말하였다.

남해 낭하리의 바위에 글자가 있다는 사실과 뜻까지 밝혀 적어놓았다. 낭하리는 바로 지금의 양아리다. 이어서 '산목, 투전목, 서산' 세 가지를 문자를 보여주고 있다. 그 가운데 투전목이 양아리의 암각 기호와 비슷하다.

학계에서는 《환단고기》를 위서로 본다. 한마디로 지어낸 이야기라는 것이다. 지어낸 사람이 어쩌면 남해안 바닷가 기슭에 암각 기호가 있다는 것을 알고 언급했을까? 놀랍고도 신기한 일이다. 이른바 위서 《환단고기》는 양아리 암각화가 서불과차가 아님을 말하고 있다.

문득 엄청나게 큰 바위가 하늘로 해처럼 솟았다. 그럴듯한 이름 하나 주지 않고서는 지나갈 수 없는데, 옛사람들이 벌써 이름을 붙여놓았다. '부소암'이다. '부소'라는 이름이 부여에 있는 부소산성扶蘇山城에도 붙어 있다. '부소扶蘇'는 중원 땅 진시황의 태자 이름이다. 남해 외딴섬 바위에 어이하여 중원 태자의 이름이 붙었을까? 누가 붙인 이름일까? 혹시 서불이 붙인 것은 아닐까?

저 아래의 암각 기호가 '서불과차'이든 아니든, 서불이 이곳을 지나갔을 가능성은 매우 높다. 남해 금산의 다른 이름이 '작은 봉래산'이기 때문이다. 서불이 비록 떠난 몸이지만 진나라는 잊을 수 없는 모국이었다. 진시황이 죽고 부소가 황제가 된다면 모국으로 돌아갈 수 있지 않을까?

부소는 어릴 때부터 어질고 총명하여 시황제의 총애와 백성들의 신망을 받았다. 시황제가 분서갱유焚書坑儒로 폭정을 하자 부소는 아버지의 잘못을 간했다. 이에 노여워한 시황제는 부소를 몽염 장군이 만리장성을 쌓는 북방으로 쫓아버렸다. 시황제는 막내아들 호해를 데리고 순시를 하다가 병사한다. 죽기 직전 옥쇄를 부소에게 물려준다는 유서를 남겼지만 정승 이사와 환관 조고는 유서를 조작하여 어리고 모자라는 호해를 황제로 옹립했다. 동시에 부소에게 자결하라는 유서를 날조하여 변방에 보낸다. 몽염이 의심스러우니 군사를 일으켜야 한다고 했지만, 부소는 아버지의 명을 거스를 수 없다며 자결했다.

서불은 남해 바다에 머물며 수시로 밀선을 본국으로 띄웠다. 서불은 시황제가 오래 살지 못할 것을 알았다. 술사를 가까이하고 단약을 지나치게 복용했기 때문이다. 그리고 염원을 담아 부소암에 빌었다. 바라던 대로 시황제는 죽었지만, 부소는 황위에 오르지 못했다. 이 소식을 들은 서불은 '서불과차'

잃어버린 전설이 하나 있을 듯한 부소암. 볼 때마다 오르고 싶은 욕망이 생긴다.

라는 전설을 남기고 동쪽으로 떠났다.

유배객이 붙인 것은 아닐까? 이 금산에 올랐던 류의양이나 남구만이 붙였을지도 모른다. 그들은 간신배의 참소로 억울하게 이 고독한 섬에 귀양 온 것을 말하고 싶었다. 그리고 임금이 콩과 보리를 가리듯이 충신과 간신을 가리지 못하면 나라가 위태롭게 된다는 것을 말하고 싶었을 것이다. 그것을 말하기에 적합한 인물이 태자 부소였다.

움막이 지금도 있다. 절벽에 제비집처럼 아슬아슬하게 붙어 있는 것이 속세 사람의 집이 아니다. 도 닦는 사람일까, 유배 온 사람일까? 예나 지금이나 속세를 떠나 숨어 사는 이는 끊이지를 않는다.

꼭대기에 올랐다. 꼭대기가 봉수대이고 봉수대에서 다도해가 발 아래로 보인다. 류의양이 《남해문견록》에 이를 적고 있다.

그 봉에 적정을 살피는 높은 대를 쌓았으니 배가 오는가 사람을 두어 살피는 곳이리라. 이 봉에서 대마도를 보고 일출도 본다고 하고 서쪽으로는 전라도 좌수영이 보이고 남쪽으로는 바다가 가이없는데 바다로 수백 리는 한데 큰 뫼 하나 있는데 그 뫼 가운데 구멍이 크게 분명히 보이니 그 뫼 유혈도라 일컫는다.

유혈도는 지금 세존도라 부른다. 이름은 달라도 모양은 변함없다. 옛날에도 구멍이 뚫렸고 지금도 구멍이 뚫렸다. 지금도 비가 오지 않으면 세존도에서 기우제를 올린다. 그러면 세존도는 옛날처럼 비를 내려준다고 한다.

단군성전과 조선태조기단

봉수대를 내려가니 숲에 웅장한 기와집이 보인다. 바로 단군성전이다. 이는 근래에 세워진 집이다. 그러나 터를 잡은 지는 오래되었을 것이다. 작은 선돌 하나가 그것을 말하고 있다. 오래되고 빛이 나는 바위였다. 그 바위는 남근석이다. 나는 고개를 갸웃했다. 남근석이 어떻게 단군성전에서 단군상과 나란히 자리할 수 있을까? 아니 더 윗자리에 자리 잡고 있을까? 선돌은 깎은 돌이 아닌 자연석이었다. 가천 암수바위처럼 웅장한 자태는 아니지만 소박하면서 아름답다. 이곳 성전의 역사가 저 바위에서 비롯된 것은 아닐까?

우리는 어디서 왔다가 어디로 가는가? 가장 중요한 물음이지만 가장 하찮게 여기는 물음이기도 하다. 단군성전의 바위는 바로 그 물음이다.

인도에는 저런 바위가 지천으로 널렸다. 저런 바위를 인도인들은 링가linga 라고 부르며 성스럽게 여긴다. 자연석 링가도 있지만 대부분 조각한 링가다. 외국인들이 '남근석penis stone'이라 부르면 대단히 불경스레 여긴다. 링가는 힌 두교의 3대 신 가운데 하나인 시바 신을 상징한다. 시바는 파괴와 창조의 신 이다. 파괴의 신이라는 것이 생소하지만 파괴-창조는 자연스런 순환의 과정 이다. 태초에 하느님이 우주를 창조했다면 우주를 거두어 가는 존재 또한 하 느님이다. 세상의 모든 링가는 우주가 창조되고 소멸되는 이치를 일깨워주기 위해 서 있다.

우리나라에는 남근석이 매우 드물다. 현존하는 대부분의 남근석은 자연 석이다. 조각 남근석은 거의 없다. 부끄러운 물건이라 하여 만들지 않았고, 이미 만들어진 물건도 땅에 묻거나 물에 처넣어버렸다. 성을 터부시하는 유 교사상 때문이었다. 유교주의자들이나 성직자들은 성을 부끄럽고 죄스러운 것으로 취급했다. 그런 영향으로 우리는 성을 감추고 지나치게 억압했다. 성 이 더럽고 죄스러운 것이라면 태어나는 아이가 어떻게 존엄할 수 있겠는가?

우리는 남근석에 관심이 많다. 사실은 남근석이 아닌 성에 관심이 많은 것이다. 남근석을 보고 우스개를 한다는 것은 성에 관심이 많다는 것이다. 성직자가 성을 금기한다는 것 역시 성에 관심이 많다는 것이다. 왜 이토록 성 에 대해 관심을 가질까? 이것은 근원적인 물음이자 궁극적인 물음이다. 그것 을 묻기 위해 성전의 미륵바위가 서 있다.

보리암으로 내려왔다. 한더위에도 불구하고 사람들이 개미떼처럼 법당을 드나든다. 보리암은 우리나라 3대 기도처 가운데 하나로 꼽힌다. 환웅이 사냥을 왔다가 제사를 지냈다고 했으니 선사시대부터 알려진 기도처다. 물 한 잔 하고 '조선태조기단'을 찾아 나섰다. 보리암을 내려가서 삼층석탑을 한 바퀴 빙 돌아가면 산대나무 숲이고, 빽빽이 우거진 산대나무 숲을 내려가면 바로 조선태조기단이다.

젊은 시절 이성계는 백두산에 가서 기도를 올리고 지리산에 가서 기도를 올렸건만 효험을 보지 못하고 이곳 남해 금산으로 왔다. 신령스런 남해 금산에 마지막으로 기대를 걸고 백일기도를 올렸다.

이성계가 99일을 무사히 보내고 마지막 100일을 맞이했다. 한밤이 되니 눈꺼풀이 천근만근이고 온갖 잡신이 해코지를 했다. 마지막 고비였다. 이성계는 이 산의 산신령에게 정성을 다해 빌었다.

"신령님, 이 밤을 넘기게 해주시면 이 산에 비단을 둘러서 은혜를 갚겠습니다."

문득 멀리서 닭 우는 소리가 들렸다. 날이 밝아왔다. 닭 우는 소리에 잡귀가 물러가고 정신이 번쩍 들었다. 그리하여 무사히 마지막 밤을 넘겼다. 다음 날 아침에 생각하니 이곳은 인가가 있는 곳이 아니었다. 닭 우는 소리가 난 곳을 찾아보니 닭은 없고 닭의 모양을 한 바위가 하나 있었다. 그 바위 이름이 천계암이다. 태조기단 뒤에 있다.

훗날 이성계는 왕이 되었다. 왕은 산에 비단을 둘러 약속을 지키려 했다. 그러나 무슨 재주로 산을 비단으로 감싼단 말인가. "산 이름에 '비단 금錦' 자를 써서 금산이라고 하면 됩니다" 하고 한 신하가 꾀를 냈다. 그리하여 금산이라 부르게 되었다.

처음 금산의 이름은 작은 금강산, 작은 봉래산, 개암산이라 불렸다. 모두 금강산에 버금간다는 뜻의 이름이다. 원효대사가 빼어난 산세를 보고 보광사라는 절을 짓고, 산 이름도 보광산으로 바꿔버렸다. 말하자면 산 주인을 부처 앞으로 등기를 해버린 것이다. 졸지에 금산 산신령은 원효대사로 인해 금산을 부처에게 빼앗겨버렸다. 천 년 뒤 한 젊은이가 이곳 산신령에게 백일기도를 드리고 왕이 되었다. 왕은 산 이름을 보광산에서 금산으로 바꾸어 부르도록 했다. 그리하여 금산 산신령은 다시 산을 돌려받게 되었다.

금산의 산신령은 삼성할아버지다. 이성계가 백일기도를 올린 분은 환인, 환웅, 단군, 세 할아버지였다. 이성계가 배달겨레의 왕이 되기 위해서는 배달겨레의 거룩한 시조 왕인 삼성할아버지에게 절을 올려야만 했던 것이다. 삼성할아버지는 이성계의 정성을 갸륵하게 여겨 조선의 왕이 되게 했다. 후세 사람이 그것을 기리어 '조선태조기단'을 세웠다.

어떤 사람들은 '조선태조기단'을 '이태조기단'이라 부른다. 이는 틀린 말이다. 임금의 묘호 앞에는 성씨를 붙이지 않는다. 신라 태종 무열왕 김춘추를 부를 때 김태종이라 부르면 우습다. 고려 태조 왕건을 왕태조라 부르면 역시 우스운 말이 된다. 이태조, 이씨조선이라는 말은 나라잃은시대 일본 사람들이 우리를 욕보이기 위해 부른 말이다. 조선이 이씨의 나라이니 김씨, 박씨는 남의 일에 신경 쓸 것 없다는 뜻이다. 이태조, 이씨조선이라는 말을 쓰면 우리 스스로를 욕보이는 일이 된다.

단군성전을 모신 금산

산죽나무 숲을 지나서 다시 보리암으로 올라왔다. 법당에 드나드는 사람들이 조금도 줄지 않았다. 가만히 보니 보리암이 옛 보리암이 아니다. 류의양이 《남해문견록》에 "목화봉 아래는 남으로 의상대란 대와 의상암자가 있고…" 하고 적어놓았다. 의상대라는 거대한 바위와 그 아래 조그마한 의상암자가 있었다는 말이다.

지금 의상대는 대장봉으로, 의상암자는 보리암으로 이름이 바뀌었다. 청년 시절 대장봉 바위를 타고 오른 적이 있다. 아래서 스님이 고함을 질렀다.

"위험해, 내려와!"

남해 금산 풍경. 가운데 있는 작은 바위가 압권이다.

대장봉에서 내려다보이는 스님이 깨알만 하게 보였고 암자도 보리알만 하게 보였다. 그때 내가 본 보리암이 바로 류의양이 본 의상암이었을 것이다. 그러던 보리암이 용문사만큼이나 절이 커졌다.

절에 가면 법당이 있는데 그 이름이 대웅전大雄殿이다. 대웅전의 '웅' 자가 '영웅 웅雄' 자이니, 이는 영웅이 거처하는 집이라는 뜻이다. 부처를 모시는 법당이면 대불전이 되어야 마땅할 텐데 어찌 대웅전이 되었을까?

대웅전은 이름 그대로 원래는 영웅을 모셨다. 옛날부터 배달겨레는 곳곳에 대웅전을 짓고 영웅을 모셨다. 그 영웅은 환인, 환웅, 단군, 세 할아버지였다. 이른바 삼신이었다. 삼신단지를 모신다는 말은 그에서 비롯된 말이다. 삼신을 모시는 것은 우리 배달겨레의 오래된 토속신앙이었다. 그러던 것이 부처가 들어오면서 삼신할아버지는 쫓겨나고 부처가 그 자리에 들어앉게 되었다. 지금은 이름만 대웅전으로 남게 된 것이다. 어떤 절에서는 지금도 한쪽 구석에 삼신당을 지어 삼신을 모시고 있다. 아직도 삼신할아버지의 영검을 두려워하기 때문일 것이다.

남해 금산에는 단군성전과 보리암이 있다. 보리암을 찾는 이는 많지만, 단군성전은 있다는 것조차 아는 이가 드물다. 단군성전을 사이비종교 건물 정도로 생각하는 것은 아닌지….

산장에 이르자마자 배낭을 집어던지고 흐르는 샘으로 달려가 머리에 물을 들이부었다. 샘물에 담겨진 막걸리를 보니 참을 수가 없다. 막걸리를 들이부었다. 뻑, 뻑 목젖에서 요란스런 소리를 내며 막걸리가 넘어갔다. 배고플 때

마시는 술이 진짜배기로구나. 지금 여기가 바로 극락인데 왜 사람들은 보리
암에 모여들꼬?

굴 둘이 있으니 하나는 용굴이요, 하나는 음성굴이니, 두 굴이 깊든 아니하되 음성
굴은 밖에서 나무로 굴바닥을 두드리면 천연한 북소리가 나더라.

용굴과 음성굴에 대해 류의양이 《남해문견록》에 적은 글이다. 나는 금산
을 여러 차례 올랐지만, 그런 '용굴'과 '음성굴'을 이상하게도 한 번도 본 적이
없다. 요새 사람이 옛날사람을 따르지 못한다고 하더니, 이런 것을 두고 하는
말인가.

막걸리로 기운을 올린 뒤 나는 쌍홍문으로 내려갔다. 언제 봐도 쌍홍문은
아름답다. 류의양이 "뫼의 속이 비어 그 속에 들어서면 사면으로 구멍이 뚫
리고 위로 하늘이 보이니 형상이 무지개다리 모양…"이라 했다. '무지개 홍虹'
자가 두 개 걸렸으니 쌍홍문, 두 개의 무지개가 산자락에 걸려 있다.

쌍홍문에서 두어 발걸음 오르니 음성굴, 용굴이다. 두 굴 모두 절벽 가운
데에 구멍이 뚫려 있어 돌계단을 타야만 오를 수 있다. 음성굴은 넓은 것이
특징이고, 용굴은 긴 것이 특징이다. 음성굴을 나오면서 신발을 벗어 바닥을
두드리니 이상한 소리가 메아리 졌다. 탕아 탕아아아, 사람 소리를 닮았다고
해서 음성굴이다.

용굴은 옛날에 용이 살았다고 한다. 더듬으며 들어가는 깜깜한 굴속이 용
처럼 길었다. 굴 끝에 누군가 촛불을 켜놓았다. 어렴풋한 불빛 속으로 수염이

허연 노인이 서 있다. 노인 앞에 눌어붙은 촛농이 산더미처럼 쌓였다.

설악산 아래로 나는 금산보다 더 아름다운 산을 본 적이 없다. 금산의 볼거리가 모두 서른여덟 개라 하여 삼십팔경이라 한다. 웅장한 바위도 볼거리지만 바위 위에서 보이는 남해 다도해의 풍광은 삼십팔경 가운데서도 첫째로 두어야 할 것이다.

상사암에 얽힌 전설 한 자락.

조선 숙종 때 전남 돌산에 사는 돌쇠라는 청년이 이곳 남해로 머슴을 살러왔다. 주인은 자태가 빼어난 과수댁이었다. 돌쇠는 주인마님의 빼어난 자태에 반해 애간장을 태우다가 그만 상사병에 걸리고 말았다. 예나 지금이나 약도 없는 병이 상사병인지라 돌쇠는 시들시들 죽어갔다.

이를 보다 못한 과수댁은 사람이 없는 금산으로 돌쇠를 불러냈다. 금산의 벼랑에서 돌쇠는 소원대로 상사를 풀게 되었고 목숨을 건지게 되었다. 후세 사람들은 이 바위를 상사바위라 불렀으며, 지금도 상사풀이를 할 때 썼던 샘이 벼랑에 남아 있다고 한다.

이 상사암에 구정암이 있다. 구정암은 상사바위 꼭대기에 있는 아홉 개의 샘을 말한다. 하나, 둘… 세어보니 동글동글한 구덩이가 아홉 개도 더 되는 듯싶다. 작은 것은 양푼이만 하고, 큰 것은 가마솥만 하다. 구덩이마다 깨끗한 물이 가득 찼다. 바위에서 물이 솟을 턱이 없으니 모두 빗물이 괸 듯하다. 이 구정암의 물이 바로 상사풀이를 할 때 썼던 물이라 한다. 이 물로 세수를 하면 그날 재수가 좋다는 말이 전해지고 있다. 나는 이 에로틱한 샘물로 얼굴을 씻고 손과 발, 다리까지 씻었다.

바다 한가운데 산이 떠 있는

浮海山還有

아름다운 풍경에 시정마저 잃겠구나.

尋眞字欲無

깊은 골짜기의 암자 구름과 함께 자고

菴深雲共宿

봉화만 타오르니 달과 함께 외롭구나.

烽逈月同孤

석굴 속에서는 음악 소리 울려나오고

石窟笙簫動

바위 문에는 무지개가 걸려 있구나.

岩門蝶蝶紆

아홉 샘을 파는데 몇 해나 걸렸을까?

何年穿九井

높은 봉우리들은 구슬을 꿰어놓은 듯하구나.

高頂貫聯珠

남구만이 금산을 오르고 읊은 시다. 시 한 수로 봉수대, 음성굴, 쌍홍문,
구정암을 구슬처럼 꿰어서 금산의 아름다움을 노래했다.

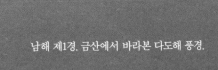

남해 제1경. 금산에서 바라본 다도해 풍경.

나는 다시 부소암으로 해서 양아리 골짜기로 내려갔다. 해를 피하는 데는 계곡만큼 좋은 곳이 없다. 거뭇거뭇한 바위 사이로 물이 쏟아져 내렸다. 옷을 벗어 선녀의 날개옷처럼 나무에 걸어놓고 물속으로 들어갔다.

류의양의 여정은 남해 금산에서 끝이 났다. 류의양은 영조 47년(1771년) 남해로 귀양을 왔다. 읍성 남문 밖에 귀양집을 정해두고 이곳저곳 남해섬 유람을 하다가 다음 해 한양으로 돌아가 홍문관 부교리로 등용되었다. 얼마 후 다시 아산으로 유배를 가고, 이듬해 풀려나 홍문관 교리로 등용되었다가 다시 함경도 종성으로 유배를 간다. 영조 51년에 다시 등용되어 예조참판, 승지를 거치면서 비교적 평온한 말년을 보내다가 세상을 떠났다. 언제 죽었는지는 알려져 있지 않다.

미륵이 돕는 마을, 미조항

여행의 가장 큰 즐거움은? 뭐니뭐니해도 그 지역의 음식을 맛보는 것이 아닐까? 오늘 저녁은 미조에 가서 멸치회에 감로주를 곁들일까? 그러나 지금 덥다. 상주해수욕장에 철버덩 뛰어드는 것만 한 즐거움이 어디 있으랴. 어디에서 묵을까? 내리막길, 바퀴가 굴러가는 대로 두었다.

바퀴가 상주로 굴러 들어갔다. 아주머니들이 길가에서 사람들을 잡는다. 아주머니들을 피해 자전거 가게에 들렀다. 상주를 지나면 더이상 가게가 없을 것 같아 타이어 튜브를 모두 갈았다. 붙잡는 손길을 뿌리치고 상주를 떴다. 송정해수욕장도 지나쳤다. 오늘 구정암 샘물을 몸에 너무 많이 발랐어.

긴긴 여름 해가 떨어질 무렵, 미조항으로 내려가는 언덕에 섰다. 미조彌助, 미륵이 돕다. 왜구의 수난에서 비롯된 지명이리라. 뒷산에는 숲이 우거지고, 앞에는 둥글게 포물선을 그린 땅끝이 미조를 감싸 안았다. 큰섬, 작은섬, 범섬, 노루섬이 바다 앞을 둘러섰다.

아, 아름다운 미조! 하려는 순간, 머뭇거려진다.

그것은 너무나 습관적이고 관습적인 표현이다.

한려수도 항구치고 이만큼 아름답지 않은 항구가 어디 있으랴.

높고 낮은 건축물들이 엇박자다.

미조의 산수와 인공의 구조물들, 부조화다.

척박한 베네치아가 관광의 명소가 된 것은 오로지 건축물 덕택이다. 시드니가 미항이 된 것 또한 인공의 미 덕택이다. 한려수도가 북유럽의 피요르드에 미치지 못하는 것은 바로 이것이다. 자연과 인공의 부조화, 건축물이 문제다. 건축물의 모양, 스카이라인, 색깔이 2퍼센트가 아닌 20퍼센트 부족이다.

건너편 끝에 웅장한 건물들이 러브호텔이나 되는 성싶다. 나는 그곳으로 가지 않고 마을 한가운데에 있는 작은 여관에 방을 얻었다. 값도 싸고 어촌 냄새를 잘 맡을 수 있어 좋다.

다음 날 새벽, 카메라를 챙겨서 나섰다. 활어 경매장을 구경하기 위해서다. 마을을 관통하여 뒷길로 빠지니 또 항구다. 앞이 남항이고 뒤가 북항이다. 여기에도 많은 배들이 매여 있다. 미조항은 앞뒤로 배를 댈 수 있는 천혜의 항구다. 그리하여 어업전진기지라는 이름이 이 항구에 붙었다.

조선시대 미조항은 남해에서 가장 큰 해군기지였다. 동쪽으로 거제가 보이고, 북쪽으로 삼천포가 보이고, 서쪽으로는 전라좌수영(여수)으로 가는 길목이다. 그리고 뒤에는 높은 산이 버티고, 앞은 야산이 둥글게 막고 있어 풍랑을 피할 수 있는 천연 항구다. 미조항은 왜구가 지나가는 길목이고, 왜구를 때려잡는 수군기지였다. 수군기지의 우두머리는 수군첨절제사, 줄여서 첨사다. 미조항은 조선시대 종5품 미조 첨사가 왜구를 지켰던 역사 속의 항구다.

　　물탱크를 실은 트럭들이 큰 건물 앞에 일렬로 서 있다. 육지로 활어를 실어 나를 운반차들이다. 빨간 모자를 쓴 사람들이 담배를 피우며 한담을 나누고 있다. 벌써 경매가 끝났는가? 조금 뒤 배에서 내린 사람들이 물통을 들고 경매장 안으로 꾸역꾸역 들어간다. 저 사람들은 어젯밤에 그물을 놓았다가 새벽에 고기를 건져온 사람들이다. 그리고 물통 안에 든 저 고기들은 진짜배기 자연산이다. 횟집에 가면 자기 집이야말로 진짜 자연산만 쓴다고 말하지만, 글쎄 자연산을 직접 잡는 어부들이 뭐라고 할지.

　　삐, 확성기 소리가 들렸다. 확성기를 든 사람이 높은 단 위에 섰다. 빨간 모자를 쓴 경매사들이 우르르 나무계단 위로 층층이 선다.

　　"아앗, 시작하겠습니다. 아앗 됐습니다. 아앗…"

　　아앗 소리가 날 때마다 빨간 모자를 쓴 사람들의 손가락이 어지럽게 움직였으며, 그때마다 활어들의 주인이 결정되었다. 채 몇 분도 지나지 않아 그 많던 고기들의 경매가 끝나버렸다. 신기한 일이었다. 몇 개의 손가락으로 그 복잡한 수치를 어떻게 결정할까?

　　나는 종이표를 든 어떤 아주머니의 뒤를 따랐다. 그 표는 방금 고기를 넘

낮보다 밤이 더 아름다운 미조항.

7시에 개장하는 미조의 활어 공판장. 재수가 좋으면 은퇴한 해녀할머니에게 활어를 싸게
살 수 있다.

기고 받은 돈표다.

"아줌씨, 오늘 금(시세)이 어떻습니까?"

대꾸가 없다. 자기들끼리 말을 주고받는다.

"성산때기야(성산댁아), 니는 우떻노?"

"어지캄아(어제보다) 몬하다."

표를 펼쳐 보인다. 나는 발꿈치를 들고 눈을 찢어 떠서 보았다. 아주머니는 얼른 접어버린다.

어부도 이제 점점 줄어든다고 했다. 농촌에 농부가 줄어드는 것처럼.

"아버지, 저는 고기 잡아 먹고 살랍니다."

"오냐, 맘 참 잘 먹었다."

아들이 고기 잡아 먹고 살겠다는데 장하다고 말할 아버지는 이 땅에 없을 것이다. 고기잡이는 내 대로 끝내고 싶은 것이 모든 아버지의 소망일 것이다.

걱정이다. 밥 안 먹고 고기 안 먹는 사람 없건만 농사짓고 고기 잡을 사람이 없다. 나락은 누가 키우고, 고기는 누가 잡나? 나라도 돌아가야 되겠다. 돌아가야겠다.

경매는 8시가 넘도록 계속되었다. 나는 경매장을 빠져나와 모퉁이로 갔다. 모퉁이에 작은 장이 하나 섰기 때문이다. 고기를 찍고 값을 흥정하면 바로 회를 썰어주는 곳이다. 구경꾼의 손가락이 '저놈'하고 가리키면, 지적을 받은 물고기는 헤엄을 중단하고 도마 위로 올라가야 한다. 칼등으로 대가리를 턱턱 쳐서 얼을 빼면 놈은 꼬리를 바르르 떨고, 칼잡이의 손이 어지러이 물고기의 몸을 드나들며 그야말로 포를 뜨고 회를 친다. 보고 있노라니 문득 소

주잔이 눈에 어른거렸다.

이때 오징어처럼 생긴, 허옇고 통통한 놈이 유난히 내 눈을 자극했다. 한 치였다. 한 아저씨가 한치를 놓고 치사할 정도로 값을 깎는다.

"안 팔라요, 그만 가소!"

장사하는 아주머니가 고함을 빽 질렀다. 그래도 그 아저씨는 눈도 꿈쩍 안 하고 자기가 매긴 값에 팔라고 조르고 있다.

"오데서 왔소?"

아주머니가 투박하게 물었다. 도대체 어디서 굴러온 놈이기에 장사밑천을 넘보느냐는 이야기였다.

"내 남해 사람이요."

그러자 아주머니는 더 괄시를 하지 못하고 그 값에 팔았다. 나도 슬그머니 끼어들었다.

"아줌씨, 나도 그 값에 주이소."

"안 돼요!"

"아까는 그래 팔던데 지금은 와 안 됩니꺼?"

"아까는 아까고, 지금은 고기가 안 다르요."

아주머니를 '아줌씨'로 불러 남해 사람인 체해봤지만, 아줌씨는 나를 남해 사람으로 인정해주지 않았다. 달라는 대로 주고 자리를 떴다.

미조에 볼거리는 미조 상록수림과 무민사다. 어제 보았던 뒷산 숲이 바로 상록수림이었다. 1962년 천연기념물 제29호로 지정되었다. 후박나무, 돈나무, 광나무, 볼레나무, 모밀잣나무 들이 상록수들이다. 말채나무, 참느릅나무, 졸참나무, 이팝나무, 쇠물푸레, 때죽굴피나무, 팥배나무 등 빼어난 우리말 이름의 나무들이 총총하다. 원래 남해 산하 어딜 가나 있던 나무들인데 지금은 이 숲속의 울타리 안에서 보호를 받고 있다.

이곳에 숲이 우거지면 마을에서 인물이 난다는 말이 전해오고 있다. 아울러 숲을 건드리면 큰 해를 입는다는 말도 전해진다.

최영 장군의 넋을 위로한 무민사

남해에서 동으로 80여 리에 장군산이 있고 산 아래에 우뚝 솟은 무민사가 있으니
고려 팔도도통사 무민 최공을 모신 곳이요, 병마수군첨절제사 성공 윤문을 같이
모신 곳이다.

《충민사기》에 적혀 있는 글이다. 무민사는 고려 말의 충신 최영 장군과 조
선 선조 때의 미조 첨사 성윤문을 모신 사당이다. 남해섬 외진 곳에 어떻게 최
영 장군의 사당이 있을까? 고려 말의 문하시중(국무총리)이며 팔도도통사(합
참의장)로 요동 정벌을 꾀했던 최영 장군의 넋이 왜 이곳에 모셔져 있을까?

미조를 지키고 있는 최영 장군의 무민사.

최영 장군은 마흔하나에 전라도 왜구체복사(왜구 잡는 장수)가 되어 오예포 해전에서 왜선 400여 척을 궤멸시켰다. 마흔아홉이었을 때에는 강화도에 침범한 왜구를 토벌했다. 예순넷에 남해안에 나타난 왜구를 토벌한 공을 인정받아 해도도통사에 오른다. 최영 장군은 왜구 잡는 귀신이었다.

남해섬은 조선 팔도를 통틀어 왜구의 노략질이 가장 심했다. 남해는 늘 왜구로 인해 불안에 떨었고, 왜구에 대찬 원한이 뼈에 사무쳤다. 처음으로 그 원한을 풀어준 이가 최영 장군이었다. 장군은 남해를 통쾌하게 만든 분이었다. 그리하여 남해 사람들은 이곳 미조에 '무민사'를 지어 최영 장군에게 은혜 갚기를 한 것이었다.

한편 최영 장군은 왜구를 잘 잡은 공로로 예순여덟에 문하시중에 올라 최고의 권력자가 된다. 권력을 한 손에 쥔 최영은 우왕을 부추겨 요동정벌을 계획한다. 이에 이성계는 '4불가론'을 들어 반대한다.

첫째, 작은 나라가 큰 나라를 이길 수 없으니 불가하다.
둘째, 여름에 군사를 동원하는 것은 농사에 지장을 초래하니 불가하다.
셋째, 원정을 틈타 왜적이 침입할 우려가 있으니 불가한 일이다.
넷째, 장마로 인해 활에 먹인 아교가 풀릴 염려가 있으니 불가하다.

최영 장군은 불가론을 무시하고 출병을 강행했다. 최영이 스스로 팔도도통사(총사령관)가 되고, 이성계를 우군도통사로 삼았다. 정지 장군은 도원수로서 이성계 장군 아래 편성되었다. 세 장수 모두 왜구를 잘 잡는 장수들이었다. 왜구 잡는 귀신들이 요동을 정벌하기 위해 모인 것이다. 이 무렵 최영은 일흔의 나이였고, 이성계의 나이 쉰, 정지 장군은 갓 마흔이었다.

최영의 요동정벌은 무모한 것이었다. 이 무렵 나라는 똥파리 떼처럼 설치는 왜구들로 몸살을 앓고 있었다. '먼저 안을 도모하고 남는 힘으로 바깥을 도모한다'는 것이 병법이었지만, 최영 장군은 이를 무시하고 군사를 일으킨 것이다. 바둑으로 치면 무리수였다. 결국 최영은 요동정벌이라는 무리수를 두고 몰락했다.

하루아침에 이성계의 세상이 되고, 최영은 고향인 고봉현(고양)으로 유배를 갔다. 합포(마산)로 옮겨갔다가 다시 충주로 옮겨지고, 다음 해 개경으로 잡혀가 목이 잘렸다. 이때 나이 일흔둘이었다. 후에 왕이 된 이성계는 '무민'이라는 시호를 내려 최영의 넋을 위로했다.

《난중일기》에 보면 미조 첨사가 세 사람 나온다. 성윤문은 그 가운데 한 사람이다.

임진년 5월 2일(1592년 6월 11일)
맑다. 송한련이 남해에서 돌아와서 하는 말이 "남해 현령, 미조 첨사(김승룡), 상주포 만호, 곡포 만호, 평산포 만호, 하나 같이 왜적이 온다는 소문을 듣고 달아나버렸다.

무민공이라 추정되는 석상. 얼마 전 도둑이 훔쳐가다가 쇠고랑을 찼다고 한다. 훔칠 걸 훔
쳐야지, 겁도 없이.

갑오년 11월 2일(1594년 12월 13일)

맑다. 경상도에서는 미조 첨사 **성윤문**을 장수로 정하여 적을 수색 토벌하게 하였다.

정유년 9월 16일(1597년 10월 26일)

맑다. 닻을 올리고 바다로 나가니 적선 330여 척이 우리의 배를 에워쌌다(명량해전). … 여러 장수들을 돌아보니 물러나 관망하고 진격하지 않았다. 나는 배를 돌려 중군장 **김응함**의 배로 가서 먼저 그 목을 베어 효시하고 싶으나, 내 배가 뱃머리를 돌리면 여러 배들이 따라 물러날 것이요 적선이 육박해 오면 낭패다. 호각을 불고 초요기를 올리니 중군장 미조 첨사 김응함의 배가 차차로 내 배 가까이 오고…. 김응함을 불러 이르되, "너는 중군장으로서 멀리 피하고 대장을 구하지 않으니 그 죄를 면할 것이냐. 당장 처형할 것이로되 적세 또한 급하므로 우선 공을 세우게 한다."

김승룡은 벼슬이 떨어졌고, 김응함은 이순신 장군의 질책을 받고 조그마한 공을 세워 자리보전을 했다. 미조 첨사 자리를 가장 잘 지킨 이는 성윤문이었다. 1594년 이순신 장군은 성윤문을 미조 첨사에 임명하여 미조 앞바다에서 왜구 수색의 임무를 맡겼다.

어느 날 밤, 남해 미조 첨사가 꿈을 꾸니 꿈속에 노인이 나타났다.
"최영 장군의 영정과 칼이 바닷가에 있으니 찾아서 잘 모셔 놓아라."
첨사가 꿈을 깨어 수문장을 시켜 찾아오게 했다. 수문장이 바닷가에 가보니 나무로 만든 궤짝이 놓여 있었다. 열어보니 최영 장군의 영정과 칼이 들어 있었다. 첨사는 이것을 짚으로 싸서 모셔놓았는데, 어느 날 불이 나더니 영정이 지금의 장군당 자리로 날아갔다. 여기에 첨사는 대나무 집 두어 간을 지어 영정과 칼을 모셨으니 장군당이라 했다.

무민사에 전해지는 전설이다. 이야기 속의 남해 첨사는 바로 이 무민사에 최영 장군과 함께 배향하고 있는 성윤문이다. 성윤문은 꿈속에서 최영 장군의 영정과 칼을 보았다. '왜구를 잡아 죽여라'는 장군의 계시였다. 성윤문은 장군당을 지었다. 최영 장군의 계시를 받들어 왜구를 무찌르기 위함이었다. 그 기상으로 성윤문은 왜구를 잘 무찔렀으며 미조 앞바다를 굳게 지켰다.

후세 남해 사람들은 장군당을 미조성터 자리로 옮기고 초옥을 고쳐 지었다. 그리고 최영 장군의 시호 '무민'을 따서 사당 이름을 '무민사'라 했다. 미조항을 잘 지킨 미조 첨사 성윤문도 함께 배향했다.

물건 방조어부림

여관으로 돌아가 쉬다가 햇살이 떨어질 무렵 길을 나섰다. 선선한 저녁 길을 택한 것이다. 이곳에서는 차를 걱정하지 않아도 된다. 상주해수욕장을 지나면서 차가 훌쩍 줄어들었다. 오르막 내리막의 길이 해변을 따라 이어졌다.

한 구비를 넘으니 '너그러움을 더한다'는 뜻인 가인포加仁浦, 옛날 중국 사람이 지나가다가 밥을 한상 대접받고 지었다는 전설이 전해진다. 두 고개를 넘으니 '갈대가 많다'는 뜻인 노구蘆九, 노구를 지나니 저녁 그림자가 내려온다.

바다 끝이 어둠과 맞닿아 검은 색으로 섞이면서 멀리 시우섬, 사량섬이 어둠 속으로 빨려가고, 통통배 소리가 낮보다 더욱 크게 들린다. 여기쯤에서 자고 가야 하는데 마땅히 쉴 인가가 없다. 물건방조림이 있는 마을을 물으니 대지포를 지나야 한다고 했다. 물건에 가면 묵을 방이 있으련만, 오르막 내리막은 다함이 없다. 땅 그림자에 쫓겨 살에 불이 나도록 페달을 밟았다.

고개가 구비구비 이어지더니, 그 이름 하여 '아홉살'이다. 산굽이가 아홉 구비나 된다는 뜻이다. 그 중간에 전망이 좋은 곳에 자전거를 세우니 '중방우(중바위)'다. 그러나 땅이름을 만든 '중바위'는 보이지 않는다. 아마도 길이 뚫릴 때 불도저에 밀려 구덩이로 처박혔을 것이다.

노구에서 큰못개로 넘어가는 고갯길, 아홉살은 숲이 우거지고 소와 수레가 겨우 지나다닐 수 있는 작은 시골길이었다. 고개가 깊고 숲이 우거져 파도 소리마저도 들리지 않는 길이지만, 아홉살 가운데쯤에서 돌아서면 앞이 탁 틔고 시원한 바람이 불어오는 절벽이 있다. 바로 '중방우'다.

아홉살을 지나는 사람은 반드시 이 중방우에 앉아서 고단한 다리품을 놓는다. 어느 봄날, 친정에 갔다 오던 아낙이 바위에 앉아 땀을 식히고 있었다. 마침 지나가던 스님이 함께 쉬게 되었다. 봄바람이 살랑살랑 불어오니, 그때마다 아낙의 치맛자락이 날리며 새하얀 속살을 드러냈다. 마침내 음욕을 이기지 못한 스님은 아낙을 덮쳤다. 아낙은 몸부림을 치다가 엉겁결에 스님을 발로 차서 절벽 아래로 떨어뜨려버렸다. 그후부터 사람들은 이 바위를 '중방우'라고 불렀다고 전해진다.

이제 중바위는 사라졌고 그 이름만 남았다. 지나가는 아낙도 지나가는 스

님도 없는 중방우, 낮이면 선글라스를 낀 남녀들이 승용차를 세워놓고 희희
낙낙할 것이다. 인적 끊어진 밤길, 한 나그네가 자전거를 몰고 가다가 중방우
에 앉아 갈 길을 걱정한다.

남해섬 동백길 따라

오늘 하루도

돌고 돌았건만

나는 아직도 망망 바다에 머물고 있네.

해는 저물어 가고

갈 길은 아득한데

나는 아직도 동백꽃 소식을 듣지 못하였네.

한 고개 넘으니 대지포, 대지포의 옛 이름은 '큰못개'다. '큰 못이 있는 갯
가'를 한자로 쓴 것이다. 언덕 위에서 자전거를 세워두고 마을을 휘 내려다보
았지만 잠자리는 보이지 않는다. 아쉽기는 하지만 다행이다. 이런 풍경에 가
든이나 호텔이 없는 것은 다행스러운 일이다.

큰못개를 넘어가니 은점이다. 길 아래로 민박집 간판이 보인다. 오늘 하
루 처음 본 민박집이다.

"어디서 왔는교?"

민박집 안노인이 눈을 크게 뜨고 물었다. 시커먼 밤에 시커먼 사람이 불
쑥 자전거를 들이대니 놀란 것이다. 밥은 없고 잠만 있는 민박집이다.

냄비를 빌려 라면을 끓여 먹었다. 뭔가 허전하다. 밖으로 나가 기웃거리다가 수박을 한 덩이 샀다. 반 덩이는 먹고 반 덩이는 안채로 들고 갔다.

"여기 아침 먹을 데가 있습니까?"

"촌에 뭔 밥집이 있겠는기요. 찬이 없으나따나(없지만) 우리하고 같이 드시다."

다음 날 아침 늦게 일어났다. 바깥어른이 고기 잡으러 갔다가 아침 늦게 돌아온다고 해서 그 시간에 맞추었다.

"반찬이 된장뿐이 없는데 우짜노."

반찬을 한상 차려놓고 한사코 찬이 없다고 하신다.

고개를 넘어서니 '물건勿巾'이다. 물건이라는 이름은 동네 모양이 한자와 유사하여 붙였다고 한다. 아래로 숲이 한눈에 들어온다. 해안선을 따라 초록의 띠가 길게 펼쳐졌다. 나는 브레이크를 뻑뻑 잡아가면서 내리막을 슬슬 내려갔다.

이 숲은 1959년에 천연기념물 제150호로 지정된 '방조어부림防潮魚付林'이다. 1만여 그루의 나무가 해안선을 따라 1.5킬로미터에 걸쳐 초승달을 이루고 있다. 다산 기슭에 마을이 있고, 마을 앞에 논이 있고, 논 앞에 수풀이 있고, 수풀 앞에 둥근 해안선을 따라 바닷물이 넘실거린다. 숲이 고기를 끌어모은다 하여 '어부림'이고, 숲이 논과 마을을 파도와 해일로부터 막아준다고 하여 '방조림'이다.

아름드리나무들이 하늘로 힘차게 솟았다. 나이가 300살도 더 먹은 어른이시다. 간간히 고목나무도 있고 어린 나무도 있다. 할아버지나무, 아들나무, 손자나무가 함께 살고 있는 것이다. 나무가 스스로 자손을 퍼뜨려 사람이 심지 않아도 대를 거듭하고 있다.

안내판을 보니 이런 나무도 있나 싶다. 누리장나무, 가마귀베개나무, 길마가지나무, 가마귀밥여름나무, 윤노리나무, 푸조나무, 말채나무, 나무도 아름답고 이름도 아름답다.

방조어부림 앞은 몽돌해수욕장이다. 그러나 돌이 거칠어 해수욕장으로 쓰기가 어려울 듯하다. 그래서 그런지 사람이 없다. 이 수풀을 위해 다행스런 일이다.

'숲을 해치면 마을이 망한다'는 이야기가 이 마을에도 전해진다. 한때 마을 사람들이 나무를 베어 썼다. 네 것이냐 내 것이냐 먼저 본 놈이 임자다, 하고 마구 베어 썼다. 그해 난리가 났다. 폭풍으로 논과 집들이 결딴났던 것이다. 비로소 이 숲이 저절로 생긴 숲이 아니라 물건의 지형적 약점을 보완하기 위해 누군가 공을 들여 심었다는 것을 알게 되었다. 마을 사람들이 모여 회의를 했다.

"한 그루라도 베어내면 백미 다섯 말씩 벌로 마을에 바쳐야 한다."

그렇게 지켜온 수풀이다. 2004년 태풍 매미가 물건을 덮쳤지만 아무 탈이 없었다. 논에 쓰러진 벼도 없었다고 한다. 부드러운 숲이 강한 바람을 잠재운 것이다.

이 물건은 중학교가 있는 큰 마을이다. 물건이 유달리 큰 것은 저 수풀 때문이리라. 수풀이 마을을 낳았다.

독일마을에서 본 물건 방조어부림. 독일마을은 남해에서 가장 경치가 좋은 곳 가운데 하나. 독일 문화를 남해에 들여온 독일 교포와 독일 사람들에 대한 고마움의 표시가 아닐까.

아름다운 물건 방조어부림. 오늘날 한국이 산림 강국이 된 것은 물건 방조어부림의 정신 때문이 아니겠는가.

산골 봉화

한 고개를 넘으니 양지마을, 양지에서 수박을 한 통 샀다. 양지를 벗어나니 곧 두 갈래 길이다. 오른쪽으로 가면 청사포 노루목으로 해서 지족으로 가는 길이요, 왼쪽으로 가면 화암으로 가는 길이다. 나는 화암 가는 오르막을 탔다. 벌써 햇살이 가시처럼 등판을 찔러댄다.

두 고개를 넘고서 나무 그늘 밑으로 들어갔다. 수박을 이마로 박아 깨뜨렸다. 주르르 흐르는 수박 물에 갈증이 가시고 배가 든든해진다.

세 고개를 넘으니 화암마을이다. 화암에서 오른쪽으로 꺾으면 노루목에서 오는 길을 마주쳐 지족으로 가는 길이요, 왼쪽으로 꺾으면 산골 봉화로 가는 길이다. 나는 봉화 가는 길로 접어들었다. 봉화는 남해섬의 산골이다. 시냇물이 흐른다. 시냇물은 흘러 흘러 바다로 가고, 나는 시냇물을 거슬러 거슬러 산골 봉화로 간다.

마을 앞 정자나무에서 자전거를 세웠다. 승용차가 한 대 있다. 선객이 있는 것이다. 부부인 듯, 중년 남자는 낮잠을 자고 여자는 앉아서 바람을 맞는다. 나는 반대쪽에 가서 누웠다. 바람이 귀를 간질거린다. 이상하구나. 저기 앞 햇볕에는 바람 한 점 없는데…, 고목나무가 바람을 일으키는구나.

내가 누워 있는 느티나무 맞은편에 보잘 것 없는 고목이 한 그루 있다. 회화나무인 듯하다. 작기는 하지만 나이는 훨씬 더 먹었다. 윗부분이 벼락을 맞았는지 잘려나갔고, 가운데는 속이 둘러빠져 이제 살날이 얼마 남지 않은 고목이었다. 그 앞에 조그만 탑이 앉았다. 하얀 쑥돌로 보건대 세운 지 얼마 되지 않았다.

잠에 빠졌는가 싶은데, 아이들 소리가 났다. 소녀들이 느티나무의 또 한편을 차지하고 재잘거린다. 정자나무는 이래저래 세 무리의 나그네들을 그늘 밑에 모았다.

"보래이, 너그들 학교 갔나 오나?"

낮잠을 자던 양반이 스르르 일어나며 아이들에게 물었다. 대답이 없다. 인기척 소리에 놀란 참새들마냥, 소리가 뚝 끊어졌다.

"야들아, 너그들 오데 사노?"

눈치를 보고 있던 한 참새가 대답했다.

"내산에 사는데요."

봉화마을 동구 밖에 있는 정자나무. 이제 걸어 다니는 사람들의 휴식처가 아니다.

"뭐, 내산이라 했나?"

"예."

"너그 아부지가 누고?"

말이 없다.

"개안타. 내 고향이 내산이다 아이가. 너그 아부지 이름 대모 내 다 안다."

"김 아무개인데요."

"뭐! 김 아무개, 내하고 국민학교 동창이다. 내가 삼동국민학교 00회 졸업생이다 아이가. 아하, 니가 아무개 딸내미네."

양반은 나머지 아이들의 호구 조사도 한다.

"너그들 이 더운데 내산까지 우째 걸어갈 끼고? 내가 지금 고향 가는 길이니까, 너그들 태워줄께."

저 사람 혹시 인신매매범? 나는 머리를 치켜들고 차가 가는 방향을 보았다. 차가 내산으로 들어가는 것을 확인하고, 머리를 다시 눕혔다. 아직도 내산은 고향으로 남아 있구나.

봉화마을로 들어갔다. 봉화의 명물은 삼층석탑이다.

"어르신, 삼층석탑이 어딨습니까?"

"마을 정자나무 아래에 있소. 오데서 왔는기요?"

아까 본 그 탑이 문화재로 지정되어 있는 삼층석탑이었다. 봉화리 삼층석탑은 남해에서 가장 오래된 탑으로 그 이름도 '남해 고탑'이다. 내가 본 탑은 가짜 탑이었다. 진짜 탑은 1982년 어느 날 밤 도둑놈이 들고튀었다고 한다.

삼층석탑은 본디 보광사의 물건이었다. 원효대사가 남해의 영산인 보광산(지금의 금산)에 보광사를 짓고 불탑을 하나 세웠다. 훗날 보광사가 망하자 금산 자락의 내산 고은사로 불탑을 옮겨갔다. 그후 고은사도 망하고 이곳 봉화 가까운 함정사로 옮겨갔다. 함정사도 망했다. 법당은 무너지고 이끼 낀 돌탑만 남게 되었는데, 봉화마을 사람들이 그 돌탑을 이곳 당산나무 아래로 옮겨왔다고 했다. 해마다 시월이면 마을 사람들은 이곳 삼층석탑 앞에서 동제를 지낸다고 한다.

나는 갈고개 넘어 뒤린개로 가는 길을 잠시 미루고, 남해의 산골 내산으로 갈 마음을 먹었다.

동천 큰내를 따라 자전거를 몰았다. 돌고개를 지나면서부터 오르막, 심장이 터지기 직전 자전거에서 뛰어내렸다. 아스팔트에서 아지랑이가 피어오르며 자동차가 흔들리고 내 몸도 흔들렸다. 기운이 쇠잔하여 쓰러지려는 찰나, 정자나무가 나그네를 받는다. 밀짚모자를 벗어 먼저 자리를 잡은 노인에게 예를 올리고 고목 등걸에 기댔다.

"뭐하는 사람인고?"

"돌아갈 곳을 찾고 있습니다."

"땅 보러 왔나?"

이제 여행을 끝낼 때가 되었다. 하룻밤만 더 자면 유배를 끝내고 집으로 돌아간다. 돌아간다는 말보다는 복귀한다는 말이 맞는 말이다. 인터넷과 자동차의 문명세계로 복귀하는 것이다. 지배와 복종의 조직사회로 복귀하는 것이다. '돌아간다'는 말은 그물처럼 얽힌 조직사회와 인연을 끊고 자연으로 갈 때 비로소 쓰는 말이다.

"권력은 부패한다."

액튼(1834~1902)의 명언이다. 많은 권력들이 부패했고, 세상이 어지러워졌다. 그러나 권력은 중립이다. 권력은 일종의 에너지로 부패할 수 없다. 권력을 쓰는 사람이 문제다. 사람에 따라 권력이 부패할 수도 있고 정의가 될 수도 있다. 야망을 가진 사람이 권력을 가지면 악이 되고, 욕심이 없는 사람이 가지면 선이 된다. 사람이 문제인 것이다.

선인들은 이를 통찰하고 늘 경계했다. 〈대학〉에서는 닦은 다음에 천하를 다스리라고 했고〔修身齊家治國平天下〕,《노자》에서는 몸을 닦아 그 덕이 진실해진 다음에 천하를 다스리면 그 덕이 두루 미친다고 했다〔修之於身 其德乃眞, 修之於天下 其德乃普〕.

그러나 예나 지금이나 치국治國은 수신修身한 사람이 아닌 '야망'을 가진 자의 몫이었다. 그들은 액튼의 말처럼 반드시 부패했고, 다른 사람을 해쳤고, 나라를 위태롭게 했다. 세상은 늘 야망을 가진 자들로 인해 시끄럽고 어지러웠다. 그러하니 세상 사람들은 야망을 가진 자들을 경계해야 할 것이라.

'귀양'은 본디 '귀향'에서 온 말이다. 옛날에 탐관오리가 생기면 벼슬을 떼고 고향으로 쫓았다. 고향은 처음 글을 배우던 곳이다. 고향으로 돌아가 소학을 펴놓고 다시 기초를 닦으라는 뜻이다. 고향의 깨끗한 바람과 이슬로 몸과 마음을 씻으라는 말이다. 그 귀향이 나중에 귀양으로 바뀌었다. 고향에 보내놓았더니 근신할 생각은 아니하고 비슷한 놈들끼리 작당하여 일을 꾸몄기 때문이다. '어라, 이놈 고향에 보내놓았다가는 큰일 내겠어, 저놈을 외딴섬에 내치라.' 그래서 이곳저곳 갈라서 먼 바다로 내치는 귀양이 되었다.

때가 되면 돌아가야 한다. 귀양은 때를 모르는 야망가들을 가르쳤다. 때를 놓친 수많은 야망가들이 내쫓기어 남해섬으로 왔다. 어떤 이는 다시 돌아갔고, 어떤 이는 이곳에서 생을 졸했다. 귀양은 돌아갈 때를 가르친다.

노인은 때가 되었다며 돌아갔다. 다음에 돌아오면 좋은 땅을 소개해주겠다고 했다. 나도 때가 되었다. 휘이 한 바퀴 둘러보았지만 밥 먹을 데는 없고 폐교가 된 학교만 보일 뿐이다.

물줄기를 따라 허덕허덕 자전거를 끌고 올랐다. 굴방우골에 와서 물줄기는 편백 숲으로 사라졌다. 아름다운 편백 숲이다. 하지만 벌써 주인이 생겼다. 자전거를 풀쩍 뛰어 타고는 봉화까지 내뺐다.

1960년대 인공으로 조림한 편백이 지금은 자연 휴양림이 되었다.

군자식 고기잡이, 죽방렴

험악한 갈고개를 넘으니 쓸쓸한 산골이다. 나는 외딴 정자에 짐을 내렸다. 주위를 둘러봐도 밥을 빌 만한 곳이 없다. 왜 이곳에 정자를 세웠을까? 길손을 생각하는 옛사람의 배려가 가이없건만 배 채울 데가 없구나. 자리를 깔고 홀쭉한 몸을 눕혔다. 즐거움은 짧고 고통은 길구나.

이제부터는 내리막이다. 뒤린개에 와서 내리막이 끝나고, 오른쪽으로 꺾으면 지족 창선이고, 왼쪽으로 꺾으면 난곡사가 있는 난음리다. 나는 오른쪽으로 접어들었다. 지족에서 오늘 여정을 끝낼 것이다. 지족해협에서 생산되는 어물로 만찬을 즐길 상상을 하며 페달을 밟았다.

너무 지쳤다. 고개 모퉁이를 돌아가니 아래로 마을이 보이고 해협과 큰 다리가 보인다. 좁은 바다에 말뚝을 박아 막아놓은 것이 죽방렴인가 보다. 죽방렴은 죽방렴이고 먼저 배부터 채워야겠다. 내리막이 끝나기 전에 걸쭉한 식당이 하나 보인다. 어제 미조에서 보고 처음이다. 땀범벅으로 식당 문을 미니 문을 열어주지 않는다. 휴업이란다. 나는 주저앉아버렸다.

이왕 버린 몸, 죽방렴이나 구경하고 마을로 들어가자. 나는 마을 쪽으로 가지 않고 죽방렴이 있는 바다 쪽으로 핸들을 꺾었다. 이 마을은 아현윗말이었다. 모퉁이를 돌아가면 아현아랫말이고, 계속 가면 내가 왔던 뒤린개 쪽으로 이어질 것이다.

한 청년이 산책을 나왔는지 뒷짐을 지고 어슬렁거린다.

"저게 어떻게 고기를 잡습니까?"

젊은이는 곁눈으로 나를 짐작해본다. 경찰서에 신고하려나?

"저어기 동그스름한데 보면 문이 하나 있지예."

손가락으로 가리키며 말했다.

"지금 문이 열려 있는데, 멸치가 들어가고 있는 중입니더."

"그러면 문은 어떻게 닫아요?"

"물때가 바뀌면 저절로 닫히삐지요."

청년이 억수로 무식한 놈 보겠다는 표정을 지었다.

더 가까이서 보기 위해 자전거를 탔다. 모퉁이를 돌아가니 섬이 두어 개 보인다. 가운데 장구처럼 생겨먹은 섬이 장구섬이고 오른쪽에 것이 농가섬이다. 두 섬 옆으로 죽방렴이 설치되어 있다.

섬에서부터 이쪽 뭍 쪽으로 부채꼴 모양으로 참나무 말뚝을 촘촘히 박아서 끝에 가서는 원통형 대나무 통발에 이어졌다. 그 통발이 '죽방렴竹防廉'이다. 마치 쥘부채를 물에 펼쳐놓은 꼴이다.

창선 다리 옆에 여관을 잡았다. 창문을 여니 바로 아래가 지족해협이다. 죽방렴과 다리가 잘 보였다.

창문이 붉어졌다. 저녁노을이다. 사진기를 챙겨서 여관 계단을 두 개씩 세 개씩 뛰어 내려갔다. 저녁 바다가 벌겋게 달구어졌다. 붉은 빛은 장구섬 쪽으로부터 왔다.

서산 붉은 해가 꺼지는 숯불처럼 이글거리고, 구름은 연기처럼 해를 둘러쌌다. 붉은 빛이 내 눈으로 가득 차면서 죽방렴의 말뚝들이 까맣게 보였다. 갑자기 해가 꺼지고, 붉던 구름이 점점 검어졌다. 마치 촛불이 꺼지고 연기만 하늘에 떠 있는 듯했다. 이윽고 연기마저도 어둠 속으로 사라져버렸다.

배가 한 척 다리 아래에서 통통거리며 올라온다. 물살을 거스르는 작은 배가 힘겨워 보인다. 그 배도 곧 어둠 속으로 사라졌다. 휘리릭 휘리릭 물소리가 점점 커지며 이제 밤의 세계가 왔음을 알렸다. 물 건너 마을에 불이 하나씩 켜졌다. 혼자 앉아 있는 내 모양이 처량해졌다. 일어섰다.

여관으로 가는 걸음을 문득 멈추고, 다리 위로 오르기 시작했다. 일찍 들어가면 혼자 보내야 할 시간이 길어진다. 다리가 활처럼 휘어서 창선으로 이어졌다. 쇠와 콘크리트로 만든 그저 평범한 다리다. 아, 이 아름다운 곳에… 붉은 가로등이 켜지고 사람들이 하나씩 둘씩 늘어갔다. 밤낚시가 시작되었다.

지족의 죽방렴. 지족에서 멸치회를 먹으면서 족함을 알라, '知足'의 교훈을 새겨 볼 만하다.

지족의 의미를 확실히 알라고 가까이 가서 볼 수 있게 만들었다.

다리 가운데 서니 요란한 소리가 들린다. 좌르르, 물 감기는 소리다. 죽방 렴에서 나는 소리다. 물이 죽방렴의 말뚝에 부딪히니 허연 거품이 일어나며 요란한 소리를 냈다.

죽방렴이 아주 가까이에 보인다. 아까 청년이 말한 통발 문짝도 잘 보였 다. 지금은 물살에 문이 활짝 열려 있다. 물이 번쩍거린다.

아래쪽으로 죽방렴이 몇 개 더 보인다. 이 죽방렴은 관광용으로 만들어 놓은 모조품이 아니다. 저 말뚝이 어제오늘 박힌 것도 아니다. 남해 관광 안 내지에 '원시어업 죽방렴'이라고 이 희한하게 생긴 장치를 소개하고 있다. 이 름처럼 원시시대부터 해왔다는 뜻이기도 하고, 원시적인 방법으로 고기를 잡는다고 하여 붙인 이름일 것이다.

죽방렴은 손 안 대고 코 풀기로 고기를 잡는다. 어부는 물때에 맞추어 배 를 타고 가서 통발에 든 고기를 건져 오기만 하면 된다. 썰물과 밀물이 교차 되는 시간이 물때가 된다. 썰물 밀물의 물갈이가 하루에 두 번이니, 하루에 두 번 수확을 하게 되는 셈이다. 이러니 현대식 배가 생기고 현대식 그물이 생 겨도 남해 지족 사람들은 죽방렴을 버리지 못한다.

이 별난 고기잡이틀을 볼 수 있는 곳은 세상천지에서 남해뿐일 것이다. 남해에서도 이 지족해협밖에 볼 수가 없다. 그것은 죽방렴이 설치되는 조건 이 까다롭기 때문이다.

첫째, 좁은 물 사이로 물이 지나가야 한다.

둘째, 물살이 아주 빨라야 한다.

셋째, 물이 얕아야 한다.

그다음에 한 가지 더 붙일 것은 사람들이 머리가 영리하고도 어질어야 한다.

'고데구리'라고 하는 일본식 고기잡이 방법이 있다. 이는 그물로 땅바닥에서부터 긁어서 고기를 잡는 것으로 고기든 조개든, 어미든 새끼든 그물에 걸리는 것은 모조리 잡는다. 그야말로 싹쓸이 고기잡이다. 마음이 모진 사람이 아니고서는 할 수 없는 짓이다.

우리 배달겨레식 고기잡이는 죽방렴이다. 죽방렴의 매력은 인간다움에 있다. 부채살처럼 말뚝을 박아 물 위에 척 벌려 놓는다. 걸려들 놈만 걸려들어라. 물 따라 흘러가되 오른쪽으로 가는 놈은 오른쪽으로 가고, 왼쪽으로 가는 놈은 왼쪽으로 가거라. 이도 저도 아닌 놈만 걸려라. 통발 안도 성기다. 날씬한 놈, 욕심 없는 놈은 빠져나가라. 뚱뚱한 놈, 욕심 많은 놈만 걸려라. 마음이 어진 사람이 아니고서는 할 수 없는 일이다. 죽방렴은 이른바 군자식 고기잡이 방법이다.

마치 옛날 중원 땅, 순 임금의 그물치기다. 순 임금이 가을에 농촌으로 행차를 했다. 요샛말로 하면 민중시찰이다.

한 농부가 있어, 새그물을 쳐 놓았다. 사방에다 그물을 쳐 놓고 주문을 외었다.

"동쪽으로 가는 새는 동쪽 그물에 걸리고, 서쪽으로 가는 새는 서쪽 그물에 걸리고…."

"고약한 놈이로다!"

그렇게 새를 잡으면 씨가 남아나겠는가. 그물을 하나만 남기고 나머지는 모두 걷게 했다. 그리고 이렇게 주문을 외게 했다.

"동쪽으로 가는 새는 동쪽으로 가고, 서쪽으로 가는 새는 서쪽으로 가고, 위로 가는 새는 위로 가고, 아래로 가는 새는 아래로 가라. 이를 거스르는 새만 내 그물에 걸려라."

포도를 몇 송이 사서 돌아왔다. 한 송이를 씻어 주인아주머니에게 갖다주니, 뭐하는 사람이냐고 묻는다.

"죽방렴 구경하러 왔습니다."

"거기 뭐 구경할 기 있는가요?"

여기 사는 사람이야 구경할 게 없지. 허기야 멸치 잡는 것이 무슨 구경거리겠는감.

죽방렴에 걸리는 고기는 주로 멸치라고 했다. 멸치란 놈은 홀로 다니는 고기가 아니라 떼거리로 몰려다닌다. 혼자라면 멈추어 서서 생각을 한다. 저게 뭘꼬? 시방 '좁은 문'으로 들어가야 되는가, 넓은 천지 바다를 두고. 떼거리로 다니면 혼자 생각할 수 없다. 다른 멸치를 따라야 되고, 휩쓸려야 된다. 따라하지 않으면 이상한 멸치가 되고, 또라이 멸치가 되고, 왕따 당한다. 멸치는 돌대가리다. 어떤 인간이 멸치는 대가리가 작아서 그렇다고 했다. 그러자 멸치가 대꾸했다.

"대가리가 큰 인간은 어떻소?"

인간과 멸치의 세 가지 공통점.

첫째, '좁은 문'을 좋아 한다.

둘째, 남 따라 한다.

셋째, 떼거리로 몰려다닌다.

가끔은 큰놈들이 걸려들기도 하는데 그런 놈은 멸치를 잡아먹으러 갔다가 걸려든 놈들이라 한다.

죽방렴에서 잡은 멸치는 그 값을 곱으로 쳐준다고 한다. 비늘이 살아 있기 때문이다. 그물로 잡은 멸치는 비늘이 떨어져 한맛 떨어진다고 했다. 순리로 잡은 고기가 맛도 좋고 값도 좋구나!

죽방렴은 순리를 따르는 고기잡이 방법이다. 몇 천 년을 이어올 수 있었던 것은 이치를 거스르지 않았기 때문이다. 이치에 따르는 것은 살고, 이치를 거스르는 것은 망한다.

"죽방렴이 뭐 구경할 게 있는가요?"

"구경거리가 되고도 우수리가 있어요!"

어떤 나라에 가면 강 언덕에 얽힌 전설로 관광지를 만들었고, 어떤 나라에 가면 시체 태우는 화장터로 관광객을 불러들인다. 죽방렴은 가히 구경거리가 될 만하다. 지족은 풍광도 아름답고, 고기를 잡는 이치도 아름답다.

다음 날 새벽에 다시 지족다리로 나갔다. 안개 속의 죽방렴과 바다는 또 다른 풍경을 보여준다. 지족, 중원 글자로 쓰면 '知足' '족함을 알다'는 뜻이다. 누구에게 이르는 말일까? 옛사람들이 이름을 짓는 데는 그만한 까닭이 있다는데…. 이 마을 사람들에게 이르는 말일까? 아니면 이 땅에 귀양 온 사람들에게 이르는 말일까?

밥을 먹기 위해 마을 안으로 들어갔다. 집집마다 태극기가 꽂혔다. 8월 15일, 오늘은 광복절이다. 내 자전거 여행에 뜻 깊은 날이다. 이집 저집 기웃거리며 밥집을 찾아다녔다. 이런 날은 아무 집에서나 밥을 주고, 아무 집에서나 밥을 얻어먹을 수 있으면 좋겠다.

아침을 먹고, 자전거를 슬슬 끌며 활처럼 휘어진 지족다리를 건넌다. 지금 내가 밟고 서 있는 이 다리는 새로 놓인 다리다. 오래전 여기 창선다리가 붕괴되었다. 지나가던 행인 몇 사람이 실종되었다고 한다. 그때 서울의 성수대교도 내려앉았다.

다리에 힘을 올려 다리를 차고 올랐다. 다리를 건너니 또 지족이다. 내가 건너 온 곳도 지족, 내가 건너간 곳도 지족, 물을 두고 양쪽의 이름이 모두 지족이었다. 지족, 한 번으로 못 미더워서 또 지족이라고 했다. 다리 붕괴와 지족, 전혀 다른 두 단어가 이곳에서는 연관을 갖는다. 다리를 놓은 사람들, 지족을 알지 못했다. 죽방렴이 '지족'의 증거물이라면 무너진 다리는 '부지족不知足'의 증거물이 아니겠는가. 지족, 족함을 알라!

500살 왕후박나무

창선면 대벽리에 왕후박나무가 있다. 나는 이 왕후박나무를 마지막으로 여행을 끝내기로 마음먹었다. 대방산에 가면 산성이 있고, 장포에 가면 기암절벽이 있어 하루 거리가 되지만 나는 그만두었다. 족함을 알라. 광복절에 여행을 끝내는 것도 뜻 있는 일이다.

당항에서 율도로 넘어가고 율도에서 오르막 내리막, 입에 연기가 나도록 밟으니 소벽이 나오고 대벽이 차례로 나온다. 길 아래 비스듬히 우람한 숲이 있다. 한 그루가 우람한 숲을 이루었으니, 천연기념물 299호 왕후박나무다.

원둥치 하나에 밑둥가지가 11개, 원둥치 둘레 11미터, 높이 11미터, 나이

낮추면서 넓게 펼치는 도道. 창선 왕후박나무의 도道.

가 500살인데도 무너진 곳 없이 창창하다. 몸뚱이 하나에 여러 개의 기둥을 세워 옆으로 쫙 펼쳤다. 몸을 낮추면서 넓게 펴는 이치, 이것이 왕후박나무의 도道다. 왕후박나무가 바닷가에서 오래 살아남는 이치를 터득한 것이다. 가늘며 높은 것은 쉬 꺾인다는 이치를 왕후박나무는 오랜 세월 끝에 터득했다. 그것을 말하기 위해 왕후박나무는 바닷가에서 500년 세월을 지키고 있다.

한 개의 원둥치에 11개의 가지, 낮추면서 넓게 펴는 왕후박나무, 세상에서 왕후박나무를 가장 잘 닮은 사람은 남명 조식일 것이다.

지난겨울 나는 지리산 산청에 갔었다. 산천재와 덕천서원을 보기 위해서였다. 산천재는 남명이 학문을 갈고 닦으며 제자들을 가르치던 곳이요, 덕천서원은 후대에 남명을 기려 세운 서원이다.

남명은 '경敬과 의義'로써 늘 마음과 몸을 갈고 닦았다. 경으로써 안을 밝게 하고 의로써 밖을 반듯하게 했다.

남명은 평소 작은 칼을 차고 다녔다. 그 칼에 '敬'과 '義'를 새겨 좌우명으로 삼았다. 또한 선생은 늘 성성자惺惺子라는 방울을 차고 다녔다. 방울소리로 마음을 일깨워 안을 밝게 하기 위함이었다.

남명은 평생 한 번도 벼슬길에 나아가지 않았다. 남명의 나이 쉰다섯에 단성(산청) 현감의 벼슬이 내려졌으나 나아가지 않고 사직상소를 올렸다.

전하의 국사가 그릇된 지 오래되었습니다. 하늘의 뜻은 이미 떠났고, 백성의 마음도 이미 전하로부터 멀어졌습니다. 마치 큰 나무가 100년 동안이나 그 속을 벌레에게 파먹힌 것과 같습니다. … 낮은 벼슬아치들은 히히덕거리며 주색에 빠져 있고, 높은 벼슬아치들은 거들먹거리며 뇌물을 끌어모으는 데 혈안입니다.

이것이 새상을 놀라게 한 '단성 상소'다.

예순하나에는 두류산(지리산) 아래 산청에 산천재를 짓고 엎드렸다. 명종, 선조 임금이 10여 차례나 불렀지만 벼슬에 나아가지 않았다. 왕후박나무의 밑둥치처럼 낮추었다. 이것이 남명의 낮추는 도道이며 '닦기〔修身〕'였다. 남명에게는 '다스리기〔治國〕'가 없었다. 수신 이후 남은 힘으로 제자들을 가르쳤다.

남명은 '경'과 '의'를 가르침의 뿌리로 삼았다. 그 위에 천문, 지리, 의학을 가르쳤으며, 장차 임진왜란이 일어날 것을 내다보고 군사를 움직이는 법, 진을 벌이는 법, 곧 병법도 가르쳤다.

그리하여 선생의 문하에 최영경, 김우옹, 정인홍, 곽재우, 김면, 정구, 정탁, 오건, 김효원, 성여신 등 학과 범 같은 제자들이 구름처럼 일어났다. 임진왜란이 일어나자 정인홍, 김면, 곽재우 등 3대 의병장과 조종도를 비롯한 50여 명의 의병장들이 나라를 구했으며, 정탁은 당쟁으로 목이 달아날 뻔했던 이순신 장군의 목숨을 구했다. 그 제자들은 마치 11개의 왕후박나무 가지처럼 하나의 몸에 붙어 무성한 숲을 만들었다. 이것이 벼슬에 나아가지 아니한 남명 선생의 다스리기〔治國〕였고 도道였다.

조선 초 이 마을에 할아버지 할머니가 고기잡이를 하며 외로이 살았다. 하루는 할아버지가 큰 고기를 한 마리 잡아왔는데, 뱃속에서 씨앗이 나왔다. 이상하게 여겨 마당에 심었는데, 나무가 크게 자라 사람들이 모여와 살게 되었다. 마을 사람들은 이 신령스런 나무에 해마다 섣달그믐에 동제를 지내고 풍어와 풍년을 빌어 왔다.

왕후박나무에 전해오는 이야기다. 임진왜란 때 조선 수군들이 이 나무 그늘에 앉아 점심을 먹으며 쉬어 갔다는 이야기도 전해진다.

그때 이 마을은 온통 대나무로 뒤덮여 있었는데, 노량해전이 벌어지기 바로 전 이순신 장군은 이곳 대나무를 잘라 떼배에 싣고 갔다. 노량해전이 벌어지자 떼배의 대나무를 짚불에 태웠다. '빵! 빵!' 대나무 터지는 소리에 왜병들이 식겁을 먹었다고 한다. 남해엔 이순신 장군의 자취가 없는 곳이 없다.

단항을 지나니 내리막이다. 원촌에 와서 자전거를 세웠다. 더이상 달릴 곳이 없다. 카훼리에 자전거를 싣고 밀짚모자를 벗었다. 이제 돌아간다. 조직생활에서 잠시 벗어나 남해섬에 귀양 왔다가 다시 조직생활로 복귀한다(근래 카훼리가 없어지고 창선삼천포대교가 생겼다).

삼천포 항구에 닿았다. 광복절, 태극기의 환대를 받으며 시내를 질주했다. 드디어 자전거방 앞에 자전거를 세웠다.

"아저씨, 이 자전거 얼마 받을 수 있습니까?"

"허, 이런 고물을 살 사람이 있겠는교? 만 원 줄께요. 할라모 하고 말라모 마소."

남해 유배지 답사기
조선의 귀양터를 찾아서

1판 1쇄 펴냄   2015년 3월 12일
1판 2쇄 펴냄   2015년 6월 15일

지은이   박진욱
펴낸이   정혜인
편집주간   성한경
기획위원   고동균
편집   천경호 성기승 배은희
디자인   김수연 한승연
책임 마케팅   심규완
경영지원   박유리
제작처   영신사

펴낸곳   알마 출판사
출판등록   2006년 6월 22일 제406-2006-000044호
주소   (우)121-869 서울시 마포구 연남로 1길 8, 4~5층
전화   02) 324-3800(판매) 02) 324-2845(편집)
전송   02) 324-1144
전자우편   alma@almabook.com
페이스북   www.facebook.com/almabooks
트위터   @alma_books

ISBN   979-11-85430-51-5 03910

• 이 책의 내용을 이용하려면 반드시 저작권자와 알마 출판사의 동의를 받아야 합니다.
• 이 도서의 국립중앙도서관 출판시도서목록(CIP)은 서지정보유통지원시스템 홈페이지
  (http://seoji.nl.go.kr)와 국가자료공동목록시스템(http://www.nl.go.kr/kolisnet)에서
  이용하실 수 있습니다.(CIP제어번호: 2015005117)

알마 출판사는 아이쿱생협과 더불어 협동조합의 가치를 구현하기 위한 출판공동체입니다.
살아 숨 쉬는 인문 교양, 대안을 담은 교육 비평, 오늘 읽는 보람을 되살린 고전을 펴냅니다.

종이 표지_두성 마포네 198g/㎡ 본문_전주 이라이트 80g/㎡